Morphologie du conte

suivi de

Les transformations des contes merveilleux

et de

E. Mélétinski

L'étude structurale et typologique du conte

TRADUCTIONS DU RUSSE
DE MARGUERITE DERRIDA,
TZVETAN TODOROV ET CLAUDE KAHN

Éditions du Seuil

Ce livre a paru en 1965 aux Éditions du Seuil
dans la collection « Poétique » dirigée par Gérard Genette.

Titres originaux :
Vladimir Propp, *Morfologija skazki ;*
Transormacii volshebnykh skazok
E. Mélétinski, *Strukturno-tipologicheskoe izuchenie skazki*

ISBN 978-2-7578-5025-1
(ISBN 978-2-02-000587-6, précédente édition)

Note de l'éditeur

*La présente traduction suit la deuxième édition russe du livre de Vladimir Propp (*Morfologija skazki, *Leningrad, Nauka, 1969), à la différence des traductions antérieures — en anglais (1958, 1968) et en italien (1966) — qui ne pouvaient se fonder que sur la première édition (Leningrad, Akademia, 1928). La seconde édition corrige les nombreuses fautes factuelles et techniques de la première et complète l'exposé sur plusieurs points importants.*

A la suite de la Morphologie du conte, *le lecteur trouvera un article publié par Propp la même année que son livre :* Transformacii volshebnykh skazok *(paru dans* Poetika, Vremennik Otdela Slovesnykh Iskusstv, *IV, 1928, p. 70-89). Ce deuxième texte représente un complément nécessaire à l'ouvrage central; il est paru pour la première fois en français dans le recueil de textes des Formalistes russes, intitulé* Théorie de la littérature *(Éd. du Seuil, coll. « Tel Quel », Paris, 1966). La traduction en a été revue et corrigée pour la présente édition.*

Le texte de E. Mélétinski, publié en conclusion, décrit la genèse de l'ouvrage de Propp, résume et commente l'accueil que le livre a trouvé depuis sa parution, aussi bien en Union Soviétique qu'en France, aux États-Unis ou en Australie. Il est paru en russe comme postface à la seconde édition de la Morphologie du conte, *sous le titre* Strukturno-tipologicheskoe izuchenie skazki. *Il est traduit ici pour la première fois.*

Préface

> La morphologie doit encore être légitimée comme science particulière, faisant son principal sujet de ce qui n'est traité dans les autres qu'à l'occasion et en passant, ramassant ce qui est en elles dispersé, établissant un nouveau point de vue qui permette d'examiner facilement et commodément les choses de la nature. Les phénomènes dont elle s'occupe sont hautement significatifs; les opérations mentales à l'aide desquelles elle compare les phénomènes sont conformes à la nature humaine et lui sont agréables, de telle sorte qu'une tentative, fût-elle avortée, allie pourtant l'utilité et la beauté. GOETHE.

Le mot de *morphologie* signifie l'étude des formes. En botanique, la morphologie comprend l'étude des parties constitutives d'une plante, de leur rapport les unes aux autres et à l'ensemble; autrement dit, l'étude de la structure d'une plante.

Personne n'a pensé à la possibilité de la notion et du terme de *morphologie du conte*. Dans le domaine du conte populaire, folklorique, l'étude des formes et l'établissement des lois qui régissent la structure est pourtant possible, avec autant de précision que la morphologie des formations organiques.

Si cette affirmation ne peut s'appliquer au conte dans son ensemble, dans toute l'extension du terme, elle le peut en tout cas lorsqu'il s'agit de ce qu'on appelle les contes merveilleux, les contes « au sens propre du mot ». C'est à eux seuls qu'est consacré le présent ouvrage.

La tentative que nous présentons ici est le résultat d'un

Morphologie du conte

Vladimir Propp

travail assez minutieux. De tels rapprochements exigent du chercheur une certaine patience. Mais nous nous sommes efforcés de donner à notre exposé une forme qui ne mette pas la patience du lecteur à trop rude épreuve, de simplifier et d'abréger chaque fois que cela pouvait se faire.

Notre ouvrage est passé par trois phases. Ce fut d'abord une vaste étude avec un grand nombre de tableaux, de schémas, d'analyses. La publication en apparut impossible : l'étendue de ce travail l'interdisait à elle seule. Nous entreprîmes de le réduire, en calculant un volume minimum pour un maximum de contenu. Mais un exposé abrégé, contracté de cette manière, n'aurait pas été à la portée du lecteur profane : il ressemblait à une grammaire ou à un manuel d'harmonie. Il fallut en changer la forme. Il y a des choses, pourtant, dont l'exposé ne peut être vulgarisé. Il y en a dans cet ouvrage. Mais nous pensons du moins que sous sa forme présente, ce travail est accessible à tout amateur de contes qui accepte de nous suivre dans le labyrinthe d'une diversité dont lui apparaîtra finalement la merveilleuse unité.

Pour permettre une exposition plus brève et plus vivante, il fallut renoncer à bien des choses qu'aurait appréciées le spécialiste. Sous son aspect premier, cet ouvrage comprenait, outre les sections que l'on trouvera plus loin, une étude du domaine très riche des attributs des acteurs (c'est-à-dire des personnages en tant que tels); il examinait de façon détaillée les problèmes de la métamorphose, c'est-à-dire de la transformation du conte; il présentait de grands tableaux comparatifs (dont les titres seuls subsistent dans l'appendice); il était précédé d'un aperçu méthodologique plus rigoureux. Nous nous proposions de présenter non seulement une étude de la structure morphologique du conte, mais aussi une étude de sa structure logique absolument particulière, ce qui jetait les bases d'une étude historique du conte. L'exposé lui-même était plus détaillé. Les éléments qui ne sont ici qu'isolés comme tels étaient soumis à des comparaisons et des examens minutieux. Mais isoler des éléments constitue l'axe de ce travail et en détermine les conclusions. Le lecteur averti saura lui-même achever ces esquisses.

La présente seconde édition diffère de la première par un certain nombre de petites corrections et un exposé plus détaillé de certaines parties. Les références bibliographiques insuffisantes et vieillies ont été supprimées. Les références au recueil d'Afanassiev dans l'édition antérieure à la révolution ont été retranscrites et renvoient à l'édition soviétique.

1

Historique du problème

> L'histoire de la science prend toujours un aspect très important au point où nous nous trouvons; bien sûr, nous estimons nos prédécesseurs, et nous leur savons gré, jusqu'à un certain point, du service qu'ils nous ont rendu. Mais personne n'aime les considérer comme des martyrs qu'un penchant irrésistible attirait dans des situations dangereuses et quelquefois presque sans issue; et pourtant, on trouve souvent plus de sérieux chez les ancêtres qui ont posé les fondements de notre existence que chez les descendants qui dépensent cet héritage. GOETHE.

A la fin du premier tiers de notre siècle, la liste des publications scientifiques consacrées au conte n'était pas très riche. Outre que l'on éditait peu de chose, les bibliographies avaient l'aspect suivant : c'était surtout des textes qui étaient publiés; les travaux sur tel ou tel problème particulier étaient assez nombreux; les ouvrages généraux étaient relativement rares. S'il en existait, ils avaient un caractère de dilettantisme philosophique dans la plupart des cas, et étaient dépourvus de rigueur scientifique. Ils faisaient penser aux travaux des érudits philosophes de la nature du siècle dernier, alors que nous avions besoin d'observations, d'analyses et de conclusions précises. Voici comment le professeur M. Speranski décrivait cette situation : « Sans s'arrêter aux conclusions établies, l'ethnographie poursuit ses recherches, jugeant le matériel réuni encore insuffisant pour une construction générale. C'est ainsi que la science retourne à la collection du matériel et à son traitement, travaillant au profit des générations futures; mais ce que seront ces études générales et quand nous serons en état de les faire, nous n'en savons rien [1]. »

Pourquoi cette impuissance, pourquoi cette impasse où la science du conte se trouvait engagée dans les années 20?

Pour Speranski, c'est l'insuffisance du matériel qu'il fallait incriminer. Mais depuis qu'ont été écrites ces lignes, bien des années sont passées. Entre-temps a paru l'ouvrage capital de Bolte et Polivka, intitulé *Notes sur les contes des frères Grimm* [2]. Chaque conte de ce recueil est suivi de variantes recueillies dans le monde entier. Le dernier volume s'achève sur une bibliographie qui donne les sources, c'est-à-dire une liste de tous les recueils de contes et des autres ouvrages contenant des contes, que les auteurs connaissaient. Cette liste comprend près de 1 200 titres. Il est vrai qu'on y trouve de petits textes sans grande importance, mais aussi, en revanche, des recueils aussi volumineux que les *Mille et Une Nuits* ou le recueil d'Afanassiev, qui comprend presque six cents textes. Et ce n'est pas tout. Un nombre immense de contes n'est pas encore publié, n'est même pas, pour une part, inventorié. Ces textes se trouvent dans les archives de divers établissements et chez des particuliers. Certaines de ces collections sont accessibles aux spécialistes. C'est ainsi que le matériel de Bolte et Polivka peut être élargi dans certains cas particuliers. S'il en est ainsi, quel est le nombre total des contes à notre disposition? Y a-t-il beaucoup de chercheurs qui maîtrisent ne fût-ce que le matériel imprimé?

Dans ces conditions, il ne convient absolument pas de dire que « le matériel réuni n'est pas encore suffisant ».

Le problème n'est donc pas celui de la quantité du matériel. C'est celui des méthodes de l'étude.

1. M. Speranski, *Russkaja ustnaja slovesnost*, [La littérature orale russe], Moscou, 1917, p. 400.

2. J. Bolte und G. Polivka, *Anmerkungen zu den Kinder- und Hausmärchen der Brüder Grimm*, Bd I-III, Leipzig, 1913, 1915, 1918.

Alors que les sciences physico-mathématiques possèdent une classification harmonieuse, une terminologie unifiée adoptée par des congrès spéciaux, une méthode perfectionnée de maître en disciple, nous n'avons rien de tout cela. La bigarrure, la diversité colorée du matériel que constituent les contes, font que la netteté, la précision, lorsqu'il s'agit de poser et de résoudre les problèmes, ne s'obtiennent qu'avec beaucoup de difficultés. Le présent essai ne se propose pas de donner un exposé historique suivi sur l'étude du conte. Cela n'est pas possible dans un court chapitre d'introduction; en outre, cela n'est pas très nécessaire, étant donné qu'on l'a déjà fait plusieurs fois. Nous nous efforcerons simplement de jeter un éclairage critique sur ce qui a été tenté pour résoudre certains problèmes fondamentaux, et de faire pénétrer le lecteur, en passant, dans le champ délimité par ces questions.

Il est incontestable que l'on peut étudier les phénomènes et les objets qui nous entourent du point de vue de leur composition et de leur structure, du point de vue de leur origine, ou du point de vue des processus et des transformations auxquels ils sont soumis. Il est une autre évidence encore, qui se passe de toute démonstration : on ne peut parler de l'origine d'un phénomène, quel qu'il soit, avant d'avoir décrit ce phénomène.

Cependant, l'étude du conte était abordée surtout dans une perspective génétique, et dans la plupart des cas, sans la moindre tentative de description systématique préalable. Nous ne parlerons pas encore de l'étude historique des contes; nous nous contenterons de parler de leur description, car parler de genèse sans consacrer une attention particulière au problème de la description, comme cela s'est fait d'habitude, est absolument vain. Avant d'élucider la question de l'*origine du conte*, il est évident qu'il faut savoir *ce qu'est le conte*.

Comme les contes sont extrêmement variés et que, manifestement, on ne peut les étudier immédiatement dans toute leur diversité, il faut diviser le corpus en plusieurs parties, c'est-à-dire le classifier. Une classification exacte est un des premiers pas de la description scientifique. De l'exactitude de la classification dépend l'exactitude de l'étude ultérieure. Mais bien que la classification ait sa place à la base de toute étude, elle doit elle-même être le résultat d'un examen préliminaire approfondi. Or c'est justement l'inverse que nous pouvons observer : la plupart des chercheurs commencent par la classification, l'introduisent du dehors dans le corpus alors qu'en fait, ils devraient l'en déduire. Comme nous le verrons plus loin, les classificateurs manquent souvent, en outre, aux règles les plus simples de la division. Nous trouvons ici une des causes de l'impasse dont parle Speranski.

Arrêtons-nous devant quelques exemples.

La division la plus habituelle des contes est celle qui les partage en contes merveilleux, contes de mœurs, contes sur les animaux [1]. A première vue, cela paraît juste. Mais, bon gré mal gré, on se pose bientôt une question : les contes sur les animaux ne contiennent-ils pas un élément de *merveilleux*, quelquefois dans une très large mesure? Inversement, les animaux ne jouent-ils pas un rôle très important dans les contes merveilleux? Peut-on considérer que ces signes sont suffisamment précis? Afanassiev, par exemple, range l'histoire du pêcheur et du petit poisson parmi les contes sur les animaux. A-t-il raison ou non? S'il a tort, pourquoi? Nous verrons plus loin que les contes attribuent très facilement les mêmes actions aux hommes, aux choses et aux animaux. Cette règle s'observe surtout dans ce qu'on appelle les contes merveilleux, mais on la rencontre aussi dans les autres contes. Dans ce domaine, un des exemples les plus

1. Cette classification, proposée par V. F. Miller, coïncide en réalité avec la classification de l'école mythologique (contes mythiques, sur les animaux, de mœurs).

connus est celui du conte sur le partage de la moisson (« Moi, Micha, je prends le haut, et toi, les racines »). En Russie, celui qu'on trompe est un ours, tandis que plus à l'Ouest, c'est le diable. Par conséquent ce conte, si l'on y adjoint sa variante occidentale, s'exclut tout à coup des contes sur les animaux. Où faut-il le mettre ? Il est évident que ce n'est pas un conte de mœurs, car selon quelles mœurs la moisson se partage-t-elle de cette façon ? Mais ce n'est pas non plus un conte faisant intervenir le merveilleux. Ce conte ne trouve pas sa place dans la classification proposée.

Nous n'en affirmerons pas moins que cette classification est juste *dans son principe*. Ses auteurs se sont laissé guider par leur intuition, et les mots qu'ils utilisaient ne correspondaient pas à ce qu'ils sentaient. Je doute que quelqu'un fasse l'erreur de mettre l'histoire de l'oiseau de feu ou celle du loup gris parmi les contes sur les animaux. Il nous apparaît tout aussi clairement qu'Afanassiev s'est trompé en ce qui concerne l'histoire du poisson d'or. Mais si nous avons cette certitude, ce n'est pas parce que des animaux figurent ou ne figurent pas dans les contes, c'est parce que les contes merveilleux possèdent une *structure* absolument particulière, que l'on sent aussitôt et qui définit cette catégorie, même si nous n'en avons pas conscience. Chaque chercheur qui déclare effectuer la classification selon le schéma proposé opère en fait autrement. Mais c'est justement parce qu'il se contredit que ce qu'il fait est exact. S'il en est ainsi, si la division est inconsciemment fondée sur la *structure* du conte, qui n'a pas encore été étudiée et qui n'est même pas définie, la classification des contes doit être revue dans son ensemble. Il faut qu'elle traduise un système de signes formels, structuraux, comme c'est le cas dans d'autres sciences. Et pour cela, il faut étudier ces signes.

Mais nous allons trop vite. La situation que nous avons décrite est restée obscure jusqu'à nos jours. Les tentatives nouvelles n'ont en fait amené aucune amélioration. C'est ainsi, par exemple, que Wundt, dans son ouvrage bien connu sur la psychologie des peuples [1], propose la division suivante :

1. Contes-fables mythologiques *(Mythologische Fabelmärchen)*.
2. Contes merveilleux purs *(Reine Zaubermärchen)*.
3. Contes et fables biologiques *(Biologische Märchen und Fabeln)*.
4. Fables pures sur les animaux *(Reine Tierfabeln)*.
5. Contes « sur l'origine » *(Abstammungsmärchen)*.
6. Contes et fables humoristiques *(Scherzmärchen und Scherzfabeln)*.
7. Fables morales *(Moralische Fabeln)*.

Cette classification est beaucoup plus riche que les précédentes, mais soulève elle aussi certaines objections. La *fable* (terme qui définit cinq groupes sur sept) est une catégorie formelle. Ce que Wundt entendait par là n'est pas clair. Le mot d' « humoristique » est absolument inacceptable, étant donné que le même conte peut être traité sur le mode héroïque et sur le mode comique. On peut aussi se demander quelle est la différence entre les « fables pures sur les animaux » et les « fables morales ». En quoi les « fables pures » ne sont-elles pas « morales », et inversement ?

Les classifications examinées concernent la division des contes selon certaines *catégories.* Il existe aussi une division des contes selon leurs *sujets.*

Si nous rencontrons des difficultés lorsqu'il s'agit de la division par catégories, c'est dans le chaos complet que nous nous trouvons avec la division par sujets. Ne parlons pas du fait qu'une notion aussi complexe, aussi vague que le sujet, ou bien reste vide, ou bien est remplie par chaque auteur selon sa fantaisie. Anticipons un peu pour dire que la division des contes merveilleux selon le sujet est en principe absolument impossible. Elle doit être révisée elle aussi, comme la

1. W. Wundt. *Völkerpsychologie*, Bd. II, Leipzig, 1960, Abt. I, p. 346.

division par catégories. Les contes ont une particularité : les parties constitutives d'un conte peuvent être transportées sans aucun changement dans un autre conte. Cette loi de permutabilité sera étudiée plus loin de façon plus détaillée; nous nous limiterons ici à indiquer que, par exemple, Baba Yaga se rencontre dans les contes les plus différents, dans les sujets les plus variés. Ce trait est une particularité spécifique du conte populaire. Cependant, malgré cette particularité, voici comment on détermine habituellement le sujet : on prend une partie quelconque du conte (bien souvent celle qui, par hasard, saute aux yeux), on voit de quoi il est question, et le tour est joué. C'est ainsi qu'un conte où l'on trouve un combat contre un dragon s'appellera « le combat contre le dragon »; un conte où intervient Kochtcheï s'appellera « Kochtcheï », et ainsi de suite. Rappelons-nous qu'aucun principe ne préside au choix des éléments déterminants. Étant donné la loi de permutabilité, il est logiquement inévitable que la confusion soit totale; pour parler de façon plus précise, nous sommes en face d'une division chevauchante, et une classification semblable altère toujours la nature du matériel étudié. Ajoutons encore que le principe fondamental de la division n'est pas applicable, en l'occurrence, jusqu'au bout; une des lois les plus élémentaires de la logique se trouve donc violée une fois de plus. Cette situation existe encore de nos jours.

Deux exemples pourront illustrer ce que nous venons de dire. R. M. Volkov, professeur à Odessa, a publié en 1924 un ouvrage consacré au conte [1]. Dès les premières pages de son livre, Volkov déclare que le conte merveilleux peut avoir quinze sujets. Ces sujets sont les suivants :

1. Les innocents poursuivis.

1. R. M. Volkov, *Skazka. Rozyskanija po sjuzhetoslozheniju narodnoj skazki*, t. I, *Skazka velikorusskaja, ukrainskaja, belorusskaja*. [Le conte. Recherches sur la formation du sujet dans le conte populaire, t. I, Le conte russe, ukrainien, biélorusse], Gosizdat Ukrainy (Odessa), 1924.

2. Le héros simple d'esprit.
3. Les trois frères.
4. Le héros combattant contre un dragon.
5. La recherche d'une fiancée.
6. La vierge sage.
7. La victime d'un charme ou d'un sort.
8. Le possesseur d'un talisman.
9. Le possesseur d'objets enchantés.
10. La femme infidèle, etc.

On ne nous dit pas comment sont établis ces quinze sujets. Si l'on examine le principe de la division, on peut dire ceci : la première subdivision est définie par l'intrigue (nous verrons plus loin ce que c'est en fait, ici, que l'intrigue), la seconde par le caractère du héros, la troisième par le nombre des héros, la quatrième par un des moments du déroulement de l'action, etc. Par conséquent, aucun principe ne régit la division. Il s'ensuit un véritable chaos. N'y a-t-il donc pas de contes où trois frères (troisième subdivision) partent chercher des fiancées (cinquième subdivision)? Est-ce qu'un possesseur de talisman ne se sert jamais de celui-ci pour punir sa femme infidèle? Nous pouvons dire que cette classification n'est pas une classification scientifique au sens propre du mot; elle n'est rien de plus qu'un index éventuel, dont la valeur est très douteuse. Peut-elle se comparer, fût-ce de loin, à la classification des plantes ou des animaux, établie non pas selon les apparences, mais après une étude préalable, exacte et prolongée, du corpus à classer?

Ayant touché à la question de la classification par sujets, nous ne pouvons passer sous silence l'index des contes d'Antti Aarne [1]. Aarne est un des fondateurs de ce qu'on appelle

1. A. Aarne, *Verzeichnis der Märchentypen*, Folklore Fellows Communications, nº 3, Helsinki, 1911. Cet index a souvent été traduit et réédité. Dernière édition : *The Types of the Folktale*. A Classification and Bibliography. Antti Aarne's *Verzeichnis der Märchentypen* (*FFC*, nº 3). Translated and enlarged by S. Thompson, Folklore Fellows Communications, nº 184, Helsinki, 1964.

l'école finnoise. Ce n'est pas ici le lieu de dire ce que nous pensons de cette orientation. Indiquons seulement que parmi les publications scientifiques, il existe un nombre assez important d'articles et de notes sur les variantes de tel ou tel sujet. Ces variantes proviennent quelquefois des sources les plus inattendues. Il s'en accumule énormément, et elles ne sont pas soumises à une étude systématique. C'est principalement sur cette étude que se porte l'attention de l'école finnoise. Ses représentants recueillent et comparent les variantes de chaque sujet dans le monde entier. Le matériel est groupé géo-ethnographiquement selon un système préalablement élaboré; ensuite, des conclusions sont tirées sur la structure fondamentale, la diffusion et l'origine des sujets. Mais ce procédé appelle lui aussi un certain nombre de critiques. Comme nous le verrons plus loin, les sujets (et en particulier ceux des contes merveilleux) sont liés les uns aux autres par une très proche parenté. On ne peut déterminer où s'achève un sujet avec ses variantes et où commence un autre sujet, qu'après une étude approfondie des sujets des contes et une définition précise du principe qui préside à la sélection des sujets et des variantes. Ces conditions ne sont pas réunies. La permutabilité des éléments n'est pas prise, ici non plus, en considération. Les travaux de cette école se fondent sur une prémisse inconsciente, selon laquelle chaque sujet est un tout organique, qu'on peut détacher de la masse des autres sujets et étudier tout seul.

D'ailleurs, la division absolument objective des sujets et la sélection des variantes ne sont pas du tout chose facile. Les sujets des contes sont si étroitement liés les uns aux autres, si enchevêtrés les uns avec les autres, que cette question demande à être traitée spécialement *avant* la division des sujets. Si cette étude n'est pas faite, le chercheur est livré à son goût, et la division objective des sujets reste tout simplement impossible. Arrêtons-nous devant un exemple. Parmi les variantes du conte *Frau Holle*, Bolte et Polivka citent le conte d'Afanassiev intitulé *Baba Yaga (102)*[1]. Suivent des renvois à une série de contes très différents se rapportant au même sujet. Il s'agit de toutes les variantes russes connues à cette époque, même de celles où Baba Yaga est remplacée par un dragon ou des souris. Mais l'histoire de *Morozko* en est absente. Pourquoi? Ici aussi, la belle-fille, chassée de la maison, revient avec des présents; ici aussi, ces événements entraînent l'envoi de la fille et son châtiment. Et ce n'est pas tout : Morozko et Frau Holle sont tous deux des représentants de l'hiver, mais dans le conte allemand, c'est d'une personnification féminine qu'il s'agit, alors qu'elle est masculine dans le conte russe. Manifestement, *Morozko* s'est imposé par sa force et son éclat et s'est fixé subjectivement comme un type de conte particulier, comme un sujet indépendant qui peut avoir ses propres variantes. Nous voyons bien qu'il n'existe pas de critères absolument objectifs pour établir une division entre deux sujets. Là où un chercheur voit un nouveau sujet, un autre voit une variante, et inversement. Nous n'avons donné qu'un exemple très simple, mais à mesure que le corpus augmente et s'élargit, les difficultés se multiplient.

Quoi qu'il en soit, les méthodes utilisées par cette école exigent que soit d'abord dressée une liste des sujets.

C'est cette tâche qui fut entreprise par Aarne.

Cette liste est entrée dans l'usage international et a rendu, dans le domaine de l'étude du conte, un grand service : grâce à l'index d'Aarne, on a pu *chiffrer* les contes. Aarne appelle les sujets des *types*, et chaque type est numéroté. Il est très commode de pouvoir donner une brève désignation conventionnelle des contes (par un renvoi au numéro de l'index).

1. Les chiffres que nous donnerons dorénavant en italique correspondent aux contes de la dernière édition du recueil d'Afanassiev (*Narodnye russkie skazki A. N. Afanasieva*). [Les contes populaires russes d'Afanassiev], t. I-III, Moscou, 1958).

Mais à côté de ses mérites, l'index possède aussi un grand nombre de graves défauts : en tant que classification, il n'est pas exempt des erreurs que fait Volkov. Les divisions fondamentales sont les suivantes : I. Contes sur les animaux. II. Contes proprement dits. III. Anecdotes. Nous reconnaissons facilement les procédés sous leur nouvelle présentation. (Il est assez étrange que les contes sur les animaux ne soient pas reconnus comme des contes proprement dits.) Nous nous demandons aussi si nous possédons une étude assez précise de la notion d'*anecdote* pour pouvoir l'utiliser en toute tranquillité (cf. les *fables* de Wundt). Nous n'entrerons pas dans les détails de cette classification et nous contenterons de nous arrêter aux contes merveilleux qui constituent une sous-classe. Remarquons en passant que l'introduction de sous-classes est un des mérites d'Aarne, car la division en genres, espèces et sous-espèces n'avait pas été étudiée avant lui. Les contes merveilleux se subdivisent, d'après Aarne, dans les catégories suivantes : 1° l'ennemi magique, 2° l'époux (l'épouse) magique, 3° la tâche magique, 4° l'auxiliaire magique, 5° l'objet magique, 6° la force ou la connaissance magique, 7° autres éléments magiques. On pourrait, au sujet de cette classification, répéter presque mot pour mot les critiques formulées contre la classification de Volkov. Que faire, par exemple, des contes où la *tâche magique* est exécutée grâce à un *auxiliaire magique*, ce que l'on observe très souvent, ou des contes où l'*épouse magique* est justement cet *auxiliaire magique?*

Il est vrai qu'Aarne n'a pas tenté de faire une classification véritablement scientifique; son index est utile comme ouvrage de référence, et en tant que tel, il a une grande importance pratique. Mais d'autre part, il présente aussi des dangers. Il donne des idées fausses sur l'essentiel. En fait, une division précise des contes en types n'existe pas et apparaît chaque fois comme une fiction. Si des types existent, ce n'est pas au niveau où Aarne les place, mais à celui des particularités structurales des contes qui se ressemblent; nous y reviendrons plus loin. La proximité des sujets et l'impossibilité de tracer entre eux une limite absolument objective ont la conséquence suivante : lorsqu'on veut référer un texte à tel ou tel type, on ne sait bien souvent quel numéro choisir. La correspondance entre un type et le texte à numéroter n'est fréquemment que très approximative. Sur les cent vingt-cinq contes présentés dans le recueil de A. I. Nikiforov, vingt-cinq (c'est-à-dire 20 %) ne portent un numéro qu'approximatif et conventionnel, ce que l'auteur indique en le plaçant entre parenthèses [1]. Mais que se passerait-il si plusieurs chercheurs référaient le même conte à des types différents? D'autre part, les types étant définis par tel ou tel moment fort et non par la structure des contes, comme une histoire peut contenir plusieurs de ces moments, il arrive qu'il faille référer le même conte à plusieurs types à la fois (jusqu'à cinq pour l'un d'entre eux), ce qui ne signifie pas pour autant que le texte donné se compose de cinq sujets. Un tel procédé de détermination n'est au fond qu'une définition d'après les parties constitutives. Pour un certain groupe de contes, Aarne fait même une dérogation à ses principes : de façon inattendue et quelque peu inconséquente, il passe tout à coup de la division selon les sujets à la division selon les motifs. C'est ainsi qu'est définie une de ses sous-classes, groupe qu'il intitule « le diable stupide ». Mais cette incohérence représente une fois de plus le bon chemin qu indique l'intuition. Nous essayerons de montrer plus loin que l'étude des plus petites parties constitutives est la bonne méthode de recherche.

Nous voyons donc que la classification des contes n'a pas été menée très loin. C'est pourtant une des premières et

1. A. I. Nikiforov, ***Skazochnye materialy zaonezhja sobrannye v 1926 godu.*** [Les contes des bords du lac Onega, collectés en 1926.] ***Skazochnaja Komissija v 1926 g. Obzor rabot***, Leningrad, 1927.

principales étapes de la recherche. Pensons à l'importance qu'eut pour la botanique la première classification scientifique de Linné. Notre science est en encore à la période qui précéda Linné.

Passons à présent à une autre partie très importante de l'étude des contes, à leur description proprement dite. Voici le tableau qui se présente à nos yeux : très souvent, les chercheurs qui touchent aux problèmes de la description ne s'occupent pas de la classification (Veselovski). D'autre part, ceux qui se consacrent à la classification ne décrivent pas toujours les contes en détail, mais se contentent d'étudier certains de leurs aspects (Wundt). Si un chercheur s'intéresse à l'une et à l'autre, la classification ne doit pas suivre la description; celle-ci doit être effectuée selon le plan d'une classification préalable.

A. N. Veselovski n'a dit que très peu de choses sur la description des contes. Mais ce qu'il a dit est d'une immense portée. Veselovski conçoit, derrière le sujet, un complexe de *motifs*. Un motif peut se rapporter à plusieurs sujets différents [1]. (« Une série de motifs est un sujet. Le motif se développe en sujet. » « Les sujets sont variables : certains motifs les envahissent, ou bien certains sujets se combinent ensemble. » « Par sujet j'entends un thème dans lequel se tissent différentes situations — les motifs ».) Pour Veselovski, le motif est primaire, et le sujet, secondaire. Le sujet est un acte de création, de conjonction. Par conséquent, nous devons nécessairement entreprendre notre étude selon les motifs d'abord, et non selon les sujets.

Si la science des contes avait mieux obéi à ce précepte de Veselovski : « *séparer le problème des motifs du problème*

1. A. N. Veselovski, *Poetika sjuzhetov* [Poétique des sujets], *Sobranie Sochinenij*, ser. 1 (Poetika, t. II, vyp. 1, Saint-Pétersbourg, 1913, p. 1-133).

des sujets [1] » (c'est Veselovski qui souligne), bien des points obscurs auraient déjà disparu [2].

Mais la recommandation de Veselovski sur les motifs et les sujets ne représente qu'un principe général. L'explication concrète qu'il donne de ce terme de *motif* n'est plus applicable aujourd'hui. D'après lui, le motif est une unité indécomposable du récit (« Par motif, j'entends l'unité la plus simple du récit. » « Le motif se signale par son schématisme élémentaire et imagé; les éléments de mythologie et de conte que nous présentons plus loin sont tels : ils ne peuvent plus se décomposer »). Mais les motifs cités comme exemples peuvent se décomposer. Si le motif est un tout logique, chaque phrase du conte fournit un motif (« le père avait trois fils » est un motif; « la belle-fille quitte la maison » est un motif; « Ivan lutte contre le dragon » est encore un motif; et ainsi de suite). Ce serait fort bien si les motifs ne se décomposaient effectivement pas. Cela permettrait de constituer un index des motifs. Mais prenons le motif suivant : « le dragon enlève la fille du roi » (l'exemple n'est pas de Veselovski). Il se décompose en quatre éléments, dont chacun peut varier séparément. Le dragon peut être remplacé par Kochtcheï, le vent, le diable, un faucon, un sorcier. L'enlèvement peut être remplacé par le vampirisme et différentes actions qui dans le conte produisent la disparition. La fille peut être remplacée par la sœur, la fiancée, la femme, la mère. Le roi peut céder la place au fils du roi, à un paysan, à un pope. De telle sorte qu'en dépit

1. A. N. Veselovski, *Poetika sjuzhetov* [Poétique des sujets], *Sobranie Sochinenij*, ser. 1 (Poetika, t. II, vyp. 1, Saint-Pétersbourg, 1913, p. 1-133).

2. Volkov commit une erreur fatale : « Le sujet est une unité constante, le seul point de départ possible dans l'étude du conte » (R. M. Volkov, *Skazka*, p. 5). Nous répondrons ceci : le sujet n'est pas une unité, mais un complexe; il n'est pas constant, mais variable; le prendre pour point de départ dans l'étude du conte est impossible.

de Veselovski, nous sommes obligés d'affirmer que le motif n'est pas simple et qu'il n'est pas indécomposable. L'unité élémentaire et indécomposable n'est pas un tout logique ou esthétique. Comme nous pensons avec Veselovski que la partie doit passer dans la description avant le tout (d'après Veselovski, c'est aussi par son origine que ce motif est primaire par rapport au sujet), nous devrons résoudre le problème : isoler des éléments primaires autrement que Veselovski.

Là où Veselovski a échoué, d'autres chercheurs ont échoué aussi. C'est ainsi qu'on peut citer les travaux de J. Bédier [1] comme application d'une méthode de valeur. Il fut en effet le premier à reconnaître qu'il existe dans le conte un certain rapport entre ses valeurs constantes et ses valeurs variables. Bédier tente d'exprimer cela de façon schématique. Il appelle *éléments* les valeurs constantes, essentielles, et il les désigne par la lettre grecque oméga (ω). Les autres valeurs, celles qui sont variables, sont désignées par des lettres latines. De telle sorte que le schéma d'un conte est $\omega + a + b + c$, celui d'un autre $\omega + a + b + c + n$, celui d'un autre encore $\omega + l + m + n$, et ainsi de suite. Mais cette idée fondamentalement exacte se heurte à l'impossibilité de définir exactement cet oméga. Ce que représentent en fait, objectivement, les *éléments* de Bédier, et comment on les isole, voilà qui reste inexpliqué [2].

D'une manière générale, on s'est peu occupé des problèmes posés par la description du conte, préférant prendre celui-ci comme un tout achevé, donné. C'est seulement de nos jours que l'idée de la nécessité d'une description exacte se répand de plus en plus, alors qu'on parle depuis très longtemps des

1. J. Bédier, *les Fabliaux*, Paris, 1893.

2. Cf. S. F. Oldenburg, « Fablo vostochnogo proishozhdenija ». [Le fabliau d'origine occidentale] (*Zhurnal Ministerstva narodnogo prosveshchenija*, CCCXLV, 1903, n° 4, fasc. II, p. 217-238), où l'on trouvera une critique plus détaillée des méthodes de Bédier.

formes du conte. Effectivement, alors que les minéraux, les plantes et les animaux sont décrits (et ils sont justement décrits et classés d'après leur structure), alors qu'est décrite toute une série de genres littéraires (la fable, l'ode, le drame, etc.), le conte est encore étudié sans être décrit. L'étude génétique du conte, qui ne s'arrête pas aux formes de celui-ci, aboutit quelquefois à une absurdité, comme l'a montré V. B. Chklovski [1]. Il cite comme exemple le conte bien connu où la terre est mesurée à l'aide d'une peau. Le héros du conte reçoit la permission de prendre autant de terre que peut en couvrir une peau de bœuf. Il découpe la peau en lanière et « couvre » plus de terre que la partie trompée ne s'y attendait. V. F. Miller a tenté, avec quelques autres chercheurs, de trouver là les traces d'un acte juridique. Chklovski écrit : « Il apparaît que la partie trompée — et dans toutes les variantes du conte, il s'agit d'une tromperie — ne proteste pas contre cette mainmise sur la terre pour la bonne raison que la terre se mesurait généralement de cette façon. On aboutit à une absurdité. Si, au moment où l'on suppose que cette action a eu lieu, la coutume de mesurer la terre en l'entourant d'une lanière existait et était connue et du vendeur et de l'acheteur, non seulement il n'y a pas de tromperie, mais il n'y a pas de sujet, puisque le vendeur savait ce qui allait se produire. » Faire remonter le conte jusqu'à la réalité historique sans examiner les particularités du récit en tant que tel, conduit donc à des conclusions erronées, malgré l'énorme érudition des chercheurs qui s'appliquent à cette tâche.

Les idées de Veselovski et de Bédier appartiennent à un passé plus ou moins lointain. Bien que ces savants aient été surtout des historiens du folklore, leur étude formelle était une idée nouvelle, juste au fond, mais que personne n'a

1. V. Chklovski, *O teorii prozy* [La théorie de la prose], Moscou-Leningrad, 1925, p. 24 et suiv.

perfectionnée ni appliquée. Actuellement, la nécessité d'étudier les formes du conte n'éveille aucune objection.

L'étude structurale de tous les aspects du conte est la condition nécessaire de son étude historique. L'étude des légalités formelles prédétermine l'étude des légalités historiques.

Mais la seule étude qui puisse répondre à ces conditions est celle qui découvre les lois de la structure, et non celle qui présente un catalogue superficiel des procédés formels de l'art du conte. Le livre déjà cité de Volkov propose le moyen de description suivant : les contes sont d'abord décomposés en motifs. Sont considérés comme motifs les qualités des héros (« deux gendres sensés, le troisième sot ») aussi bien que leur quantité (« trois frères »), les actes des héros (« dernière volonté du père — que ses fils montent la garde sur son tombeau après sa mort — respectée seulement par le sot »), les objets (« la chaumière à pattes de poule », les talismans) etc. A chacun de ces motifs correspond un signe conventionnel, une lettre et un chiffre, ou une lettre et deux chiffres. Les motifs plus ou moins semblables portent la même lettre avec des chiffres différents. Une question se pose ici : si l'on est vraiment conséquent et si l'on codifie ainsi tout le contenu d'un conte, combien de motifs aura-t-on ? Volkov donne deux cent cinquante sigles environ (il n'y a pas de liste exacte). Il est évident que beaucoup de motifs sont laissés de côté, que Volkov a fait un choix, mais nous ne savons pas lequel. Ayant ainsi isolé les motifs, Volkov transcrit les contes en traduisant mécaniquement les motifs en sigles et en comparant les formules. Les contes qui se ressemblent donnent, bien entendu, des formules semblables. Les transcriptions occupent le livre tout entier. La seule « conclusion » que l'on puisse en tirer, c'est l'affirmation que les contes semblables se ressemblent, ce qui ne mène nulle part et n'engage à rien.

Nous voyons quel est le caractère des problèmes étudiés

par la science. Le lecteur peu préparé pourrait se poser une question : la science ne s'occupe-t-elle pas d'abstractions tout à fait inutiles en réalité? Qu'un motif soit décomposable ou non, cela n'est-il pas égal? Qu'importe de savoir comment isoler les éléments fondamentaux, comment classer les contes, s'il faut les étudier du point de vue des motifs, ou des sujets? On se surprend à souhaiter que des questions plus concrètes, plus tangibles, soient posées, — des questions plus accessibles à ceux qui, simplement, aiment les contes. Mais une telle exigence est fondée sur une erreur. Faisons une comparaison. Peut-on parler de la vie d'une langue sans rien savoir des parties du discours, c'est-à dire de certains groupes de mots disposés d'après les lois de leurs transformations? Une langue vivante est une donnée concrète, la grammaire est son support abstrait. On trouve de tels substrats à la base de très nombreux phénomènes de l'existence, et c'est justement sur eux que se porte l'attention de la science. Aucun fait concret ne pourrait recevoir d'explication si ces bases abstraites ne faisaient pas l'objet d'une étude.

La science ne se limite pas aux questions que nous abordons ici. Nous n'avons parlé que des problèmes qui se rapportent à la morphologie. Nous n'avons pas abordé, en particulier, l'immense champ des recherches historiques. Celles-ci peuvent être, en apparence, plus intéressantes que les recherches morphologiques, et l'on a beaucoup travaillé dans ce domaine. Mais la question générale de savoir d'où viennent les contes n'est pas résolue dans l'ensemble, bien qu'il y ait certainement des lois régissant leur naissance et leur développement, qui attendent encore d'être formulées. En revanche, certains problèmes particuliers ont été d'autant mieux étudiés. Une énumération de noms et d'ouvrages serait inutile. Mais nous affirmons que tant qu'il n'existe pas d'étude morphologique correcte, il ne peut y avoir de bonne étude historique. Si nous ne savons pas décomposer un conte selon ses parties constitutives, nous ne pouvons pas établir de comparaison justifiée. Et si nous ne pouvons faire de comparaisons, comment pourrons-nous jeter quelque lumière, par exemple, sur les rapports indo-égyptiens, ou sur les rapports de la fable grecque et de la fable indienne? Si nous ne savons pas comparer deux contes entre eux, comment étudier les liens entre le conte et la religion, comment comparer les contes et les mythes? Et enfin, de même que tous les fleuves vont à la mer, tous les problèmes de l'étude des contes doivent finalement aboutir à la solution de ce problème essentiel qui reste toujours posé, celui de la similitude des contes du monde entier. Comment expliquer que l'histoire de la reine-grenouille en Russie, en Allemagne, en France, en Inde, chez les Indiens d'Amérique et en Nouvelle-Zélande se ressemble, alors qu'aucun contact entre les peuples ne peut être prouvé historiquement? Cette ressemblance ne peut être expliquée si nous avons une image inexacte de sa nature. L'historien dépourvu d'expérience en ce qui concerne les problèmes morphologiques ne verra pas la ressemblance là où elle se trouve effectivement; il laissera de côté des correspondances très importantes pour lui, mais qu'il n'aura pas remarquées; au contraire, lorsqu'il aura cru voir une ressemblance, le spécialiste en morphologie pourra lui montrer que les phénomènes comparés sont tout à fait hétérogènes.

Nous voyons que l'étude des formes commande plus d'un problème. Nous ne refuserons donc pas ce travail analytique, méticuleux et peu glorieux, encore compliqué par le fait qu'il est entrepris d'un point de vue formel et abstrait. Ce travail ingrat et « inintéressant » mène aux constructions générales, au travail « intéressant ».

2

Méthode et matière

> **J'étais absolument convaincu qu'un type général fondé sur des transformations passe par tous les êtres organiques et qu'on peut facilement l'observer dans toutes ses parties sur quelque coupe moyenne. GOETHE.**

Nous tenterons d'abord de définir notre tâche.

Comme nous l'avons déjà noté dans notre préface, cet ouvrage est consacré aux contes *merveilleux*. L'existence des contes merveilleux en tant que catégorie particulière sera admise comme une hypothèse de travail indispensable. Par contes merveilleux, nous entendons ceux qui sont classés dans l'index d'Aarne et Thompson sous les numéros 300 à 749. Cette définition préliminaire est artificielle, mais l'occasion se présentera par la suite d'en donner une qui soit plus précise; nous la tirerons des conclusions auxquelles nous aurons abouti. Nous entreprendrons de comparer entre eux les sujets de ces contes. Pour cela, nous isolerons d'abord les parties constitutives des contes merveilleux en suivant des méthodes particulières (cf. ci-dessous), puis nous comparerons les contes selon leurs parties constitutives. Le résultat de ce travail sera une morphologie, c'est-à-dire une description des contes selon leurs parties constitutives et des rapports de ces parties entre elles et avec l'ensemble.

Quelles sont les méthodes qui permettent d'effectuer une description exacte des contes?

Comparons entre eux les cas suivants :

1. Le roi donne un aigle à un brave. L'aigle emporte le brave dans un autre royaume *(171)*.

2. Le grand-père donne un cheval à Soutchenko. Le

cheval emporte Soutchenko dans un autre royaume *(132)*.

3. Un magicien donne une barque à Ivan. La barque emporte Ivan dans un autre royaume *(138)*.

4. La reine donne un anneau à Ivan. De vigoureux gaillards sortis de l'anneau emportent Ivan dans un autre royaume *(156)*, etc.

On trouve dans les cas cités des valeurs constantes et des valeurs variables. Ce qui change, ce sont les noms (et en même temps les attributs) des personnages ; ce qui ne change pas, ce sont leurs actions, ou leurs *fonctions*. On peut en conclure que le conte prête souvent les mêmes actions à des personnages différents. C'est ce qui nous permet d'étudier les contes *à partir des fonctions des personnages.*

Nous devrons déterminer dans quelle mesure ces fonctions représentent effectivement les valeurs constantes, répétées, du conte. Tous les autres problèmes dépendront de la réponse à cette première question : combien de fonctions le conte comprend-il ?

L'étude montre que les fonctions se répètent d'une manière stupéfiante. C'est ainsi que pour mettre à l'épreuve et récompenser la belle-fille, nous rencontrons aussi bien Baba Yaga que Morozko, l'ours, le sylvain ou la tête de jument. En poursuivant ces recherches, on peut établir que les personnages des contes, si différents soient-ils, accomplissent souvent les mêmes actions. Le moyen lui-même, par lequel une fonction se réalise, peut changer : il s'agit d'une valeur variable. Morozko agit autrement que Baba Yaga. Mais la fonction en tant que telle est une valeur constante. Dans l'étude du conte, la question de savoir *ce que* font les personnages est seule importante; *qui* fait quelque chose et *comment* il le fait, sont des questions qui ne se posent qu'accessoirement.

Les fonctions des personnages représentent ces parties constitutives qui peuvent remplacer les *motifs* de Veselovski ou les *éléments* de Bédier. Notons que la répétition des fonctions par des exécutants différents a été remarquée depuis longtemps par les historiens des religions dans les mythes et les croyances, mais ne l'a pas été par les historiens du conte. Ainsi que les caractères et les fonctions des dieux se déplacent des uns aux autres et passent même, finalement, aux saints chrétiens, les fonctions de certains personnages des contes passent à d'autres personnages. Nous pouvons dire en anticipant que les fonctions sont extrêmement peu nombreuses, alors que les personnages sont extrêmement nombreux. C'est ce qui explique le double aspect du conte merveilleux : d'une part, son extraordinaire diversité, son pittoresque haut en couleur, et d'autre part, son uniformité non moins extraordinaire, sa monotonie.

Les fonctions des personnages représentent donc les parties fondamentales du conte, et c'est elles que nous devons d'abord isoler.

Pour cela il faut définir les fonctions. Cette définition doit être le résultat de deux préoccupations. Tout d'abord, elle ne doit jamais tenir compte du personnage-exécutant. Dans le plus grand nombre des cas, elle sera désignée par un substantif exprimant l'action (interdiction, interrogation, fuite, etc.). Ensuite, l'action ne peut être définie en dehors de sa situation dans le cours du récit. On doit tenir compte de la signification que possède une fonction donnée dans le déroulement de l'intrigue.

Si Ivan se marie avec la princesse, il s'agit de tout autre chose que si le père se marie avec une veuve mère de deux filles. Autre exemple : dans un premier cas, le héros reçoit cent roubles de son père et, par la suite, s'achète un chat devin avec cet argent; dans un autre cas, le héros reçoit de l'argent pour le récompenser du haut fait qu'il vient d'accomplir, et le conte s'achève là-dessus. Nous nous trouvons, malgré l'identité de l'action (un don d'argent), devant des éléments morphologiquement différents. Nous voyons donc que des actes identiques peuvent avoir des significations différentes, et inversement. *Par fonction, nous entendons l'action d'un personnage, définie du point de vue de sa signification dans le déroulement de l'intrigue.*

Les observations présentées peuvent être brièvement formulées de la manière suivante :

1. *Les éléments constants, permanents, du conte sont les fonctions des personnages, quels que soient ces personnages et quelle que soit la manière dont ces fonctions sont remplies. Les fonctions sont les parties constitutives fondamentales du conte.*

2. *Le nombre des fonctions que comprend le conte merveilleux est limité.*

Une fois les fonctions isolées, une autre question se pose : dans quel groupement et dans quel ordre ces fonctions se présentent-elles? Parlons d'abord de leur ordre. Certains pensent qu'il relève du hasard. Veselovski écrit : « Le choix et l'*ordonnance* des tâches et des rencontres [exemples de motifs. V. P.]... suppose une certaine *liberté* [1]. » Chklovski exprime cette idée d'une façon plus nette encore : « On ne comprend pas du tout pourquoi, dans les emprunts, l'ordre *fortuit* [c'est Chklovski qui souligne. V. P.] des motifs doit être conservé. Dans les témoignages, c'est justement l'ordre des événements qui s'altère le premier [2]. » Ce renvoi aux récits que font les témoins d'un incident est malheureux. Si les témoins altèrent l'ordre des événements, leur récit n'a pas de sens : l'ordre des événements a ses lois, et le récit littéraire a des lois semblables. Le vol ne peut se produire avant que la porte ne soit enfoncée. En ce qui concerne le conte, il a ses lois tout à fait particulières et spécifiques. La succession des éléments, comme nous le verrons plus loin, y est rigoureusement *identique*. La liberté dans ce domaine est très étroitement limitée, dans une mesure qui peut être déterminée avec précision. Nous arrivons à la

1. A. N. Veselovski, *Poetika sjuzhetov*, p. 3.
2. V. Chklovski, *O teorii prozy*, p. 23.

troisième thèse fondamentale de notre travail, thèse que nous développerons et démontrerons plus loin :

3. *La succession des fonctions est toujours identique.*

Nous devons noter que les lois citées ne concernent que le folklore. Elles ne constituent pas une particularité du conte en tant que tel. Les contes créés artificiellement n'y sont pas soumis.

Pour ce qui est du groupement, il faut savoir d'abord que tous les contes ne donnent pas, et de loin, toutes les fonctions. Mais cela ne modifie nullement la loi de leur succession. L'absence de certaines fonctions ne change pas la disposition des autres. Nous reviendrons à ce phénomène; examinons pour le moment le groupement des fonctions au sens propre du mot. Le simple fait de poser la question appelle l'hypothèse suivante : une fois les fonctions isolées, on pourra grouper les contes qui alignent les mêmes fonctions. Ils pourront être considérés comme contes du *même type*. C'est sur cette base qu'il sera possible, par la suite, de composer un index des types, fondé non pas sur les sujets, signes un peu vagues et incertains, mais sur des propriétés structurales précises. Cela sera effectivement possible. Mais si nous continuons à comparer les types structuraux entre eux, nous pourrons faire l'observation suivante, celle-ci tout à fait inattendue : les fonctions ne peuvent être réparties suivant des axes s'excluant l'un l'autre. Ce phénomène nous apparaîtra aussi concrètement que possible dans le chapitre suivant et dans le dernier chapitre de cet ouvrage. En attendant, on peut l'expliquer de la façon suivante : si l'on désigne par *A* la fonction que l'on trouve partout à la première place, et par *B* la fonction (si elle existe) *qui la suit toujours*, toutes les fonctions connues dans le conte se disposent suivant *un seul* récit, jamais elles ne sortent du rang, ne s'excluent ni ne se contredisent. On ne pouvait en aucun cas s'attendre à une telle conclusion. Évidemment, on pouvait plutôt penser que là où l'on trouverait la fonction *A*, on ne pourrait trouver certaines autres fonctions appartenant à d'autres récits. Nous nous attendions à découvrir plusieurs axes; or il n'y en a qu'un seul pour tous les contes merveilleux. Ils sont tous du même type, et les combinaisons dont nous parlions plus haut sont les subdivisions de ce type. A première vue, cette conclusion semble absurde et même barbare, mais on peut la vérifier de la façon la plus précise. Ce phénomène représente en fait un problème très complexe auquel nous devrons encore revenir. Il appelle toute une série de questions.

Voici donc la quatrième thèse fondamentale de notre travail :

4. *Tous les contes merveilleux appartiennent au même type en ce qui concerne leur structure.*

Nous aborderons maintenant la démonstration et le développement de ces thèses. Nous devons rappeler ici que l'étude du conte doit être menée (et fut, dans notre travail, effectivement menée) suivant une méthode rigoureusement déductive, c'est-à-dire en allant du corpus aux conclusions. Mais l'*exposé* peut emprunter la route inverse, car il est plus facile d'en suivre le développement si le lecteur connaît d'avance les fondements généraux de ce travail.

Cependant, avant de passer à l'étude elle-même des contes, nous devons répondre à une question : quelle importance doit avoir le corpus auquel s'applique cette étude? Il semble, à première vue, qu'il faille réunir tous les contes existants. En fait, cela n'est pas nécessaire. Puisque nous étudions les contes à partir des fonctions des personnages, nous pouvons cesser l'analyse du corpus dès que nous nous apercevons que les contes nouveaux n'apportent aucune fonction nouvelle. Bien entendu, il faut que le corpus de contrôle examiné par le chercheur soit important. Mais il n'est pas nécessaire d'utiliser tout cela dans un livre. Nous avons trouvé que cent contes sur des sujets divers constituent un corpus largement suffisant. Lorsqu'il a constaté que l'on ne trouve aucune fonction nouvelle, le morphologiste peut s'arrêter; l'étude continuera suivant d'autres voies (composition d'index, systématique complète, étude historique, étude de l'ensemble des procédés littéraires, etc.). Mais si le corpus peut être limité quantitativement, cela ne veut pas dire qu'on peut le trier à sa guise. Il doit s'imposer du dehors. Nous prendrons le recueil d'Afanassiev, commencerons l'étude des contes au nº 50 (c'est, selon le plan d'Afanassiev, le premier conte merveilleux du recueil) et la poursuivrons jusqu'au nº 151. Cette limitation du corpus soulèvera certainement beaucoup d'objections, mais elle est justifiée théoriquement. Pour qu'elle le soit plus largement encore, il faut se demander dans quelle mesure les phénomènes liés aux contes se répètent. S'ils se répètent beaucoup, on peut se contenter d'un corpus limité. S'ils se répètent peu, c'est impossible. La répétition des parties constitutives fondamentales du conte dépasse, nous le verrons plus loin, tout ce que l'on pouvait attendre. Par conséquent, il est théoriquement possible de se satisfaire d'un corpus limité. Pratiquement, cette limitation se justifie du fait que l'utilisation d'un grand nombre de contes accroîtrait considérablement le volume de notre livre. Ce n'est pas la quantité des contes qui est importante, c'est la qualité de l'étude qui s'y applique. Cent contes constituent notre corpus de travail. Le reste est un corpus de contrôle d'une grande portée pour le chercheur, mais dont l'intérêt ne va pas plus loin.

3

Fonctions des personnages

Nous énumérerons dans ce chapitre les fonctions des personnages dans l'ordre dicté par les contes eux-mêmes.

Pour chaque fonction, nous donnerons : 1° une brève description de l'action qu'elle représente; 2° une définition aussi résumée que possible; 3° le signe conventionnel que nous lui avons attribué (les signes permettent, par la suite, de faire des comparaisons schématiques sur la structure des contes). On trouvera ensuite des exemples. Dans la plupart des cas, ceux-ci sont loin d'épuiser notre corpus et ne servent que d'échantillons. Ils se subdivisent en plusieurs groupes. Entre ces groupes et la définition, il existe le même rapport qu'entre les *espèces* et le *genre*. Le travail fondamental consiste à isoler les *genres*. L'étude des *espèces* ne peut faire partie des tâches de la morphologie générale. Les espèces peuvent se subdiviser en *variétés* : c'est le point de départ d'une systématique. La liste suivante ne poursuit pas de tels buts. Les exemples ne sont là que pour illustrer et montrer l'existence de la fonction comme unité du type *genre*. Toutes les fonctions, nous l'avons déjà noté, se rangent en un récit unique et continu. Notre liste de fonctions représente la base morphologique des contes merveilleux en général [1].

1. Il est recommandé, avant d'aborder la lecture de ce chapitre, de lire consécutivement les descriptions de toutes les fonctions énumérées sans entrer dans les détails, c'est-à-dire de ne lire que ce qui est imprimé en petites capitales. Cette rapide lecture préalable facilitera la compréhension du détail.

Les contes commencent habituellement par l'exposition d'une situation initiale. On énumère les membres de la famille, ou le futur héros (par exemple un soldat) est simplement présenté par la mention de son nom ou la description de son état. Bien que cette situation ne soit pas une fonction, elle n'en représente pas moins un élément morphologique important. Les espèces de l'ouverture des contes ne pourront être examinées qu'à la fin de cet ouvrage. Nous définissons cet élément comme *situation initiale.* Il est désigné par α.

L'ouverture est suivie des fonctions suivantes :

I. UN DES MEMBRES DE LA FAMILLE S'ÉLOIGNE DE LA MAISON (définition : *éloignement*, désigné par β) [1].

1. L'éloignement peut être le fait d'une personne de la génération adulte. Les parents partent travailler *(113)*. « Le prince dut partir pour un long voyage, quitter sa femme et la laisser avec des étranger » *(265)*. « Il partit (le marchand) dans les pays étrangers » *(197)*. Les formes habituelles de l'éloignement sont : le départ pour travailler, dans la forêt, pour faire du commerce, à la guerre, « pour s'occuper de ses affaires » (β^1).

2. *La mort des parents* représente une forme renforcée de l'éloignement (β^2).

3. Parfois, ce sont les membres de la jeune génération qui s'éloignent. Ils partent faire une visite *(101)*, pour aller à la pêche *(108)*, se promener *(137)*, chercher des fraises *(224)* *(*β^3*)*.

1. Pour aboutir à une notation internationale unique, nous avons utilisé, pour les signes conventionnels des fonctions, les symboles introduits dans l'édition américaine du livre de Propp, en inversant seulement les désignations des fonctions XVII et XVIII. (N.d.T.)

II. LE HÉROS SE FAIT SIGNIFIER UNE INTERDICTION (définition : *interdiction*, désignée par γ).

1. « *Tu ne dois pas regarder* ce qu'il y a dans ce cabinet. » *(159)*. « Garde ton frère, ne sors pas de la maison » *(113)*. « Si Baba Yaga vient, *ne dis rien*, tais-toi » *(106)*. « Le prince la sermonna longtemps, *lui interdit de descendre* de sa chambre » *(265)*, etc. L'interdiction de sortir est quelquefois renforcée ou remplacée par la mise des enfants dans une fosse *(201)*. Parfois au contraire, on trouve une forme affaiblie de l'interdiction sous l'aspect d'une prière ou d'un conseil : la mère dissuade son fils d'aller à la pêche : « Tu es encore petit » *(108)*, etc. Le conte mentionne en général l'éloignement d'abord, puis l'interdiction. En fait, les événements se sont passés, bien entendu, dans l'ordre inverse. Une interdiction peut être signifiée sans aucun rapport avec l'éloignement : défense de cueillir des pommes *(230)*, de soulever la plume d'or *(169)*, d'ouvrir une boîte *(219)*, d'embrasser sa sœur *(219)* *(γ^1)*.

2. La forme inversée de l'interdiction est l'ordre ou la proposition : d'apporter le déjeuner dans les champs *(133)*, d'emmener son jeune frère dans la forêt *(244)* *(γ^2)*.

Pour une meilleure compréhension de notre propos, nous nous permettrons ici une digression. La suite du conte présente l'avènement soudain (bien que, d'une certaine manière, préparé) du malheur. C'est à lui qu'est liée l'image offerte par la situation initiale, image d'un bonheur particulier, quelquefois fortement souligné. Le roi possède un splendide jardin où poussent des pommes d'or; les vieux parents aiment tendrement leur petit Ivachka, etc. La prospérité agricole est une forme spéciale que prend ce bonheur : un paysan et ses fils ont fait une très belle fenaison. On rencontre souvent la description de semailles qui lèvent d'une manière extraordinaire. Ce bonheur sert évidemment de fond contrastant pour faire ressortir le malheur qui va suivre. Le spectre de l'adversité plane déjà, bien qu'invisible, au-dessus de cette famille heureuse. D'où les interdictions — de sortir, etc. L'éloignement lui-même des ainés prépare ce malheur, crée le moment qui lui est favorable. Après le départ ou la mort de leurs parents, les enfants sont livrés à eux-mêmes. Un ordre joue parfois le rôle de l'interdiction. Si l'on commande aux enfants d'aller dans les champs ou dans la forêt, l'exécution de cet ordre aura les mêmes conséquences que la rupture de l'interdiction d'aller dans les champs ou dans la forêt.

III. L'INTERDICTION EST TRANSGRESSÉE (définition : *transgression*, désignée par δ).

Les formes de la transgression correspondent aux formes de l'interdiction. Les fonctions II et III constituent un *double* élément dont la deuxième partie peut parfois exister sans la première. Les princesses vont au jardin*(*β^3*), elles sont en retard* pour rentrer à la maison. L'interdiction d'être en retard manque. L'ordre exécuté (δ^2) correspond, nous l'avons noté, à l'interdiction transgressée *(*δ^1*)*.

Un nouveau personnage fait ici son entrée dans le conte; on peut le qualifier d'*agresseur du héros (*de *méchant).* Son rôle est de troubler la paix de l'heureuse famille, de provoquer un malheur, de faire du mal, de causer un préjudice. L'ennemi du héros peut être un dragon, un diable, un brigand, une sorcière, une marâtre, etc. De nouveaux personnages apparaissent en général au cours de l'action; nous étudierons cette question dans un chapitre particulier. L'agresseur a donc fait son entrée dans l'intrigue. Il est arrivé en volant, à pas de loup, etc., et il commence à agir.

IV. L'AGRESSEUR ESSAYE D'OBTENIR DES RENSEIGNEMENTS (définition : *interrogation*, désignée par ε).

1. L'interrogation a pour but la découverte du lieu où résident les enfants, quelquefois du lieu où se trouvent des objets précieux, etc. L'ours : « Qui me dira où ils sont allés, les enfants du roi? » *(201)*. L'intendant : « Où est-ce que vous prenez ces pierres fines? » *(197)*. Le pope à la confession « Qu'est-ce qui t'a permis de te remettre si vite? » *(258)*. La princesse : « Dis-moi, Ivan, fils de marchand, où est ta sagesse? » *(209)*. « De quoi vit-elle, la chienne? » se demandait la fille de Baba Yaga. Elle envoie Simplœil, Doublœil et Triplœil chercher à découvrir ce qu'il en est *(100)* *(ε^1)*.

2. L'inversion de l'interrogation se rencontre sous la forme de questions posées à l'agresseur par sa victime. « Où est ta mort, Kochtcheï? » *(156)*. « Que votre cheval est rapide! Est-ce qu'on peut trouver quelque part un autre cheval comme celui-là, qui pourrait fuir devant le vôtre? » *(160)*. *(ε^2)*.

3. Dans certains cas isolés, on trouve l'interrogation par personnes interposées *(ε^3)*.

V. L'AGRESSEUR REÇOIT DES INFORMATIONS SUR SA VICTIME (définition : *information*, désignée par ζ).

1. L'agresseur reçoit immédiatement une réponse à sa question. Le ciseau répond à l'ours : « Emporte-moi dans la cour et jette-moi par terre; où je m'enfoncerai, c'est là qu'il faudra creuser » *(201)*. A la question sur les pierres fines, la femme du marchand répond à l'intendant : « C'est une poule qui nous les pond » *(197)*, etc. Nous nous trouvons de nouveau devant des fonctions couplées. Elles se présen-

tent souvent sous l'aspect d'un dialogue. C'est ici que se place, entre autres, le dialogue de la marâtre avec son miroir. Bien que la marâtre ne pose aucune question directe sur sa belle-fille, le miroir lui répond : « Tu es belle, sans doute, mais tu as une belle-fille qui vit chez des preux dans la forêt endormie — elle est encore plus belle que toi. » Il est d'autres cas encore où la deuxième moitié du couple peut exister sans la première. L'information prend alors la forme d'une imprudence. La mère appelle son fils en criant pour qu'il rentre à la maison, et trahit ainsi sa présence auprès de la sorcière *(108)*. Le vieux a reçu un sac enchanté. Il régale sa commère en se servant dans le sac et trahit ainsi auprès d'elle le secret de son talisman *(187)*. *(*ζ^1*)*.

2-3. L'interrogation, inversée ou autre, appelle la réponse correspondante. Kochtcheï trahit le secret de sa mort *(136)*, le secret du cheval fougueux *(159)*, etc. *(*ζ^2 et ζ^3*)*.

VI. L'AGRESSEUR TENTE DE TROMPER SA VICTIME POUR S'EMPARER D'ELLE OU DE SES BIENS (définition : *tromperie*, désignée par η).

L'agresseur du héros, ou le méchant, prend d'abord un autre aspect. Le dragon se transforme en chèvre d'or *(162)*, en beau jeune homme *(202)*. La sorcière devient « une bonne vieille » *(225)*. Elle imite la voix de la mère *(108)*. Le pope se couvre d'une peau de chèvre *(258)*. La voleuse fait semblant d'être une mendiante *(139)*.

La fonction elle-même prend la suite.

1. L'agresseur agit par la persuasion : la sorcière offre un anneau *(114)*, la commère propose de prendre un bain de vapeur *(187)*, la sorcière propose d'ôter sa robe *(259)*, de prendre un bain dans l'étang *(265)* *(*η^1*)*.

2. Il agit en utilisant immédiatement des moyens magiques. La marâtre donne à son beau-fils des galettes empoisonnées

(233). Elle pique dans ses vêtements une épingle magique *(233)* *(η^2)*.

3. Il agit en utilisant d'autres moyens trompeurs ou violents. Les méchantes sœurs garnissent de couteaux et de pointes la fenêtre par où Finist doit passer *(234)*. Le dragon déplace les copeaux qui indiquent à la jeune fille le chemin qui rejoint ses frères *(133)* *(η^3)*.

VII. LA VICTIME SE LAISSE TROMPER ET AIDE AINSI SON ENNEMI MALGRÉ ELLE (définition : *complicité*, désignée par θ).

1. Le héros se laisse convaincre par son agresseur, c'est-à-dire accepte l'anneau, va prendre un bain de vapeur, se baigner, etc. On peut remarquer que si les *interdictions* sont toujours *transgressées*, les *propositions trompeuses*, au contraire, sont toujours *acceptées* et *exécutées* *(θ^1)*.

2-3. Il réagit mécaniquement à l'utilisation des moyens magiques ou autres, c'est-à-dire s'endort, se blesse, etc. Cette fonction peut aussi exister sans la précédente : personne n'a rien fait pour endormir le héros, mais il s'endort soudain spontanément, évidemment pour faciliter le travail de son ennemi *(θ^2* et *θ^3)*.

La proposition trompeuse et l'acceptation correspondante prennent une forme particulière dans le pacte trompeur (« Donne-moi ce que tu ne connais pas dans ta maison. ») Dans ces circonstances, l'accord est extorqué, l'ennemi profitant d'une situation difficile où se trouve sa victime (fuite du troupeau, extrême misère, etc.). Quelquefois, cette situation difficile est à dessein créée par l'agresseur (l'ours attrape le roi par la barbe *(201)*. On peut définir cet élément comme un *méfait préalable* (nous le désignerons par *x*, ce qui doit le distinguer des autres formes de tromperie).

VIII. L'AGRESSEUR NUIT À L'UN DES MEMBRES DE LA FAMILLE OU LUI PORTE PRÉJUDICE (définition : *méfait*, désigné par *A*).

Cette fonction est extrêmement importante, car c'est elle qui donne au conte son mouvement. L'éloignement, la rupture de l'interdiction, l'information, la tromperie réussie préparent cette fonction, la rendent possible ou simplement la facilitent. C'est pour cela que l'on peut considérer les sept premières fonctions comme la *partie préparatoire* du conte, alors que l'intrigue se noue au moment du méfait. Les formes que revêt ce méfait sont extrêmement variées.

1. *L'agresseur enlève un être humain* (A^1). Le dragon enlève la fille du roi *(131)*, la fille d'un paysan *(133)*. La sorcière enlève un petit garçon *(108)*. Les frères aînés enlèvent la fiancée du plus jeune *(168)*.

2. *Il vole ou enlève un objet magique* [1] (A^2). « L'enfant-gaillard » vole le coffret magique *(189)*. La princesse vole la chemise magique *(203)*. Le petit homme grand-comme-un-doigt vole le cheval magique *(138)*.

2a. La suppression violente de l'auxiliaire magique constitue une catégorie particulière de cette forme de rapt. La marâtre donne l'ordre d'égorger la vache magique *(100, 101)*. L'intendant donne l'ordre de couper le cou à la poule ou à l'oie merveilleuse *(195, 197)* (A^{II}).

3. *Il pille ou abîme ce qui a été semé* (A^3). La jument mange une meule de foin *(105)*. L'ours vole l'avoine *(143)*. La grue vole les pois verts *(186)*.

4. *Il ravit la lumière du jour* (A^4). Ce cas ne se rencontre qu'une seule fois *(135)*.

5. *Il accomplit un vol ou un enlèvement sous d'autres formes* (A^5). L'objet du rapt subit des variations considérables, et il est inutile d'énumérer toutes les formes qu'il prend. Comme nous le verrons plus loin, la nature de cet objet n'a pas d'inci-

1. Cf. p. 55-56 ce que l'on entend par objet et auxiliaire magique.

dence sur le déroulement de l'action. Il serait logiquement plus juste de considérer tous les rapts comme une forme unique du méfait initial, et les formes du rapt, déterminées par son objet, comme des variétés et non des espèces. Mais il est techniquement plus commode d'en isoler quelques formes principales et grouper les autres. Exemples : L'oiseau de feu vole les pommes d'or *(168)*. La bête-vison vient dévorer toutes les nuits des animaux dans la ménagerie du roi *(132)*. Le général vole l'épée (non magique) du roi *(259)*, etc.

6. *Il fait subir des dommages corporels* (A^6). La servante arrache les yeux de sa maîtresse *(127)*. La princesse coupe les pieds de Katoma *(195)*. Il est intéressant de noter que ces formes représentent elles aussi (du point de vue morphologique) un rapt. La servante, par exemple, dépose les yeux dans sa poche et les emporte; par la suite, ils lui seront repris par les mêmes moyens que les autres objets volés et seront remis à leur place. La même chose se produit avec un cœur arraché.

7. *Il provoque une disparition soudaine* (A^7). Généralement cette disparition est le résultat de pratiques magiques ou trompeuses. La marâtre endort son beau-fils. La fiancée de celui-ci disparaît pour toujours *(232)*. Les sœurs garnissent de couteaux et d'aiguilles la fenêtre de la jeune fille, par où Finist doit entrer; il se blesse aux ailes, disparaît pour toujours *(234)*. La femme quitte son mari en s'envolant sur un tapis volant *(192)*. Le conte nº *267* donne une forme intéressante de cette disparition. Elle est ici provoquée par le héros lui-même. Il met le feu à la pelisse de sa femme ensorcelée; celle-ci disparaît pour toujours. On peut également inclure ici le cas particulier du conte nº *219*. Un baiser ensorcelé plonge la fiancée dans un oubli total. La victime est ici la fiancée elle-même, qui perd son fiancé (A^{VII}).

8. *Il exige ou extorque sa victime* (A^8). En général, cette forme d'enlèvement est la conséquence d'un pacte trompeur. Le roi des mers exige le prince, et celui-ci part de chez lui *(219)*.

9. *Il chasse quelqu'un* (A^9). La marâtre chasse sa belle-fille *(95)*. Le pope chasse son petit-fils *(143)*.

10. *Il donne l'ordre de jeter quelqu'un à la mer* (A^{10}). Le roi enferme sa fille et son gendre dans un tonneau, et donne l'ordre de jeter le tonneau à la mer *(165)*. Les parents déposent leur fils endormi dans une barque, sur la mer *(247)*.

11. *Il ensorcelle quelqu'un ou quelque chose* (A^{11}). Il faut noter ici que l'agresseur du héros accomplit souvent plusieurs méfaits à la fois. Certaines formes de méfait se rencontrent rarement seules et tendent à se lier avec d'autres. L'ensorcellement en fait partie. La femme transforme son mari en chien et le chasse, — ce qui donne $A^9{}_{11}$ *(246)*. La marâtre transforme sa belle-fille en loup-cervier et la chasse *(266)*. Dans les cas mêmes où la fiancée est transformée en canard et s'envole, il s'agit en fait d'une expulsion, bien que celle-ci ne soit pas mentionnée en tant que telle *(264, 265)*.

12. *Il effectue une substitution* (A^{12}). Il s'agit également, dans la majeure partie des cas, d'une forme de méfait qui en accompagne une autre. La nourrice transforme la fiancée en canard et lui substitue sa fille, — ce qui donne $A^{11}{}_{12}$ *(264)*. La servante aveugle la fiancée du roi et se fait passer pour celle-ci —$A^6{}_{12}$ *(127)*.

13. *Il donne l'ordre de tuer quelqu'un* (A^{13}). Cette forme est en fait une expulsion modifiée (renforcée). La marâtre ordonne à un laquais d'égorger sa belle-fille pendant une promenade *(210)*. La princesse donne à ses serviteurs l'ordre d'emmener son mari dans la forêt et de le tuer *(192)*. Dans ces cas, l'agresseur exige en général qu'on lui rapporte le foie et le cœur du mort.

14. *Il accomplit un meurtre* (A^{14}). En général, c'est également une forme qui accompagne d'autres aspects du méfait central et leur sert de renforcement. La princesse vole la chemise magique de son mari et le tue — ce qui donne $A^2{}_{14}$ *(208)*. Les frères tuent le plus jeune d'entre eux et enlèvent sa

fiancée —A^1_{14} *(168)*. La sœur prend à son frère les fraises qu'il a cueillies et le tue *(244)*.

15. *Il enferme quelqu'un, l'emprisonne* (A^{15}). La princesse enferme Ivan dans un cachot *(256)*. Le roi des mers retient Sémion en prison *(256)*.

16. *Il veut obliger quelqu'un à l'épouser* (A^{16}). Le dragon exige la princesse en mariage *(125)*.

16a. La même chose entre proches parents (A^{xvi}). Le frère exige sa sœur en mariage *(114)*.

17. *Il menace d'accomplir des actes de cannibalisme* (A^{17}). Le dragon exige la princesse pour la dévorer *(171)*. Le dragon a dévoré tous les habitants du village, le même sort attend le dernier paysan resté vivant *(146)*.

17a. La même chose entre proches parents (A^{XVII}). La sœur veut manger le frère *(92)*.

18. *Il tourmente quelqu'un chaque nuit* (A^{18}). Le dragon *(192)*, le diable *(115)* tourmentent la princesse chaque nuit. La sorcière vient en volant chez la jeune fille et lui tète les seins *(193)*.

19. *Il déclare la guerre* (A^{19}). Le roi voisin déclare la guerre *(161)*. Autre cas semblable : Le dragon dévaste le royaume *(137)*.

Ici s'arrête la liste exhaustive des formes du méfait dans les limites du corpus choisi. Mais tous les contes ne commencent pas, il s'en faut, par l'accomplissement d'un méfait. Il existe d'autres débuts, souvent suivis du même développement que les contes commençant par la fonction *A*, celle du méfait. Si nous examinons ce phénomène, nous verrons que ces contes partent d'une situation de *manque* ou de *pénurie*, ce qui donne lieu à une quête analogue à la quête qui suit le méfait. D'où la conclusion que la pénurie peut être tenue pour un équivalent, par exemple, de l'enlèvement. Considérons la situation suivante : la princesse vole le talisman d'Ivan. Le résultat de ce vol est que le talisman fait défaut à Ivan. Or nous voyons le conte, laissant de côté le méfait, commencer très souvent directement par le manque : Ivan a envie de posséder un sabre magique ou un cheval merveilleux. Le rapt comme le manque déterminent le moment suivant de l'intrigue : Ivan part chercher ce qui lui fait défaut. On peut dire la même chose de la fiancée enlevée et de la fiancée simplement manquante, etc. Dans le premier cas, une action est commise, dont le résultat est un manque et qui donne lieu à une quête; dans le second cas, on trouve un manque déjà existant qui donne lieu, lui aussi, à une quête. Dans le premier cas, le manque est créé du dehors, dans le second, il est reconnu du dedans. On peut comparer ce manque à un zéro, qui dans la série des chiffres représente une valeur déterminée. Ce moment peut être décrit de la façon suivante :

VIII-a. IL MANQUE QUELQUE CHOSE A L'UN DES MEMBRES DE LA FAMILLE; L'UN DES MEMBRES DE LA FAMILLE A ENVIE DE POSSÉDER QUELQUE CHOSE (définition : *manque*, désigné par *a*).

Ces faits ne se soumettent que très difficilement à une classification. On pourrait les classer selon les différentes formes que prend la reconnaissance du manque (cf. p. 94-95), mais nous pouvons nous limiter ici à une répartition suivant son objet. On peut distinguer les formes suivantes : 1º Manque d'une fiancée (ou d'un ami, d'un être humain en général). Cette déficience est quelquefois dépeinte avec beaucoup de force (le héros est décidé à chercher une fiancée); elle n'est quelquefois même pas mentionnée. Le héros, célibataire, part à la recherche d'une fiancée, et voilà l'action commencée (a^1). 2º On a besoin, on ne peut se passer d'un objet magique, pommes, eau, cheval, sabre, etc. (a^2). 3º On a besoin d'un objet insolite (dépourvu de force magique) : oiseau de feu, canard aux plumes d'or, merveille des merveilles, etc. (a^3). 4° Une forme spécifique : il manque l'œuf magique avec la mort de Kochtcheï (avec l'amour de la princesse) (a^4). 5° Formes rationalisées : manque d'argent, de moyens de vivre, etc. (a^5); notons au passage que ces débuts réalistes sont quelquefois suivis de développements tout à fait fantastiques. 6° Diverses autres formes (a^6). Si l'objet du rapt n'a pas d'incidence sur la structure du conte, l'objet du manque n'en a pas non plus. Du point de vue de la morphologie générale, il n'est donc pas nécessaire de classer systématiquement tous les cas; on peut se limiter aux principaux, en groupant les autres.

Une question nous arrête ici malgré nous : tous les contes ne commencent pas, il s'en faut, par un méfait ou par le manque que nous venons de décrire. Au début de l'histoire de Yemel le Sot, par exemple, nous voyons le sot pêcher une truite, mais ce n'est ni parce qu'il en a besoin, ni pour commettre un méfait. En comparant un grand nombre de contes entre eux, on découvre d'abord que certains éléments propres au *milieu* du conte sont *transportés au début;* c'est le cas dans notre exemple. Le fait d'attraper et d'épargner un animal est un élément central typique, comme nous le verrons plus loin. D'une manière générale, les éléments *A* ou *a* sont indispensables dans tous les contes de la catégorie que nous étudions. Il n'existe pas d'autres manières de nouer l'intrigue dans les contes merveilleux.

IX. LA NOUVELLE DU MÉFAIT OU DU MANQUE EST DIVULGUÉE, ON S'ADRESSE AU HÉROS PAR UNE DEMANDE OU UN ORDRE, ON L'ENVOIE OU ON LE LAISSE PARTIR (définition : *médiation, moment de transition*, désigné par *B*).

Cette fonction fait entrer le héros en scène. Dans une analyse plus minutieuse, elle peut se décomposer en plusieurs parties constitutives, mais dans notre perspective, cela n'a pas d'importance. Les héros des contes sont de deux types différents. 1. Si Ivan part à la recherche d'une jeune fille enlevée qui a disparu de l'horizon paternel (ainsi que de l'horizon des auditeurs), c'est lui le héros du conte, et non la jeune fille. On peut appeler ces héros des *quêteurs*. 2. Si l'on enlève ou chasse une jeune fille ou un petit garçon et que le conte les suit sans s'intéresser à ceux qui restent, le héros du conte est la jeune fille ou le petit garçon enlevé ou chassé. Il n'y a pas de quêteur dans ces contes-là. Le personnage principal peut y être appelé *héros victime*[1]. Nous verrons plus bas si les contes se développent de la même façon, quand ils mettent en scène le premier ou le second type de héros. Le cas où le conte suit aussi bien le quêteur que la victime (cf. *Rouslane et Ludmila*) n'existe pas dans notre corpus. On trouve le moment de médiation dans les deux cas. Son sens est de provoquer le départ du héros.

1. *Un appel au secours est lancé, suivi par l'envoi du héros (B^1).* L'appel vient généralement du roi et s'accompagne de promesses.

2. *On envoie immédiatement le héros (B^2).* L'envoi se présente sous la forme d'un ordre, ou sous la forme d'une prière. Dans le premier cas, il s'accompagne parfois de menaces, dans le second, de promesses, quelquefois des deux ensemble.

3. *Le héros part de chez lui (B^3).* Dans ce cas, l'initiative du départ vient souvent du héros lui-même, et non d'un personnage mandateur. Ses parents lui donnent leur bénédiction. Parfois, le héros ne dit rien de son véritable but. Il demande la permission d'aller se promener, etc., et en fait, il part se battre.

4. *La nouvelle du malheur est divulguée (B^4).* La mère raconte à son fils l'enlèvement de sa fille, qui eut lieu avant la naissance de celui-ci ; ce faisant, elle ne lui demande aucune

1. Nous aurons plus loin l'occasion de donner une définition plus précise du héros.

aide. Le fils part à la recherche de sa sœur *(133)*. Plus souvent, le récit du malheur est fait non par les parents, mais par diverses petites vieilles, des personnes rencontrées par hasard, etc.

Ces quatre formes de la fonction se rapportent au héros-quêteur. Les formes suivantes ont directement trait au héros-victime. La structure du conte veut, en tout état de cause, que le héros parte de chez lui. Si le méfait n'y suffit pas, le conte utilise pour cela le moment de transition.

5. *Le héros chassé est emmené loin de chez lui* (B^5). Le père emmène dans la forêt sa fille chassée par la marâtre. Cette forme est fort intéressante à plusieurs égards. Logiquement, l'action du père est inutile. Sa fille pourrait partir seule dans la forêt. Mais le conte a besoin, au moment de transition, que les parents soient là pour présider au départ du héros. On pourrait montrer qu'il s'agit d'une formation secondaire, mais cela n'entre pas dans le propos d'une morphologie générale. Remarquons en outre qu'on emmène également la princesse exigée par le dragon. On la dépose dans ce cas-là au bord de la mer. Mais ici, un appel est lancé en même temps. Le développement de l'intrigue est déterminé par l'appel, et non par le fait qu'on emmène la princesse; cette action ne peut donc se rapporter, dans ce cas-là, au moment de transition.

6. *Le héros condamné à mort est secrètement libéré* (B^6). Le cuisinier ou l'archer épargne la jeune fille ou le petit garçon, les libère, tue à leur place un animal pour rapporter son cœur et son foie en guise de preuve de leur mort *(210, 195)*. Le moment de la fonction IX a été défini plus haut comme le facteur qui provoque le départ du héros de chez lui. Si l'envoi pose la *nécessité* de partir, nous trouvons ici la *possibilité* de partir. La première éventualité caractérise le héros-quêteur, la seconde, le héros-victime.

7. *On chante un chant plaintif* (B^7). C'est la forme spécifique lorsqu'il y a eu meurtre (plainte chantée par le frère

resté vivant, ou par d'autres), ensorcellement suivi d'expulsion, trahison. Le malheur se fait ainsi connaître et la réaction peut se produire.

X. LE HÉROS-QUÊTEUR ACCEPTE OU DÉCIDE D'AGIR (définition : *début de l'action contraire*, désigné par *C*).

Ce moment se caractérise par des déclarations telles que : « Permets-nous de partir à la recherche de tes princesses », etc. Il n'est pas mentionné parfois, mais la décision précède évidemment la quête. Il n'existe que dans les contes dont le héros part effectuer une quête. Les héros chassés, tués, ensorcelés, trahis, n'ont pas la volonté de se libérer, et cet élément est alors absent.

XI. LE HÉROS QUITTE SA MAISON (définition : *départ*, désigné par ↑).

Ce départ représente autre chose que l'éloignement momentané désigné plus haut par β. Le départ du héros-quêteur est en outre différent de celui du héros-victime. Le premier a pour but une quête, le second fait ses premiers pas sur une route sans recherches, où toutes sortes d'aventures l'attendent. Il ne faut pas perdre de vue le fait suivant : si une jeune fille est enlevée et si le héros part à sa recherche, deux personnes quittent la maison. Mais le chemin que suit le récit, le chemin suivant lequel l'intrigue se déroule, est le chemin du héros-quêteur. Au contraire, si l'on chasse, par exemple, une jeune fille, et si personne ne part à sa recherche, le récit suit le départ et les aventures du héros-victime. Le signe ↑ indique le départ du héros, qu'il s'agisse ou non du héros-quêteur. Dans certains contes, le déplacement du héros dans l'espace manque. Toute l'action se déroule au même endroit. Parfois, au contraire, le départ est renforcé et prend la forme d'une *fuite*.

Les éléments *ABC*↑ représentent le nœud de l'intrigue. L'action se développe ensuite.

Un nouveau personnage entre dans le conte; on peut l'appeler *donateur*, ou, plus précisément, *pourvoyeur*. Habituellement, le héros le rencontre par hasard dans la forêt, sur la route, etc. (Cf. chap. VII, les formes de l'entrée en scène des personnages.) Le héros — qu'il soit quêteur ou victime — reçoit de lui un moyen (généralement magique) qui lui permet par la suite de redresser le tort subi. Mais avant de recevoir l'objet magique, le héros est soumis à certaines actions très diverses, qui, cependant, l'amènent toutes à entrer en possession de cet objet.

XII. LE HÉROS SUBIT UNE ÉPREUVE, UN QUESTIONNAIRE, UNE ATTAQUE, ETC., QUI LE PRÉPARENT A LA RÉCEPTION D'UN OBJET OU D'UN AUXILIAIRE MAGIQUE (définition : *première fonction du donateur*, désignée par *D*).

1. *Le donateur fait passer une épreuve au héros* (D^1). Baba Yaga fait faire des travaux domestiques à la jeune fille *(102)*. Les preux de la forêt proposent au héros de les servir pendant trois ans *(216)*. Le héros doit travailler trois ans chez un marchand (rationalisation réaliste, *115*), être passeur pendant trois ans sans demander de rétribution *(128)*, écouter jusqu'au bout un air de violon sans s'endormir *(216)*. Un pommier, une rivière, un poêle lui offrent une nourriture très simple *(113)*. Baba Yaga lui ordonne de se coucher à côté de sa fille *(171)*. Le dragon lui ordonne de soulever une lourde pierre *(128)*. Cet ordre est quelquefois inscrit sur la pierre; il arrive aussi que des frères, ayant trouvé une grosse pierre, essayent de leur propre gré de la soulever.

Baba Yaga donne au héros l'ordre de garder un troupeau de juments *(159)*, etc.

2. *Le donateur salue et questionne le héros* (D^2). On peut considérer cette forme comme un affaiblissement de l'épreuve. Le salut et les questions existent également dans les formes déjà citées, mais ils y précèdent l'épreuve et n'en ont pas le caractère. Ici, l'épreuve elle-même est absente, mais le questionnaire ressemble à une épreuve déguisée. Si le héros répond grossièrement, il ne reçoit rien; s'il répond poliment, il reçoit un cheval, un sabre, etc.

3. *Un mourant ou un mort demande au héros de lui rendre un service* (D^3). Parfois, cette forme prend également un caractère d'épreuve. Une vache adresse au héros une prière : « Ne mange pas ma viande, ramasse mes os, noue-les dans un mouchoir, sème-les dans le jardin et ne m'oublie jamais, arrose-les chaque matin » *(100)*. Un taureau prononce une prière semblable dans le conte *201*. Mais c'est une autre forme que prend cette prière dans le conte *179* : le père mourant y ordonne à ses fils de passer trois nuits sur son tombeau.

4. *Un prisonnier demande au héros de le libérer* (D^4). Un petit homme de bronze, prisonnier, lui demande de le libérer *(125)*. Le diable enfermé dans une tour demande au soldat de le libérer *(236)*. La cruche pêchée au fond de l'eau prie le héros de la casser; autrement dit, l'esprit enfermé dans la cruche demande qu'on le libère *(195)*.

4a. *La même chose, précédée de l'emprisonnement du donateur* $({}^{o}D^4)$. Dans le conte *123* par exemple, où l'on attrape un sylvain, cette action ne peut constituer une fonction indépendante : elle ne fait que préparer la demande du prisonnier.

5. *On s'adresse au héros en lui demandant grâce* (D^5). On pourrait considérer cette forme comme une variété de la précédente : elle suit la prise. Ailleurs, le héros vise un animal pour le tuer. Il pêche un brochet qui lui demande de le relâcher *(166)*. Il vise des animaux qui lui demandent de les laisser partir *(156)*.

6. *Deux personnes en train de se disputer demandent au héros de partager entre elles leur butin* (D^6). Deux géants lui demandent de partager entre eux un bâton et un balai *(185)*. La demande des adversaires n'est pas toujours exprimée. Le héros propose parfois de sa propre initiative de les départager (d^6). Des bêtes féroces ne parviennent pas à partager la dépouille de leur proie. Le héros la partage *(162)*.

7. *Autres demandes* (D^7). Les demandes constituent, à proprement parler, une espèce indépendante, et leurs différents aspects, des sous-espèces, mais pour éviter un système de signes trop complexe, on peut classer les différentes variétés comme des espèces. Lorsqu'on a isolé les formes principales, on peut ranger ensemble les autres. — Des souris demandent qu'on les nourrisse *(102)*. Un voleur demande à sa victime de lui apporter ce qu'il a dérobé *(238)*. Le cas suivant peut être rapporté à deux catégories à la fois : Kouzinka attrape un renard. Le renard lui adresse une prière : « Ne me tue pas (l'animal attrapé demande grâce, D^5), fais-moi rôtir une poule bien grasse » (seconde demande, D^7). Comme la prise précède ces demandes, nous désignerons ce cas par ${}^{0}D^{5}_{7}$). Autre cas, comprenant lui aussi une menace préalable, ou la mise du demandeur dans une situation d'impuissance : le héros vole les vêtements d'une baigneuse, qui lui demande de les lui rendre. On rencontre parfois simplement une situation d'impuissance, sans prière formulée (oisillons mouillés par la pluie, chat tourmenté par des enfants). Le héros, dans ces cas, a la possibilité de rendre un service. Objectivement, il s'agit là d'une épreuve, bien que subjectivement, le héros ne la ressente pas comme telle (d^7).

8. *Un être hostile essaye d'anéantir le héros* (D^8). Une sorcière essaye d'enfermer le héros dans un poêle *(108)*. Le maître de maison tente, la nuit, de donner ses hôtes à manger aux rats *(212)*. Une sorcière essaye, pendant la nuit, de couper la tête au héros *(105)*. Un sorcier essaye de

faire mourir le héros d'épuisement en le laissant seul sur une montagne *(243)*.

9. *Un être hostile entre en lutte avec le héros (D^9)*. Baba Yaga se bat contre le héros. La lutte dans la petite maison de la forêt contre divers habitants des bois se rencontre très fréquemment. La lutte prend l'aspect d'une bagarre, d'une raclée.

10. *On montre au héros un objet magique et on lui propose un échange (D^{10})*. Un brigand lui montre une massue *(216)*, des marchands lui montrent des objets insolites *(212)*, un vieillard lui montre une épée *(268)*. Ils lui demandent autre chose en échange.

XIII. LE HÉROS RÉAGIT AUX ACTIONS DU FUTUR DONATEUR (définition : *réaction du héros*, désignée par *E*).

Dans la majeure partie des cas, la réaction peut être positive ou négative.

1. *Le héros réussit (ne réussit pas) l'épreuve (E^1)*.

2. *Le héros répond (ne répond pas) au salut du donateur (E^2)*.

3. *Il rend (ne rend pas) au mort le service demandé (E^3)*.

4. *Il libère le prisonnier (E^4)*.

5. *Il épargne l'animal qui le lui demande (E^5)*.

6. *Il fait le partage et réconcilie ceux qui se disputaient (E^6)*. La demande des adversaires (ou simplement la dispute sans demande) provoque souvent une autre réaction. Le héros *dupe* les adversaires, en les envoyant chercher, par exemple, une flèche qu'il a tirée, pendant que lui-même emporte les objets du litige *(E^{VI})*.

7. *Le héros rend un autre service (E^7)*. Ces services correspondent parfois à la prière qu'on lui a adressée, elles n'ont parfois d'autre cause que la bonté du héros. Une jeune fille donne à manger à des mendiantes qui passent *(114)*. Les

formes à caractère religieux pourraient constituer une sous-espèce particulière. Le héros allume un tonnelet d'encens à la gloire de Dieu. On peut également citer ici un cas d'oraison *(115)*.

8. *Le héros se sauve des attaques qui le visent, en retournant les moyens du personnage hostile contre celui-ci* (E^8). Il enferme Baba Yaga dans le poêle après lui avoir demandé de montrer comment on faisait pour y entrer *(108)*. Les héros échangent secrètement leurs vêtements contre ceux des filles de Baba Yaga, qui tue celles-ci à leur place *(105)*. Le sorcier reste lui-même sur la montagne où il voulait abandonner le héros *(243)*.

9. *Le héros remporte la victoire (ou ne remporte pas la victoire) sur l'être hostile* (E^9).

10. *Le héros accepte l'échange, mais utilise aussitôt la force magique de l'objet contre le donateur* (E^{10}). Un vieillard propose au cosaque une épée qui coupe toute seule en échange d'un tonneau magique. Le cosaque accepte l'échange et ordonne aussitôt à l'épée de couper la tête du vieillard, ce qui lui permet de reprendre le tonneau *(270)*.

XIV. L'OBJET MAGIQUE EST MIS A LA DISPOSITION DU HÉROS (définition : *réception de l'objet magique*, désignée par *F*).

Les objets magiques peuvent être : 1° des animaux (cheval, aigle, etc.); 2° des objets d'où sortent des auxiliaires magiques (le briquet et le cheval, l'anneau et les jeunes gens); 3° des objets ayant des propriétés magiques, massue, épée, violon, boule, et bien d'autres; 4° des qualités reçues directement, comme par exemple la force, la capacité de se transformer en animal, etc. Nous appelons (sous condition pour le moment) *objets magiques* tout ce qui est ainsi transmis. Les formes de la transmission sont les suivantes :

1. *L'objet est transmis directement* (F^1). Les dons de cette

espèce ont très souvent le caractère d'une récompense. Un vieillard donne un cheval, des animaux de la forêt donnent leur petit, etc. Il arrive que le héros, au lieu de recevoir un animal qu'on met à sa disposition, reçoit la capacité de se transformer en animal (pour les détails, voir plus bas, au chap. 6). Certains contes s'achèvent sur la récompense. Dans ces cas, le don représente une certaine valeur matérielle, et non un objet magique *(f^1)*. Si la réaction du héros a été négative, la transmission peut ne pas avoir lieu *(F nég)*, ou céder la place à un châtiment sévère. Le héros est mangé, il gèle, on découpe une lanière sur son dos, on le jette sous une pierre, etc. *(F contr)*.

2. *L'objet se trouve en un lieu indiqué (F^2)*. Une vieille montre le chêne sous lequel se trouve le bateau volant *(144)*. Un vieillard montre le paysan chez lequel on peut prendre le cheval magique *(138)*.

3. *L'objet se fabrique (F^3)*. « Le sorcier va au bord de la mer, dessine une barque sur le sable et dit : « Eh bien, mes amis, vous voyez cette barque? — Nous la voyons! — Asseyez-vous dedans! » *(138)*.

4. *L'objet se vend et s'achète (F^4)*. Le héros achète une poule magique *(195)*, un chat et un chien magiques *(190)*. La forme intermédiaire entre la fabrication et l'achat est la fabrication sur commande. Le héros commande une chaîne à un forgeron *(105)*. Ce cas est désigné par $F^4{}_3$.

5. *L'objet tombe par hasard entre les mains du héros (celui-ci le trouve) (F^5)*. Ivan voit un cheval dans un champ, il monte dessus *(132)*. Il tombe sur un arbre qui porte des pommes magiques *(192)*.

6. *L'objet apparaît soudain spontanément (F^6)*. Une échelle gravissant la montagne apparaît tout à coup *(156)*. On rencontre une forme particulière de l'apparition spontanée lorsque l'objet sort de terre *(F^{VI})*; c'est ainsi que peuvent apparaître des buissons magiques *(160, 101)*, des baguettes, un chien et un cheval, un nain, etc.

7. *On boit ou on mange l'objet (F^7).* Il ne s'agit pas ici, à strictement parler, d'une transmission, mais cette forme n'en est pas moins, sous certaines conditions, liée aux cas cités. Trois gorgées d'un liquide donnent une force exceptionnelle *(125)*. Les abats d'oiseau donnent aux héros qui les mangent différentes qualités magiques *(195)*.

8. *On vole l'objet (F^8).* Le héros vole le cheval à Baba Yaga *(159)*. Il s'approprie l'objet d'une dispute *(197)*. L'utilisation de l'objet magique contre le personnage qui vient de le donner en échange d'un objet que le héros lui reprend, peut également être considérée comme une forme de vol.

9. *Divers personnages se mettent eux-mêmes à la disposition du héros (F^9).* Un animal, par exemple, peut ou bien donner son petit, ou bien offrir ses propres services au héros. Cela revient à se donner lui-même. Comparons les deux cas suivants. Le cheval n'est pas toujours donné directement ou dans un briquet. Parfois, le donateur se contente de communiquer une formule magique qui permet d'appeler le cheval. Il peut enfin se produire qu'Ivan ne reçoive, à proprement parler, rien du tout. On ne lui donne que le droit à un auxiliaire magique. C'est le cas lorsque le personnage qui lui demande sa grâce donne à Ivan un droit sur sa propre personne. Le brochet récite à Ivan la formule par lequelle on peut l'appeler (« dis : selon l'ordre du brochet », etc.). Enfin, si l'animal promet simplement, la formule étant abandonnée, de se présenter « à quelque moment que tu aies besoin de moi », il s'agit quand même de l'épisode où, sous la forme d'un animal, un objet magique est mis à la disposition du héros. L'animal devient ainsi l'auxiliaire d'Ivan (f^9). Il peut se produire que, sans aucune préparation, divers êtres magiques apparaissent soudain, que le héros les rencontre en route, qu'ils lui offrent son aide et se fassent accepter comme alliés *($F^6{}_9$)*. Le plus souvent, ce sont des héros avec des attributs extraordinaires ou des personnages ayant certaines propriétés

magiques : Obyedalo, Opivalo, Moroz-Treskoun (Mange-Tout, Boit-Tout, Gel-à-Pierre-Fendre).

Avant de poursuivre notre énumération des fonctions, nous pouvons poser la question suivante : quelles combinaisons des variétés de l'élément *D* (préparation de la transmission) et *F* (transmission) rencontre-t-on [1]? Il faut seulement noter que dans le cas d'une réaction négative du héros, on ne trouve que *F nég* (la transmission ne se produit pas) ou *F contr* (le héros est sévèrement puni). Dans le cas d'une réaction positive, on rencontre les combinaisons suivantes (cf. schéma p. ci-contre).

Ce schéma permet de voir que les combinaisons sont extrêmement variées; par conséquent, on peut poser que dans l'ensemble la substitution d'une sous-espèce à une autre est largement possible. Mais si on examine ce schéma attentivement, il saute aux yeux que certaines combinaisons sont absentes. Cela s'explique en partie par le faible volume de notre corpus. mais certaines combinaisons seraient de toute façon illogiques. Nous sommes donc amenés à la conclusion qu'il existe des *types* de combinaisons. Si, pour définir ces types, nous partons des formes de la transmission de l'objet magique, nous pouvons distinguer deux types de combinaisons :

1. Le vol de l'objet magique est lié aux tentatives pour détruire le héros (le faire rôtir, etc.), à la demande de départager des adversaires, aux propositions d'échange.

2. Toutes les autres formes de transmission et de réception sont liées à toutes les autres formes préparatoires. La demande de départager des adversaires se rapporte à ce second type si le partage a effectivement lieu, mais au premier si les adversaires se font duper. On peut encore noter que la trouvaille, l'achat et l'apparition soudaine et spontanée de

1. Le problème du lien entre les variétés des fonctions sera posé de manière plus large dans le dernier chapitre.

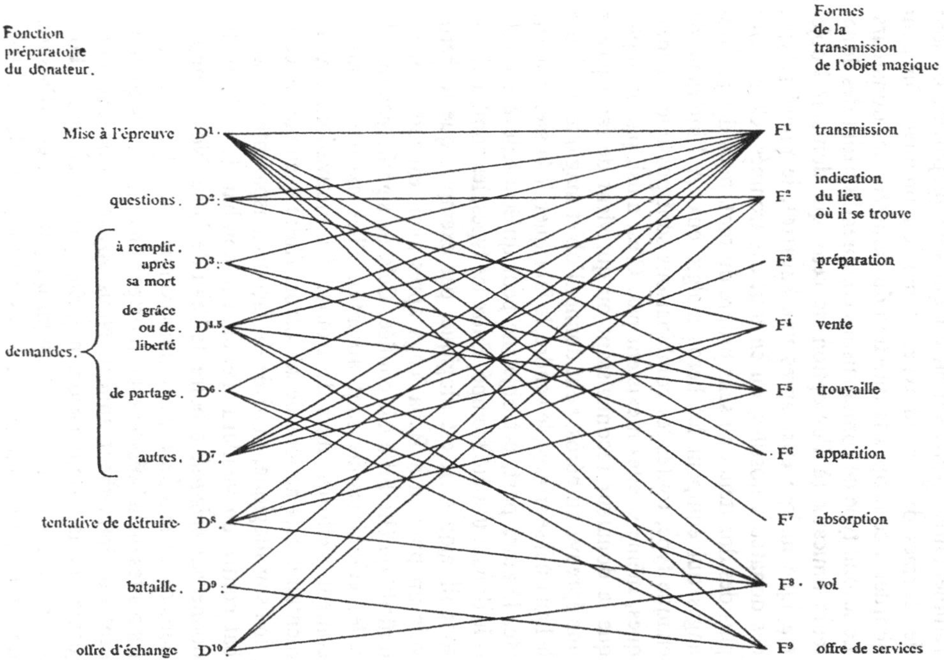

Fonction préparatoire du donateur.

Mise à l'épreuve D^1.
questions. D^2:
demandes.
à remplir, après sa mort D^3:
de grâce ou de liberté $D^{4,5}$.
de partage. D^6.
autres. D^7.
tentative de détruire D^8.
bataille. D^9:
offre d'échange D^{10}.

Formes de la transmission de l'objet magique

F^1 transmission
F^2 indication du lieu où il se trouve
F^3 préparation
F^4 vente
F^5 trouvaille
F^6 apparition
F^7 absorption
F^8. vol
F^9 offre de services

l'objet ou de l'auxiliaire magique se rencontrent le plus souvent sans que rien les ait préparés. Ce sont des formes rudimentaires. Mais s'il en est qui sont préparées, ce sont des formes du second type, et non du premier. On peut aborder à ce propos la question du caractère des donateurs. Le second type de combinaisons comprend surtout des donateurs amicaux (à l'exception de ceux qui donnent l'objet magique malgré eux, après une bagarre); le premier type, des donateurs hostiles, ou en tout cas trompés. Ce ne sont plus des donateurs au sens propre du mot, mais des personnages qui équipent les héros malgré eux. A l'intérieur de chaque type, toutes les combinaisons sont possibles et logiques, même si elles n'existent pas. C'est ainsi, par exemple, que le donateur reconnaissant ou qui vient de faire passer une épreuve au héros, peut donner l'objet magique, indiquer le lieu où il se trouve, le vendre, le fabriquer, le laisser trouver, etc. D'autre part, cet objet ne peut qu'être enlevé ou volé si le donateur a été trompé. Entre les types, les combinaisons sont illogiques. Il est illogique, par exemple, que le héros vole un poulain à Baba Yaga après avoir exécuté la tâche difficile qu'elle lui avait confiée. Cela ne signifie pas que de telles combinaisons sont absentes. Elles existent, mais le conteur s'efforce alors de trouver des motivations supplémentaires aux actions de ses héros. Autre exemple de combinaison illogique, motivée de façon transparente : Ivan se bat contre un vieillard. Pendant le combat, le vieillard lui donne *par mégarde* à boire de l'eau de force. Nous comprenons ce « par mégarde » si nous comparons cet épisode avec les contes où la boisson est offerte par un donateur reconnaissant ou simplement amical. Nous voyons donc que l'illogisme de la combinaison n'arrête pas le conteur. Pour suivre une voie purement empirique, il convient d'assurer que dans leur rapport, toutes les sous-espèces des éléments *D* et *F* sont remplaçables les unes par les autres.

Voici quelques exemples concrets de ces combinaisons :

Type II.

$D^1E^1F^1$. Baba Yaga ordonne au héros de faire paître un troupeau de juments. Il reçoit une seconde tâche, la remplit, reçoit un cheval *(160)*.

$D^2E^2F^2$. Un vieillard pose des questions au héros. Celui-ci répond grossièrement, ne reçoit rien. Il revient ensuite, répond poliment, et reçoit un cheval *(155)*.

$D^3E^3F^1$. Un père, mourant, demande à ses fils de passer trois nuits sur sa tombe. Le plus jeune accède à cette prière, reçoit un cheval *(179)*.

$D^1E^1F^{VI}$. Un jeune taureau demande aux enfants du roi de l'égorger, de le faire brûler et de semer ses cendres sur trois plates-bandes. Le héros obéit à cette prière. Un pommier pousse sur la première plate-bande, un chien sur la seconde, un cheval sur la troisième *(202)*.

$D^1E^1F^5$. Des frères trouvent une grande pierre. « Est-ce qu'on pourrait la soulever ? » (épreuve en l'absence de personnage qui la fasse passer). Les plus âgés n'y parviennent pas, le plus jeune déplace la pierre, qui cachait une cave, et trouve dans cette cave trois chevaux *(137)*.

On pourrait prolonger cette liste *ad libitum*. Il faut seulement noter que les chevaux ne sont pas les seuls objets magiques à se transmettre dans ces cas-là. Nous avons choisi des exemples comportant des chevaux pour faire ressortir leur parenté morphologique.

Type I.

$D^6E^{VI}F^8$. Trois personnes en train de se disputer demandent au héros de partager entre elles des objets magiques. Le héros leur fait faire une course de vitesse, et vole pendant ce temps les objets (un bonnet, un tapis, des bottes).

$D^8E^8F^8$. Les héros entrent par hasard chez Baba Yaga.

Celle-ci veut leur couper la tête pendant la nuit. Ils s'arrangent pour qu'elle coupe la tête de ses filles. Les frères s'enfuient, le plus jeune vole un mouchoir magique *(106)*.

$D^{10}E^{10}F^{8}$. Le héros a un esprit invisible, Chmat-Razoum, à son service. Trois marchands proposent de le lui échanger contre une cassette (un jardin), une hache (un bateau), un clairon (une armée). Le héros accepte l'échange, puis rappelle son auxiliaire *(212)*.

Nous voyons que le remplacement d'une sous-espèce par une autre, à l'intérieur de chaque type, se pratique en effet très largement. On peut se demander encore si certains *objets* transmis ne sont pas liés à certaines *formes* de transmission, c'est-à-dire si un cheval n'est pas toujours donné, un tapis volant toujours volé, etc. Bien que notre examen ne concerne que les fonctions en tant que telles, nous pouvons indiquer (sans preuves) qu'une telle norme n'existe pas. Le cheval, que l'on donne la plupart du temps, est volé dans le conte nº *160*. Au contraire, le fichu magique qui vient en aide quand on est poursuivi, et qui est habituellement volé, est donné dans le conte nº *159* et d'autres. Le bateau volant peut être fabriqué, on peut indiquer l'endroit où il se trouve, on peut le donner, etc.

Revenons à l'énumération des fonctions des personnages. Après la transmission de l'objet magique, nous verrons son utilisation, ou bien, s'il s'agit d'un être vivant, son intervention immédiate, sur l'ordre du héros. Le héros perd alors, apparemment, toute son importance : il ne fait plus rien, c'est son auxiliaire qui se charge de tout. La portée morphologique du héros n'en reste pas moins entière, car les intentions de celui-ci sont le pivot du récit. Ces intentions apparaissent dans les ordres divers que le héros donne à ses auxiliaires. Nous pouvons donner à présent une définition du héros plus précise que nous ne l'avons fait plus haut. Le héros du conte merveilleux est ou bien le personnage qui souffre directement de l'action de l'agresseur au moment où se noue l'intrigue (ou qui ressent un manque), ou bien le personnage qui accepte de réparer le malheur ou de répondre au besoin d'un autre personnage. Au cours de l'action, le héros est le personnage pourvu d'un objet magique (ou d'un auxiliaire magique), et qui s'en sert (ou l'utilise comme un serviteur).

XV. LE HÉROS EST TRANSPORTÉ, CONDUIT OU AMENÉ PRÈS DU LIEU OÙ SE TROUVE L'OBJET DE SA QUÊTE (définition : *déplacement dans l'espace entre deux royaumes, voyage avec un guide*, désigné par *G*).

L'objet de la quête se trouve dans « un autre » royaume. Ce royaume peut se trouver très loin à l'horizontale, ou bien très haut ou très bas à la verticale. Les moyens de communication peuvent être les mêmes dans tous les cas, mais il en existe des formes spécifiques pour voyager dans les hauteurs ou les profondeurs.

1. *Le héros vole dans les airs* (G^1). A cheval *(171)*, sur un oiseau *(210)*, à la manière d'un oiseau *(162)*, dans un bateau volant *(138)*, sur un tapis volant *(192)*, sur le dos d'un géant ou d'un esprit *(210)*, dans la calèche du diable *(154)*, etc. Le vol sur le dos d'un oiseau comporte quelquefois un détail supplémentaire : il faut nourrir l'oiseau pendant le voyage, le héros emporte un taureau, etc.

2. *Il se déplace sur la terre ou l'eau* (G^2). A cheval, ou sur le dos d'un loup *(168)*. Dans un bateau *(247)*. Un homme sans bras porte un cul-de-jatte *(196)*. Un chat traverse une rivière sur le dos d'un chien *(190)*.

3. *On le conduit* (G^3). Un peloton de fil lui montre le chemin *(234)*. Un renard conduit le héros auprès de la princesse *(163)*.

4. *On lui indique le chemin* (G^4). Un hérisson lui indique le chemin qui mène à son frère enlevé *(113)*.

5. *Il utilise des moyens de communication immobiles* (G^5).

Il gravit une échelle *(156)*, découvre une entrée souterraine et l'utilise *(141)*, marche sur le dos d'un immense brochet comme sur un pont *(156)*, se laisse glisser le long d'une courroie, etc.

6. *Il suit des traces de sang* (G^6). Le héros remporte la victoire sur l'habitant de la petite maison dans la forêt, celui-ci s'enfuit, se cache sous une pierre. En suivant ses traces, Ivan trouve l'entrée de l'autre royaume.

Il n'existe pas d'autre forme de déplacement du héros, du moins dans les limites de notre corpus. Il faut remarquer que le voyage en tant que fonction particulière est parfois omis. Le héros parvient simplement à son but, c'est-à-dire que la fonction *G* est le prolongement naturel de la fonction ↑. Dans ce cas, la fonction *G* ne peut être isolée.

XVI. LE HÉROS ET SON AGRESSEUR S'AFFRONTENT DANS UN COMBAT (définition : *combat*, désigné par *H*).

Il faut distinguer cette forme de la lutte (ou de la bagarre) contre le donateur hostile. Les deux formes diffèrent par leurs résultats. Si le héros, à la suite de cet affrontement, reçoit un objet qui doit l'aider dans la suite de sa quête, nous nous trouvons devant un élément *D*. Si, ayant remporté la victoire, le héros tombe en possession de l'objet même de sa quête (de ce qu'on l'a envoyé chercher), il s'agit d'un élément *H*.

1. *Ils se battent en plein champ* (H^1). C'est ici que se rapporte en premier lieu le combat contre le dragon, contre Tchoudo-Youdo, etc. *(125)*, ainsi que le combat contre une armée ennemie, contre un preux *(212)*, etc.

2. *Ils entrent en compétition* (H^2). Dans les contes humoristiques, le véritable combat n'a parfois pas lieu. Après une altercation (quelquefois tout à fait analogue à la querelle qui précède le combat), le héros et l'agresseur entrent

en compétition. Le héros remporte la victoire grâce à sa ruse. Un tzigane met en fuite le dragon en faisant passer pour une pierre un morceau de fromage blanc qu'il écrase et dont il fait couler le liquide, en faisant passer pour un sifflement un coup de massue sur la nuque *(148)*, etc.

3. *Ils jouent aux cartes (H^3)*. Le héros joue aux cartes avec le dragon *(153)*, avec le diable *(192)*.

4. Le conte *93* présente une forme particulière. La dragonne y dit au héros : « Qu'Ivan le Prince monte avec moi sur la balance pour voir lequel de nous deux est le plus lourd » *(H^4)*.

XVII. LE HÉROS REÇOIT UNE MARQUE (définition : *marque*, désignée par *I*).

1. *Une marque est imprimée sur son corps (I^1)*. Le héros reçoit une blessure pendant la bataille. Le princesse le réveille avant le combat en lui faisant une blessure à la joue avec un couteau *(125)*. La princesse fait une marque avec sa bague sur le front du héros *(195)*. Elle lui donne un baiser, qui allume une étoile sur son front.

2. *Le héros reçoit un anneau ou un mouchoir (I^2)*. Les deux formes se trouvent réunies dans le cas où le héros est blessé pendant le combat et sa blessure bandée avec le mouchoir de la princesse ou du roi.

3. *Autres formes de marque (I^3)*.

XVIII. L'AGRESSEUR EST VAINCU (définition : *victoire*, désignée par *J*).

1. *Il est vaincu dans un combat en plein champ (J^1)*.
2. *Il est vaincu dans la compétition (J^2)*.

3. *Il perd aux cartes (J^3).*

4. *Il est battu à la pesée (J^4).*

5. *Il est tué sans combat préalable (J^5).* Le dragon est tué pendant son sommeil *(141)*. Zmioulan (Serpentin) se cache dans un creux, il est tué *(164)*.

6. *Il est immédiatement chassé (J^6).* La princesse, retenue prisonnière par le diable, attache une image sainte à son cou. « Le malin s'envola aussi vite qu'un tourbillon » *(115)*.

On rencontre aussi la victoire sous une forme négative. Si deux ou trois héros sont entrés dans la bataille, l'un d'eux (le général) se cache, tandis qu'un autre remporte la victoire *($^oJ^1$)*.

XIX. LE MÉFAIT INITIAL EST RÉPARÉ OU LE MANQUE COMBLÉ (définition : *réparation*, désignée par *K*).

Cette fonction forme couple avec le méfait ou le manque du moment où se noue l'intrigue *(A)*. C'est ici que le conte est à son sommet.

1. *L'objet de la quête est enlevé par la force ou par la ruse (K^1).* Le héros utilise parfois les mêmes moyens que l'agresseur lors du rapt initial. Le cheval d'Ivan se transforme en mendiant et demande l'aumône. La princesse lui donne une pièce. Ivan sort des broussailles en courant, ils la saisissent tous deux et l'emportent *(185)*.

1a. Le rapt est effectué parfois par deux personnages, l'un des deux contraignant l'autre. Le cheval met le pied sur une écrevisse, puis l'oblige à apporter la robe de mariée; un chat attrape une souris, l'oblige à aller chercher l'anneau *(190) (K^I)*.

2. *L'objet des recherches est pris par plusieurs personnages à la fois, leurs actions se succédant rapidement (K^2).* Le passage de l'objet d'un personnage à l'autre s'effectue grâce à une série d'échecs ou de tentatives de fuite. Les

sept Sémion obtiennent la princesse; un voleur l'enlève, elle s'envole sous la forme d'un cygne; un archer la blesse d'une flèche, un autre la tire de l'eau à la place d'un chien, etc. *(145)*. Des événements semblables se produisent au moment où l'on retrouve l'œuf contenant la mort de Kochtcheï. Un lièvre, une oie, un poisson s'enfuient, l'un sur la terre, l'autre dans les airs, le troisième dans l'eau, en emportant l'œuf. Un loup, une corneille, un autre poisson le leur reprennent *(156)*.

3. *L'objet de la quête est pris grâce à un appât* (K^3). Cette forme est dans certains cas très proche de K^1. Le héros attire la princesse sur un bateau en lui montrant des objets d'or, et l'emmène *(242)*. L'appât sous l'aspect d'une offre d'échange pourrait constituer une sous-espèce particulière de cette forme. Une jeune fille aveuglée brode une couronne merveilleuse; elle l'envoie à la servante qui lui a volé ses yeux; en échange de la couronne, la servante renvoie les yeux qui reviennent ainsi à la jeune fille *(127)*.

4. *L'obtention de l'objet cherché est le résultat immédiat des actions précédentes* (K^4). Si par exemple Ivan, après avoir tué le dragon, épouse la princesse libérée, il n'y a pas là de prise en tant qu'acte particulier, mais il y a une prise en tant que fonction, étape du déroulement de l'intrigue. La princesse n'est pas attrapée, n'est pas enlevée, elle n'en est pas moins prise, c'est le résultat du combat. La prise est dans ce cas un élément logique. Elle peut résulter aussi d'une autre action que le combat. C'est ainsi qu'Ivan peut *trouver* la princesse au bout de son voyage.

5. *L'objet de la quête est obtenu immédiatement, au moyen de l'objet magique* (K^5). Deux gaillards (qui sortent d'un livre magique) font venir à la vitesse du vent le cerf aux bois d'or *(212)*.

6. *L'utilisation de l'objet magique supprime la pauvreté* (K^6). Une oie magique pond des œufs d'or *(195)*. C'est ici qu'ont leur place la nappe qui sert le déjeuner et le cheval

au crottin d'or *(186)*. Nous trouvons une autre forme de la nappe qui sert le déjeuner sous l'aspect du brochet : « Par l'ordre du brochet et la bénédiction de dieu, que la table soit mise et le dîner prêt » *(167)*.

7. *L'objet de la quête est pris au cours d'une chasse* (K^7). Cette forme est typique dans le cas des déprédations agricoles. Le héros guette et attrape la jument qui volait le foin *(105)*. Il attrape la grue qui volait les pois verts *(187)*.

8. *Le personnage ensorcelé redevient ce qu'il était* (K^8). Cette forme convient typiquement au cas du méfait A^{11} (ensorcellement). La rupture du charme s'effectue en mettant le feu à la pelisse de l'ensorcelé, ou bien en prononçant la formule « redeviens une jeune fille », etc.

9. *Le mort ressuscite* (K^9). On ôte de sa tête une épingle ou une dent de mort *(202, 206)*. On asperge le héros avec de l'eau de mort et de vie.

9 a. De même qu'au cours du contre-enlèvement un animal en oblige un autre à agir, de même le loup, ici, attrape le corbeau et oblige sa mère à apporter de l'eau de mort et de vie *(16)*. Cette résurrection avec l'obtention préalable de l'eau peut constituer une sous-espèce particulière (désignée par K^{IX})[1].

10. *Le prisonnier est libéré* (K^{10}). Le cheval brise la porte du cachot et fait sortir Ivan *(185)*. Cette forme n'a rien de commun, du point de vue morphologique, avec, par exemple, la libération du sylvain, qui entraîne reconnaissance et transmission d'un objet magique; il s'agit ici de réparer le méfait qui avait noué l'intrigue. Nous trouvons une forme particulière de la libération dans le conte *259*. Le roi des mers y amène toujours, à minuit, son prisonnier sur la côte. Le héros supplie le soleil de le libérer. Par deux fois, le soleil est en retard. La troisième fois, « le soleil brilla de tous ses

1. On peut également considérer l'obtention préalable de l'eau comme une forme particulière de *F* (transmission d'un objet magique).

rayons, et le roi des mers ne put plus l'emmener dans sa prison ».

11. L'obtention de l'objet de la quête s'accomplit parfois de la même façon que l'obtention de l'objet magique : on le donne, on indique le lieu où il se trouve, le héros l'achète, etc. Nous désignons par KF^1 la transmission immédiate, KF^2 l'indication du lieu, et ainsi de suite, comme plus haut.

XX. LE HÉROS REVIENT (définition : *retour*, désigné par ↓).

Le retour s'effectue en général de la même façon que l'arrivée. Mais il n'est pas nécessaire d'isoler ici une fonction particulière qui suit le retour, car celui-ci signifie déjà une maîtrise de l'espace. Il n'en est pas toujours ainsi au moment du départ, qui est suivi par la transmission de l'objet magique (cheval, aigle, etc.); c'est alors seulement qu'ont lieu l'envol ou les autres formes de déplacement. Le retour, au contraire, a lieu aussitôt, et, en outre, presque toujours de la même façon que l'arrivée. Il prend parfois l'aspect d'une fuite.

XXI. LE HÉROS EST POURSUIVI (définition : *poursuite*, désignée par *Pr*).

1. *Le poursuivant vole à la suite du héros (Pr^1).* Le dragon essaye de rattraper Ivan *(159)*, la sorcière poursuit le petit garçon en volant *(105)*, les oies poursuivent la petite fille *(113)*.

2. *Le poursuivant réclame le coupable (Pr^2).* Cette forme est également liée, en général, au vol dans les airs. Le père du dragon envoie un bateau volant à la poursuite du héros. Ceux qui sont dans le bateau crient : « Le coupable! Le coupable! » *(125)*.

3. *En poursuivant le héros, il se transforme successivement en plusieurs animaux différents*, etc. *(Pr³)*. Forme également liée au vol, à certains stades. Un sorcier poursuit le héros sous l'aspect d'un loup, d'un brochet, d'un homme, d'un coq *(249)*.

4. *Le poursuivant* (femme du dragon, etc.) *se transforme en objet attrayant et se met sur le passage du héros (Pr⁴)*. « Je le dépasserai et le plongerai dans la chaleur, et moi, je me transformerai en verte prairie : dans cette verte prairie, je me ferai fontaine, et sur cette fontaine flottera un gobelet d'argent... Ils seront mis en morceaux menus comme graines de pavot » *(136)*. La dragonne se transforme en jardin, en oreiller, en fontaine, etc. Le conte ne dit pas comment elle fait pour dépasser le héros.

5. *Le poursuivant essaye de dévorer le héros (Pr⁵)*. La dragonne se transforme en jeune fille, séduit le héros, puis se transforme en lionne et veut le dévorer *(155)*. La mère du dragon ouvre une gueule qui va de la terre jusqu'au ciel *(155)*.

6. *Le poursuivant essaye de tuer le héros (Pr⁶)*. Il essaye de lui enfoncer une dent de mort dans la tête *(202)*.

7. *Il essaye de couper avec ses dents l'arbre sur lequel le héros s'est réfugié (Pr⁷)*. *(108)*.

XXII. LE HÉROS EST SECOURU (définition : *secours*, désigné par *Rs*).

1. *Il est emporté dans les airs.* (Il est sauvé parfois en fuyant avec la rapidité de l'éclair.) *(Rs¹)* Le héros s'envole sur un cheval *(160)*, il est emporté par des oies *(108)*.

2. *Le héros s'enfuit en mettant des obstacles sur la route de ses poursuivants (Rs²)*. Il jette une brosse, un peigne, une serviette. Ceux-ci se transforment en montagnes, en forêts, en lacs. Cas analogue : Vertogor (Tourne-Montagne) et

Vertodoub (Tourne-Chêne) retournent les montagnes et les chênes et les mettent sur le chemin de la dragonne *(93)*.

3. *Au cours de sa fuite, le héros se transforme en objets qui le rendent méconnaissable (Rs³)*. La princesse se transforme en puits et change le prince en seau, se transforme en église et change le prince en pope *(219)*.

4. *Le héros se cache au cours de sa fuite (Rs⁴)*. Une rivière, un pommier, un poêle cachent la jeune fille *(113)*.

5. *Il se cache dans une forge (Rs⁵)*. La dragonne exige qu'on lui remette le coupable. Ivan s'est caché chez les forgerons, qui la saisissent par la langue et la frappent à coups de marteau *(136)*. Il existe certainement un lien entre cette forme et l'épisode relaté dans le conte *153*. Un soldat attache des diables dans un baluchon et les emporte dans une forge, où ils se font battre à coups de marteau.

6. *Il est sauvé en se transformant pendant sa fuite en animaux, pierres,* etc. *(Rs⁶)*. Le héros fuit sous l'aspect d'un cheval, d'un goujon, d'un anneau, d'une graine, d'un faucon, *(249)*. Ce qui est essentiel ici, c'est la transformation; la fuite peut quelquefois manquer. Ces cas peuvent constituer une sous-espèce particulière. Une jeune fille est tuée, il sort d'elle un jardin. Le jardin est abattu, il se transforme en pierre, etc. *(127)*.

7. *Il résiste à la tentation exercée par la dragonne sous les divers aspects qu'elle a pris (Rs⁷)*. Ivan abat le jardin, brise la fontaine, etc. Il en coule du sang *(137)*.

8. *Il ne se laisse pas dévorer (Rs⁸)*. Ivan, sur son cheval, saute par-dessus la gueule de la dragonne. Il reconnaît celle-ci dans la lionne et la tue *(155)*.

9. *Il est secouru alors qu'on attente à sa vie (Rs⁹)*. Des animaux retirent à temps la dent de mort de sa tête *(202)*.

10. *Il saute sur un autre arbre (Rs¹⁰) (108)*.

De nombreux contes s'arrêtent au moment où le héros est sauvé de ses poursuivants. Il rentre chez lui, puis se marie s'il a ramené une jeune fille, etc. Mais c'est loin d'être toujours le cas. Le conte soumet le héros à de nouveaux malheurs. Son agresseur réapparaît, lui vole l'objet qu'il rapporte, le tue, etc. Bref, le méfait qui avait noué l'intrigue se répète, parfois sous la même forme, parfois sous une forme différente, nouvelle pour un conte donné. Et c'est le début d'un autre récit. Le méfait répété n'a pas de formes spécifiques; autrement dit, nous retrouvons l'enlèvement, l'ensorcellement, le meurtre, etc. Mais il existe, pour ce nouveau méfait, des agresseurs spécifiques; ce sont les frères aînés d'Ivan. Peu avant leur arrivée chez eux, ils enlèvent à Ivan l'objet qu'il est allé chercher, parfois tuent leur frère. S'ils l'épargnent, il faut que s'établisse une importante séparation spatiale entre le héros et l'objet de ses recherches, afin qu'une nouvelle quête ait lieu. C'est ainsi qu'Ivan est jeté au fond d'un précipice (dans une fosse, dans un royaume souterrain, quelquefois au fond de la mer); il met parfois trois jours entiers, en volant, pour atteindre le terme de son trajet. Tout recommence alors comme au début : la rencontre fortuite du donateur, l'épreuve réussie, le service rendu, etc., la réception d'un objet magique et son utilisation pour revenir chez soi, dans son royaume. A partir de ce moment, l'action diffère, comme nous le verrons plus bas.

Ce phénomène prouve que de nombreux contes sont composés de deux *séries* de fonctions, que nous pouvons appeler *séquences*. Un nouveau méfait donne lieu à une nouvelle séquence; c'est ainsi que, parfois, une histoire réunit toute une série de contes. Le développement que nous allons décrire, s'il constitue une nouvelle séquence, n'en est pas moins le prolongement d'un conte donné. A ce sujet, il conviendra par la suite de se demander comment on détermine le nombre des contes que chaque texte contient.

VIII *bis*. LES FRÈRES ENLÈVENT À IVAN L'OBJET QU'IL RAPPORTE OU LA PERSONNE QU'IL RAMÈNE (et le jettent lui-même au fond d'un précipice).

Le méfait est déjà désigné par *A*. Si les frères enlèvent à Ivan sa fiancée, nous désignerons cette fonction par A^1. S'ils lui enlèvent l'objet magique, par A^2. Si le rapt s'accompagne d'un meurtre, par $A^1{}_{14}$. Les formes liées à la chute au fond d'un précipice seront désignées par $^oA^1$, $^oA^2$, $^oA^2{}_{14}$, etc.

X-XI *bis*. LE HÉROS REPART, RECOMMENCE UNE QUÊTE ($C\uparrow$; cf. X-XI).

Cet élément est quelquefois omis. Ivan erre, pleure, et ne semble pas penser à son retour. L'élément *B* (envoi du héros) est lui aussi toujours omis dans les cas qui nous occupent : on n'a pas à envoyer Ivan chercher quelque chose, puisque c'est sa fiancée à lui qui a été enlevée.

XII *bis*. LE HÉROS SUBIT À NOUVEAU LES ACTIONS QUI LE CONDUISENT À RECEVOIR UN OBJET MAGIQUE (*D;* cf. XII).

XIII *bis*. NOUVELLE RÉACTION DU HÉROS AUX ACTIONS DU FUTUR DONATEUR (*E;* cf. XIII).

XIV *bis*. UN NOUVEL OBJET MAGIQUE EST MIS À LA DISPOSITION DU HÉROS (*F;* cf. XIV).

XV *bis*. LE HÉROS EST TRANSPORTÉ OU AMENÉ PRÈS DU LIEU OÙ SE TROUVE L'OBJET DE SA QUÊTE (*G;* cf. XV). Dans le cas présent, il arrive chez lui.

A partir de ce moment, le développement du récit prend un autre chemin, le conte propose de nouvelles fonctions.

XXIII. LE HÉROS ARRIVE INCOGNITO CHEZ LUI OU DANS UNE AUTRE CONTRÉE (définition : *arrivée incognito*, désignée par *O*).

On peut distinguer ici deux possibilités.

1. Le retour du héros *dans sa maison.* Il s'arrête chez un artisan — orfèvre, tailleur, cordonnier — et il entre chez lui comme apprenti.

2. Il arrive *chez le roi d'un pays étranger*, se fait embaucher aux cuisines comme cuisinier ou s'engage comme palefrenier. On trouve également parfois une simple arrivée.

XXIV. UN FAUX HÉROS FAIT VALOIR DES PRÉTENTIONS MENSONGÈRES (définition : *prétentions mensongères*, désignées par *L*).

Si le héros rentre chez lui, ce sont ses frères qui proclament ces prétentions. S'il est venu se faire engager dans un royaume étranger, c'est un général, un porteur d'eau, etc. Les frères se font passer pour les conquérants de l'objet, qu'ils ramènent, le général, pour le vainqueur du dragon. Ces deux formes peuvent être considérées comme deux espèces particulières.

XXV. ON PROPOSE AU HÉROS UNE TACHE DIFFICILE (définition : *tâche difficile*, désignée par *M*).

C'est là un des éléments favoris du conte. On y donne quelquefois des tâches difficiles en dehors des circonstances que nous venons de décrire, mais nous nous occuperons de ces cas un peu plus loin ; nous étudierons en attendant les tâches en tant que telles. Elles sont si variées que chacune devrait recevoir une désignation particulière. Néanmoins, il n'est pas nécessaire d'entrer pour le moment dans ces détails. Comme nous ne donnerons pas de classification précise, nous allons énumérer tous les cas présents dans notre corpus, en les groupant approximativement. *Épreuve du manger et du boire :* manger une certaine quantité de taureaux, de charretées de pain, boire beaucoup de bière *(137, 138, 144)*. *Épreuve du feu :* se laver dans une baignoire de fonte chauffée au rouge. Cette forme est toujours liée à la précédente. Une forme à part : prendre un bain dans de l'eau bouillante *(169)*. *Épreuve des devinettes*, etc. : poser une devinette insoluble *(239)*, raconter, expliquer un rêve *(241)*, dire ce que signifient les croassements des corbeaux perchés près de la fenêtre du roi, et les chasser *(247)*, deviner quelle est la marque que porte la fille du roi *(192)*. *Épreuve du choix :* parmi douze jeune filles (jeunes garçons) identiques, montrer celle ou celui qu'on cherche *(219, 227, 249)*. *Se cacher* de manière à être introuvable *(236)*. *Embrasser la princesse à sa fenêtre (172, 182)*. *Sauter en haut d'un portail (101)*. *Épreuve de force, d'adresse, de courage :* la princesse essaye d'étouffer Ivan pendant la nuit, ou lui serre la main *(198, 136)*; obligation de soulever les têtes coupées du dragon *(171)*; de dresser un cheval *(198)*, de traire un troupeau de juments sauvages *(169)*; vaincre une fille-preux *(202)*; vaincre son rival *(167)*. *Épreuve de patience :* passer sept ans dans le royaume d'étain *(268)*. *Obligation de rapporter ou de fabriquer quelque chose :* rapporter un médicament *(123)*, rapporter une robe de mariée, un anneau, des chaussures *(132, 139, 156, 169)*. Rapporter les cheveux du roi des mers *(137, 240)*. Ramener le bateau volant *(144)*. Rapporter de l'eau vivante *(144)*. Mettre sur pied un régiment de soldats *(144)*. Réunir soixante-dix-sept juments

(169). Construire un palais en une nuit *(190)*, un pont pour y accéder *(210)*. Apporter « un autre je-ne-sais-quoi pour faire la paire » *(192)*. *Épreuve de fabrication :* coudre une chemise *(104, 267)*, faire cuire du pain *(267);* dans le conte *267*, le roi propose une troisième épreuve : « à qui dansera le mieux ». Autres épreuves : cueillir les fruits d'un buisson ou d'un arbre *(100, 101)*. Traverser une fosse sur un bâton *(137)*. « A qui verra sa bougie s'allumer toute seule » *(195)*.

Nous dirons plus loin, dans le chapitre consacré aux assimilations, comment ces tâches se distinguent de certains autres éléments fort semblables.

XXVI. LA TÂCHE EST ACCOMPLIE (définition : *tâche accomplie*, désignée par *N*).

Les formes dans lesquelles les tâches s'accomplissent correspondent très précisément, bien entendu, aux formes de l'épreuve. Certaines tâches sont accomplies avant d'être données, ou avant que celui qui les donne n'exige leur accomplissement. C'est ainsi que le héros apprend quelles sont les marques que porte la princesse avant de recevoir la tâche de les deviner. Nous désignerons les cas d'accomplissement préalable par le signe ^{o}N.

XXVII. LE HÉROS EST RECONNU (définition : *reconnaissance*, désignée par *Q*).

Il est reconnu grâce à la marque, au stigmate reçu (blessure, étoile) ou grâce à l'objet qu'on lui a donné (anneau, mouchoir). Dans ce cas, la reconnaissance correspond à la fonction où le héros reçoit une marque. Il est également reconnu du fait d'avoir accompli une tâche difficile (ce cas fait presque toujours suite à l'arrivée incognito); on peut aussi le reconnaître immédiatement, après une longue séparation. Dans ce cas, ce sont des parents et des enfants, des frères et des sœurs, etc., qui peuvent se reconnaître.

XXVIII. LE FAUX HÉROS OU L'AGRESSEUR, LE MÉCHANT, EST DÉMASQUÉ (définition : *découverte*, désignée par *Ex*).

La plupart du temps, cette fonction est liée à la précédente. Elle constitue quelquefois le résultat d'un échec devant la tâche à accomplir (le faux héros ne parvient pas à soulever les têtes du dragon). Très souvent, elle se présente sous la forme d'un récit (« Alors la princesse raconta tout ce qui s'était passé »). Parfois, tout est raconté depuis le début sous la forme d'un conte. L'agresseur se trouve parmi les auditeurs, il se dénonce en manifestant sa désapprobation *(197)*. Il arrive que l'on chante une chanson qui relate les événements passés et démasque l'agresseur *(244)*. On trouve encore d'autres formes isolées de cette fonction *(258)*.

XXIX. LE HÉROS REÇOIT UNE NOUVELLE APPARENCE (définition : *transfiguration*, désignée par *T*).

1. *Il reçoit une nouvelle apparence directement, grâce à l'action magique de son auxiliaire* (T^1). Le héros passe par les oreilles du cheval (de la vache) et reçoit une apparence nouvelle : il est très beau.

2. *Le héros construit un magnifique palais* (T^2). Il s'y installe : il est prince. Une jeune fille se réveille soudain dans un palais splendide *(127)*. Bien que le héros, dans ce cas, ne change pas toujours d'apparence, il s'agit bien d'un transfiguration, d'un aspect particulier du personnage.

3. *Le héros met de nouveaux vêtements* (T^3). Une jeune fille met une robe et une parure (magiques) et apparaît

soudain d'une beauté rayonnante que tout le monde admire *(234)*.

4. *Formes rationalisées et humoristiques* (T^4). Ces formes doivent être comprises en partie comme les transformations des formes précédentes; elles doivent être en partie étudiées et expliquées par rapport aux contes anecdotiques dont elles proviennent. Il n'y a ici aucun changement d'aspect proprement dit, mais une transformation apparente, due à une tromperie. Exemple : le renard conduit Kouzinka auprès du roi; il dit que Kouzinka est tombé dans le ruisseau et demande des vêtements. On lui donne des vêtements du roi. Kouzinka entre ainsi vêtu, et on le prend pour un prince. Les cas de cette espèce peuvent tous être définis ainsi : fausse preuve de richesse et de beauté, prise pour une preuve effective.

XXX. LE FAUX HÉROS OU L'AGRESSEUR EST PUNI (définition : *punition*, désignée par *U*).

On le tue d'un coup de fusil, on le chasse, on l'attache à la queue d'un cheval, il se suicide, etc. Nous le trouvons parfois aussi épargné, grâce à un pardon magnanime (U_{neg}). C'est en général seulement l'agresseur de la deuxième séquence et le faux héros qui sont punis; le premier agresseur n'est puni que s'il n'y a ni combat ni poursuite dans l'histoire. Dans le cas contraire, il est tué pendant la bataille ou périt pendant la poursuite (la sorcière éclate en essayant de boire la mer, etc.).

XXXI. LE HÉROS SE MARIE ET MONTE SUR LE TRÔNE (définition : *mariage*, désigné par W^o_o).

1. Le héros reçoit femme et royaume en même temps,

ou d'abord la moitié du royaume, et le royaume tout entier après la mort des parents $(W^o{}_o)$.

2. Parfois le héros se marie, mais comme sa femme n'est pas princesse, il ne devient pas roi (W^o).

3. Parfois au contraire, il n'est question que de la montée sur le trône (W_o).

4. Si le conte est interrompu, peu de temps avant le mariage, par un nouveau méfait, la première séquence se termine par des fiançailles, une promesse de mariage (w^1).

5. Réciproque : le héros marié perd sa femme; à la fin de la quête, le mariage est renouvelé. Nous désignerons le mariage renouvelé par (w^2).

6. Le héros reçoit parfois, au lieu de la main de la princesse, une récompense sous forme d'argent ou une compensation d'un autre ordre (w^3).

Le conte se termine là-dessus. Nous devons encore noter que certaines actions des héros des contes ne se soumettent pas, dans tel ou tel cas isolé, à notre classification, et ne se définissent par aucune des fonctions citées. Ces cas sont très rares. Il s'agit ou bien de formes incompréhensibles du fait que nous manquons d'éléments de comparaison, ou bien de formes empruntées à des contes appartenant à d'autres catégories (anecdotes, légendes, etc.) Nous les définissons comme éléments obscurs et les désignons par *Y*.

Quelles sont les conclusions que l'on peut tirer de ces observations?

D'abord, quelques conclusions *générales*.

Nous voyons, effectivement, que le nombre des fonctions est très limité : on ne peut en isoler que trente et une. L'action de tous les contes de notre corpus, sans exception, et celle de très nombreux autres contes originaires des nations les plus diverses, se déroule dans les limites de ces fonctions. Ensuite, si nous lisons toutes les fonctions successivement, nous voyons avec quelle nécessité logique et esthétique chaque fonction découle de celle qui la précède. Nous voyons qu'en effet, aucune fonction n'en exclut une autre. Elles appartiennent toutes à un même axe, et non à plusieurs, comme nous l'avons déjà noté plus haut.

Voici maintenant quelques conclusions particulières, mais qui n'en sont pas moins importantes.

Nous avons vu qu'un grand nombre de fonctions sont assemblées par couple (interdiction-transgression, interrogation-information, combat-victoire, poursuite-secours, etc.). D'autres fonctions peuvent être assemblées par groupes. C'est ainsi que le méfait, l'envoi ou l'appel au secours, la décision de réparer le tort subi et le départ (*ABC*↑) constituent le nœud de l'intrigue. La mise à l'épreuve du héros par le donateur, sa réaction et sa récompense (*DEF*), constituent également un certain ensemble. D'autres fonctions sont isolées (départ, punition, mariage, etc.)

Nous nous contentons pour le moment de noter ces conclusions particulières. Nous reviendrons plus loin sur le fait que certaines fonctions sont assemblées par couples. Nous reviendrons également sur nos conclusions générales.

Nous passerons à présent aux contes eux-mêmes, à certains textes particuliers. Le problème de savoir comment le schéma proposé s'applique aux textes, ce que chaque conte représente par rapport au schéma, ce problème ne peut être résolu que par l'analyse des textes. La question inverse, celle de savoir ce qu'est le schéma par rapport aux contes, peut être résolue dès maintenant. Pour chaque conte, il apparaît comme une *unité de mesure*. De la même façon qu'on applique un tissu à un mètre pour déterminer sa longueur, on peut appliquer les contes à ce schéma pour les définir. Si l'on y applique différents textes, on peut également définir les rapports des contes entre eux. Nous pouvons prévoir que le problème de la *ressemblance* des contes entre eux, et celui des sujets et des variantes, peuvent recevoir ainsi une solution nouvelle.

4

Les assimilations. La double signification morphologique de la même fonction

Nous avons indiqué plus haut que l'on doit définir les fonctions sans tenir compte de l'identité de celui qui les accomplit. L'énumération des fonctions nous a permis de nous convaincre que l'on ne doit pas tenir compte non plus de la manière dont elles sont remplies.

Cela rend la définition difficile dans certains cas isolés, car des fonctions différentes peuvent être exécutées de façon absolument identique. Il s'agit manifestement ici de l'influence de certaines formes sur d'autres, que l'on peut décrire comme l'assimilation des manières de réaliser les fonctions.

Ce phénomène ne peut être exposé ici dans toute sa complexité. Nous ne l'examinerons que dans la mesure nécessaire pour comprendre les analyses qui vont suivre.

Prenons le cas suivant *(160)* : Ivan demande un cheval à Baba Yaga. Elle lui propose de choisir, dans un troupeau d'animaux identiques, le meilleur poulain. Il choisit le meilleur grain et prend un cheval. L'épisode chez Baba Yaga représente la mise à l'épreuve du héros par le donateur, suivie par le don de l'objet magique. Mais dans un autre conte *(219)*, le héros veut épouser la fille d'un ondin. Celui-ci exige qu'il choisisse sa fiancée parmi douze jeune filles identiques. Peut-on définir cet épisode comme une mise à l'épreuve du héros par le donateur? Il est évident que malgré l'identité de l'action, nous nous trouvons devant un élément absolument différent : il s'agit ici de la tâche difficile imposée au moment de la demande en mariage. On peut supposer qu'une assimilation s'est produite entre une forme et l'autre. Nous ne nous proposons pas de résoudre le problème de l'antériorité d'une signification ou de l'autre, mais nous devons néanmoins trouver un critère qui nous permette, dans tous les cas semblables, de délimiter les éléments avec précision, malgré l'identité de l'action. Il est toujours possible d'adopter pour principe : définir les fonctions d'après leurs conséquences. Si l'accomplissement d'une tâche est suivi de la réception d'un objet magique, il s'agit d'une mise à l'épreuve du héros par le donateur *(D^1)*. S'il est suivi par la réception de la fiancée et le mariage, il s'agit de la tâche difficile *(M)*.

C'est ainsi que la tâche difficile peut être distinguée du moment où le héros part et où l'intrigue se noue. L'envoi pour aller chercher le cerf au bois d'or, etc., peut bien s'intituler « tâche difficile », mais une expédition de cette sorte représente un élément morphologiquement différent de la tâche donnée par la princesse ou par Baba Yaga. Si à l'envoi du héros succède son départ, une longue quête *(C↑)*, la rencontre du donateur, etc., c'est un élément du nœud de l'intrigue (*a*, *B* — manque et envoi) que nous avons sous les yeux. Si la tâche est accomplie aussitôt et qu'un mariage lui fait immédiatement suite, c'est une tâche difficile et son exécution *(M-N)*.

Si l'accomplissement de la tâche est suivi du mariage, cela signifie qu'en faisant ce qu'on lui demandait, le héros mérite, ou obtient, sa fiancée. La conséquence de l'exécution de la tâche (et c'est à ses conséquences qu'on définit un élément) est donc *l'obtention* du personnage recherché (ou plus exactement de l'objet recherché, mais non de l'objet magique). On peut distinguer les tâches difficiles liées au mariage et celles qui ne le sont pas. Ce dernier cas se rencontre très rarement (deux fois seulement dans notre corpus, n[os] *249* et *239*). A l'accomplissement succède l'obtention de ce qui est recherché. C'est ainsi que nous arrivons à la conclusion suivante : toutes les tâches suivies d'une quête doivent être considérées comme des éléments du nœud de l'intrigue *(B)*; toutes les tâches suivies par la réception d'un objet magique seront considérées comme une mise à l'épreuve *(D)*. Toutes les autres sont des tâches difficiles *(M)* et comportent deux sous-catégories : les tâches liées au mariage, et celles qui ne le sont pas.

Examinons quelques autres cas d'assimilation plus simples. Les tâches difficiles sont le domaine d'élection des assimilations les plus diverses. La princesse exige parfois la construction d'un palais magique, que le héros, en général, bâtit aussitôt grâce à l'objet magique. Il s'agit d'une tâche difficile et de son exécution. Mais la construction d'un palais magique peut prendre une tout autre signification. Après tous ses exploits, le héros construit un palais en un clin d'œil et l'on découvre qu'il est un prince. Il s'agit là d'un cas particulier de transfiguration, d'une apothéose, non de l'exécution d'une tâche difficile. C'est une assimilation des deux formes, mais le problème de l'antériorité de l'une ou de l'autre doit ici aussi rester posé : ce sont les historiens du conte qui auront à le résoudre.

Les tâches difficiles peuvent encore s'assimiler avec le combat contre le dragon. La bataille avec le dragon qui a enlevé une jeune fille ou dévasté un royaume et les tâches que donne la princesse sont des éléments tout à fait différents. Mais dans un des contes, la princesse exige que le héros batte le dragon s'il veut obtenir sa main. Faut-il considérer cet épisode comme un élément *M* (tâche difficile) ou *H* (combat, lutte)? Il s'agit d'une tâche difficile, étant donné, d'abord, que le mariage lui succède, et ensuite, parce que nous avons défini plus haut le combat comme combat contre *le méchant*, *l'agresseur*, et que le dragon n'a pas ce rôle ici; il est introduit *ad hoc* dans le conte, et il pourrait sans aucun inconvénient pour le déroulement de l'action être remplacé par un autre être qu'il faut tuer ou dresser (cf. obligation de vaincre un adversaire, de dresser un cheval).

Une autre assimilation que l'on rencontre souvent est celle qui se produit entre le méfait initial et la poursuite du héros par l'agresseur. Le conte nº *93* commence ainsi : la sœur d'Ivan (une sorcière, appelée aussi dragonne) veut manger son frère. Il se sauve de chez lui, et l'action se développe à partir de cette situation. La sœur du dragon (en général, personnage poursuivant) est ici transformée en sœur du héros ; la poursuite est déplacée vers le début du conte et utilisée comme un élément *A* (méfait), et plus précisément, A^{XVII}. Si l'on compare, d'une manière générale, les façons d'agir de la dragonne pendant la poursuite et les actions de la marâtre au début des contes, on obtient des parallèles qui éclairent les ouvertures où la marâtre tourmente sa belle-fille. Cette comparaison prend un relief particulier si l'on y ajoute l'étude des attributs de ces personnages. L'analyse d'un grand nombre de contes permet de montrer que la marâtre est une dragonne transportée au début de l'histoire, certains de ses traits venant de Baba Yaga, d'autres ayant un caractère réaliste. On peut quelquefois établir une comparaison directe entre le moment où la marâtre chasse sa belle-fille et celui de la poursuite. Nous pourrons montrer que la transformation de la dragonne en pommier placé sur la route du héros, qui subira la tentation de ses fruits splendides mais mortels, peut en tous points se comparer à l'offre des pommes empoisonnées, que la marâtre envoie à sa belle-fille après l'avoir chassée. On peut aussi comparer la transformation de la dragonne en mendiante et celle de la sorcière envoyée par la belle-mère en marchande, etc.

Examinons maintenant un autre phénomène analogue à l'assimilation : la double signification morphologique de la même fonction. L'exemple le plus simple nous sera fourni par le conte nº *265* (« Le canard blanc »). Le prince, en partant de chez lui, interdit à sa femme de sortir de la maison. Celle-ci reçoit la visite « d'une femme qui avait l'air si sincère et chaleureux, et qui lui dit : « Qu'est-ce que tu as? Tu t'ennuies? Tu devrais aller voir la lumière du Seigneur, tu devrais aller te promener dans le jardin », etc. (l'agresseur cherche à convaincre sa victime — η^1). La princesse va dans le jardin. Elle se laisse ainsi convaincre par l'agresseur (θ^1), en même temps qu'elle transgresse l'interdiction reçue (δ^1). Par conséquent, la sortie de la princesse possède une double signification morphologique. Un autre exemple, plus complexe, de ce phénomène, se trouve dans le conte nº *179*. La tâche difficile (monté sur un cheval, le héros doit embrasser la princesse en passant au galop devant elle) est ici déplacée vers le début du conte. Elle provoque le départ du héros, c'est-à-dire qu'elle répond à la définition du moment de transition *(B)*. Cette tâche est donnée sous la forme de l'appel caractéristique, semblable à l'appel que lance le père des princesses enlevées (cf. « Qui embrassera ma fille, la princesse Milolika (Beau Visage), en passant devant elle au galop de son cheval », etc. — « Qui trouvera mes filles », etc.). Dans les deux cas, l'appel est un élément identique (B^1), mais dans le conte nº *179*, il apparaît en même temps comme une tâche difficile. Ici comme dans certains autres cas semblables, la tâche difficile est transportée parmi les éléments qui nouent l'intrigue et utilisée comme *B* tout en restant *M*.

Nous voyons donc que les manières de réaliser les fonctions influent les unes sur les autres, que les mêmes formes s'appliquent à des fonctions différentes. Une forme peut se déplacer en prenant une signification nouvelle, ou en gardant en même temps sa signification ancienne. Tous ces phénomènes rendent l'analyse difficile et exigent une attention particulière au cours des comparaisons.

5

Quelques autres éléments du conte

A. ÉLÉMENTS AUXILIAIRES SERVANT DE LIAISONS ENTRE LES FONCTIONS.

Les fonctions représentent les éléments fondamentaux du conte, ceux dont est formée l'action. Il existe en outre d'autres éléments qui ont une grande importance, bien qu'ils ne déterminent pas le déroulement de l'intrigue.

On peut observer que parfois, les fonctions ne se suivent pas immédiatement. Si deux fonctions qui se suivent sont remplies par des personnages différents, le second doit savoir ce qui s'est passé auparavant. Il s'est donc développé dans le conte tout un système d'information, qui a parfois des formes extrêmement frappantes du point de vue esthétique. Il arrive que le conte omette d'utiliser ce système d'information; les personnages agissent alors *ex machina*, ou bien sont omniscients. Inversement, le système peut être appliqué alors qu'en réalité, il n'est pas du tout nécessaire. Ce sont ces informations qui dans le déroulement de l'action lient une fonction à l'autre.

Des exemples : La princesse que Kochtcheï avait enlevée vient de lui être reprise. La poursuite du héros s'ensuit. Elle pourrait succéder immédiatement au contre-enlèvement de la princesse, mais le conte intercale entre les deux fonctions ces paroles du cheval de Kochtcheï : « Le prince Ivan est venu, il a emmené Maria-Morévna », etc. C'est ainsi que la poursuite *(Pr)* est reliée à la réparation du méfait *(K*, cf. *159)*.

C'est le cas le plus simple de la transmission d'une information. Esthétiquement, la forme suivante est plus frappante : Des cordes sont tendues sur le mur, chez la sorcière qui possède des pommes magiques. En repartant de chez elle, Ivan touche les cordes au moment où il saute par-dessus le mur : la sorcière *apprend* le vol, et la poursuite commence. Ces cordes sont également utilisées (pour lier d'autres fonctions) dans l'histoire de l'oiseau de feu, etc.

Les contes n^os^ *106* et *108* présentent un cas plus complexe. Par erreur, la sorcière y a mangé sa propre fille à la place d'Ivan. Mais *elle ne le sait pas.* Ivan, qui s'est caché, le lui *annonce* d'un ton moqueur; nous assistons ensuite à sa fuite et à la poursuite de la sorcière.

Le cas inverse se présente lorsque le héros poursuivi doit apprendre qu'on essaye de le rattraper. *Il colle son oreille par terre* et entend le martèlement des pas.

La poursuite au cours de laquelle la fille ou la femme du dragon se transforme en jardin, en fontaine, etc., possède un trait spécifique : après avoir tué le dragon et pris le chemin du retour, Ivan revient sur ses pas. *Il surprend une conversation entre les dragonnes* et apprend ainsi qu'elles vont se lancer à sa poursuite.

Les cas de cette espèce peuvent être décrits comme des *informations directes.* En fait, l'élément que nous avons désigné plus haut par la lettre *B* (on apprend le malheur survenu ou le manque), appartient à cette catégorie, ainsi que l'élément ζ (l'agresseur reçoit des renseignements sur sa victime, ou inversement). Mais comme ces fonctions ont une grande importance dans le moment où se noue l'intrigue, elles ont pris les caractéristiques des fonctions indépendantes.

L'information s'intercale entre les fonctions les plus diverses. En voici des exemples : La princesse enlevée envoie à ses parents un petit chien porteur d'une lettre, où elle indique qu'elle pourrait être sauvée par Kojémiaka (liaison entre le méfait et l'envoi du héros, entre *A* et *B*). Le roi apprend ainsi l'existence du héros. Cette information concernant le héros peut être colorée de nuances affectives différentes. Les médisances des envieux en constituent une forme spécifique (« il paraît qu'il se vante », etc.); elles entraînent l'envoi du héros. Ailleurs *(192)*, le héros se vante effectivement de sa force. Les plaintes, dans certains cas, jouent le même rôle.

Cette information prend parfois l'aspect d'un dialogue. Le conte a élaboré les formes canoniques de toute une série de dialogues semblables. Pour que le donateur puisse transmettre son objet magique, il doit *apprendre* ce qui s'est passé. D'où le dialogue de Baba Yaga avec Ivan. De la même manière, l'auxiliaire magique doit connaître le malheur avant d'agir; d'où le dialogue caractéristique d'Ivan avec son cheval ou avec ses autres auxiliaires.

Si divers que soient les exemples cités, ils ont tous un trait commun : un personnage apprend quelque chose d'un autre, et cela rattache la fonction précédente à la fonction suivante.

Si les personnages, pour commencer à agir, doivent, d'une part, apprendre quelque chose (annonce d'une nouvelle, conversation entendue, signaux sonores, plaintes, médisance, etc.), ils remplissent souvent leur fonction parce que, d'autre part, ils *ont vu* quelque chose. C'est ainsi que se constitue un second type de liaison.

Ivan construit un palais en face du palais royal. Le roi le *voit*, *apprend* qu'il s'agit d'Ivan. Le mariage de sa fille avec le héros a lieu ensuite. Parfois, dans ces cas, mais aussi dans d'autres, on utilise une longue-vue. C'est dans un rôle analogue, mais dans des fonctions différentes, qu'apparaissent des personnages tels que Tchoutki (Qui a du flair) ou Zorki (Qui a la vue perçante).

Mais si l'objet nécessaire est très petit, trop éloigné, etc., le conte utilise un autre procédé de liaison. On *apporte* l'objet, et de façon correspondante, on *amène* les êtres humains lorsque c'est d'eux qu'il s'agit. Un vieillard apporte un oiseau au roi *(126)*, un archer apporte une couronne à la reine *(127)*, un archer apporte au roi une plume de l'oiseau de feu *(169)*, une vieille femme apporte de la toile au roi, etc. Ce procédé lie les fonctions les plus diverses. Dans l'histoire de l'oiseau de feu, Ivan est amené devant le roi. Nous retrouvons la même chose, sous un emploi différent, dans le conte n° *145*, où un père *amène* ses fils devant le roi. Dans le dernier cas que nous citerons, ce ne sont pas deux fonctions qui sont liées entre elles, mais la situation initiale et l'envoi du héros : le roi n'est pas marié, on lui amène sept habiles gaillards, il les envoie lui chercher une femme.

Très proche de cette forme est l'*arrivée* du héros, par exemple au mariage de sa fiancée, que le faux héros veut épouser. C'est elle qui lie les prétentions de l'imposteur ou du faux héros *(L)* et la reconnaissance du héros véritable *(Q)*. Mais ces fonctions peuvent être liées d'une manière plus pittoresque. *Tous les mendiants sont invités* à la fête, le héros se trouve parmi eux, etc. L'organisation d'immenses festins sert également de liaison entre *N* (accomplissement de la tâche difficile) et *Q* (reconnaissance du héros). Le héros a accompli la tâche proposée par la princesse, mais personne ne sait où il est. On organise un festin, la princesse fait le tour des invités et reconnaît le héros. C'est aussi comme cela que la princesse démasque le faux héros. On annonce une revue des soldats, la princesse passe dans les rangs et reconnaît l'imposteur. L'organisation d'un festin peut ne pas être comptée parmi les fonctions. C'est un élément qui permet de lier les prétentions des faux héros *(L)* ou l'exécution des tâches difficiles *(N)* avec la reconnaissance des héros *(Q)*.

Nous n'avons pas exposé systématiquement ni exhaustivement les cinq ou six variétés citées. Mais étant donné le but que nous nous sommes fixé, cela n'est pas nécessaire pour le moment. Nous désignerons les éléments servant de lien entre les fonctions par le signe §.

B. ÉLÉMENTS QUI FAVORISENT LE TRIPLEMENT.

Nous trouvons des éléments de liaison analogues dans certains triplements. Le triplement en tant que tel a été suffisamment étudié dans les textes scientifiques; nous pouvons nous abstenir de nous y arrêter ici. Notons seulement que certains détails particuliers de caractère attributif peuvent être triplés (les trois têtes du dragon), aussi bien que certaines fonctions, couples de fonctions (poursuite-secours), groupes de fonctions ou séquences entières. La répétition peut être égale (trois tâches, trois années de service), ou donner lieu à un accroissement (la troisième tâche est la plus difficile, le troisième combat est le plus terrible), ou comporter deux fois un résultat négatif et la troisième fois positif.

L'action peut parfois, simplement, se répéter de façon mécanique, mais parfois, pour éviter qu'elle ne continue, certains éléments doivent s'introduire qui arrêtent le développement et appellent la répétition.

Voici quelques exemples :

Ivan reçoit de son père une massue, ou un bâton, ou une chaîne. Il lance deux fois la massue en l'air, ou rompt deux fois la chaîne. En retombant par terre, la massue se brise. On en commande une autre, et c'est seulement la troisième qui fait l'affaire. L'essai de l'*objet magique* ne saurait être tenu pour une fonction indépendante : il ne fait que motiver la triple réception de celui-ci.

Ivan rencontre une vieille (ou Baba Yaga, ou une jeune fille) qui l'envoie chez sa sœur. Le chemin qui va de la première sœur à la seconde est indiqué par un peloton de fil. La même chose se produit pour le mener à la troisième sœur. Le voyage avec le guide qu'est le peloton ne constitue pas dans ce cas la fonction *G* (voyage avec un guide). Le peloton ne fait que conduire d'un donateur à l'autre, ce qui est rendu nécessaire par le triplement du personnage du donateur. Il est très probable que le rôle du peloton tel que nous l'avons cité est spécifique. D'autre part, le peloton conduit également le héros à destination, et nous nous trouvons alors devant la fonction désignée par *G*.

Un autre exemple à présent : pour que la poursuite se répète, l'agresseur doit détruire l'obstacle que le héros a mis sur son chemin. La sorcière se ronge un passage à travers la forêt, et la seconde poursuite commence. L'action de ronger la forêt ne peut constituer aucune des trente et une fonctions citées. C'est un élément qui permet le triplement, qui lie la première action à la seconde, ou la seconde à la troisième. Nous trouvons d'autre part une forme où la sorcière ronge simplement le chêne sur lequel Ivan s'est réfugié. L'élément auxiliaire est utilisé ici de manière indépendante.

De même, si Ivan, engagé comme cuisinier ou palefrenier, remporte la victoire sur le premier dragon puis retourne à sa cuisine, ce retour n'est pas celui de la fonction ↓ (retour); il s'agit seulement d'un lien entre le premier combat et le deuxième, le deuxième et le troisième. Mais si, après le troisième combat, Ivan libère la princesse et retourne chez lui, c'est effectivement d'une fonction ↓ (retour) qu'il s'agit.

C. MOTIVATIONS.

Par motivations, nous entendons les mobiles aussi bien que les buts des personnages, qui les amènent à accomplir telle ou telle action. Les motivations donnent parfois au conte une coloration brillante et tout à fait particulière, mais elles n'en appartiennent pas moins à ses éléments les plus instables. C'est en outre un élément moins précis et moins déterminé que les fonctions ou les liaisons.

Les actions des personnages du milieu du conte sont en majeure partie motivées, naturellement, par le déroulement même de l'intrigue, et c'est seulement le méfait ou le préjudice, fonction première et fondamentale du conte, qui demande quelque motivation complémentaire.

On peut observer à cette occasion que des actions absolument identiques, ou simplement analogues, correspondent aux motivations les plus diverses. Le fait d'être chassé ou abandonné sur l'eau est motivé par la haine de la marâtre, le désaccord des frères au sujet d'un héritage, l'envie, la peur de la concurrence (Ivan est marchand), la mésalliance (Ivan est fils de paysan marié à une princesse), les soupçons au sujet d'une infidélité conjugale, la prédiction de l'humiliation d'un fils devant ses parents. Dans tous ces cas, l'expulsion a pour cause le caractère avide, malfaisant, envieux, soupçonneux, de l'agresseur. Mais elle peut être motivée par la personnalité déplaisante de celui que l'on chasse. L'expulsion prend alors le caractère d'une certaine légalité. Le fils ou le petit-fils agit mal, fait des sottises (il arrache les bras, les jambes des passants), les gens de la ville se plaignent (plaintes — §), le grand-père chasse son petit-fils.

Les méfaits du personnage que l'on chasse ont beau représenter des *actions*, l'arrachage des bras et des jambes ne saurait constituer une fonction faisant partie de l'intrigue. C'est une *qualité* du héros exprimée dans certains actes qui motivent son expulsion.

Remarquons que les actions du dragon, et des très nombreux autres personnages jouant le rôle de l'agresseur, ne sont aucunement motivées dans les contes. Bien entendu, le dragon enlève la princesse pour certaines raisons (pour l'épouser de force ou pour la dévorer), mais le conte n'en dit rien. Nous sommes fondés à penser que d'une manière générale, les motivations formulées verbalement sont étrangères au conte; avec une forte probabilité, on peut tenir les motivations pour des formations récentes.

Dans les contes où n'apparaît pas un méfait, mais le manque *(a)* correspondant, la première fonction est donc *B* (l'envoi du héros). On peut observer que cet envoi à la suite d'un manque répond lui aussi aux motifs les plus différents.

Le besoin ou le manque initial représentent une situation. On peut imaginer qu'avant le début de l'action, cette situation existait depuis des années. Mais il arrive un moment où le quêteur lui-même, ou le mandateur, comprennent que quelque chose manque, et ce moment est celui de la motivation : il entraîne l'envoi *(B)* ou bien, directement, la quête *(C↑)*.

La prise de conscience du manque peut se produire de la façon suivante : l'objet du manque peut se faire connaître malgré lui, en se montrant un instant, en laissant derrière lui une trace éclatante, ou en apparaissant au héros sous l'aspect d'une certaine image (portrait, récit). Le héros (ou le mandateur) perd son équilibre mental, sombre dans la mélancolie et l'ardent désir de revoir la beauté entrevue. Toute l'action se déroule à partir de cette situation. Un exemple caractéristique et très beau peut nous être fourni par l'oiseau de feu et la plume qu'il a laissée derrière lui. « Cette plume était si belle et si éclatante que lorsqu'on l'apportait dans une chambre obscure, elle resplendissait, comme si l'on avait allumé une grande quantité de bougies [1]. » Le début du conte *138* ressemble à celui-ci. Le roi y voit un magnifique cheval *en rêve.* « Chacun de ses poils était un fil d'argent, et un croissant de lune brillait sur son front. » Le roi envoie chercher le cheval. Lorsqu'il s'agit d'une princesse, cet élément peut prendre une autre coloration. Le héros voit passer Elena : « Le ciel et la terre furent illuminés — un char doré passait dans l'air, attelé de six dragons de

1. Malheureusement, il n'existe pas, dans notre corpus, de forme absolument analogue où la prise de conscience du manque concerne une princesse. Rappelons le cheveu doré d'Yseult, apporté au roi Marc par des hirondelles. Le cheveu merveilleusement parfumé qu'apporte la mer dans certains contes africains, a la même signification. Dans un conte grec ancien, un aigle apporte au roi le soulier d'une très belle hétaïre.

feu; dans le char était assise la reine Elena la Très-Sage, d'une telle beauté, qu'on ne saurait ni l'imaginer, ni le croire, ni le dire dans un conte! Elle descendit de son char, s'assit sur un trône d'or; elle appela des colombes, l'une après l'autre, et se mit à leur enseigner de sages principes. Quand elle eut fini, elle sauta dans son char et disparut! » *(236)*. Le héros tombe amoureux d'Elena, etc. On peut encore inclure dans cette catégorie les cas où le héros voit, dans la petite chambre interdite, le portrait d'une jeune fille extraordinairement belle, tombe follement amoureux d'elle, etc.

Le manque peut également se manifester grâce à des personnages médiateurs, qui attirent l'attention d'Ivan sur le fait que quelque chose lui manque. Le plus souvent, ce sont les parents qui trouvent que leur fils a besoin d'une femme. Le même rôle est joué par des récits sur des jeunes filles extraordinairement belles, tels que celui-ci : « Ah, prince Ivan, que je sois belle, moi? Mais au-delà de trois fois neuf pays, dans le trois fois dixième royaume, auprès d'un roi-dragon vit une reine, et elle est vraiment d'une beauté indicible » *(161)*. Ces récits, et d'autres qui leur sont analogues (sur des princesses, des preux, des objets merveilleux, etc.), entraînent la quête.

Le manque peut parfois être fictif. Une méchante sœur ou mère, un méchant maître, un méchant roi, envoient Ivan chercher tel ou tel objet curieux, dont ils n'ont aucunement besoin, et qui leur sert de prétexte pour se débarrasser de lui. Un marchand l'envoie au loin parce qu'il a peur de sa force, un roi, pour s'emparer de sa femme, ses méchantes sœurs, parce qu'elles y ont été poussées par le dragon. De tels envois sont parfois motivés par une maladie fictive. Il n'existe pas dans ce cas de méfait véritable; il est remplacé logiquement (mais non morphologiquement) par l'envoi. Derrière la méchante sœur, il y a *le dragon*, et le personnage qui envoie Ivan faire des recherches subit en général les mêmes châtiments que l'agresseur dans les autres contes. Nous pouvons noter aussi que l'envoi de caractère hostile et l'envoi amical sont suivis d'un développement identique. Qu'Ivan parte chercher une curiosité parce que sa méchante sœur ou un méchant roi veulent sa perte, ou parce que son père est malade, ou parce que son père a vu cette curiosité en rêve, ces différentes raisons n'exercent aucune action, comme nous le verrons plus loin, sur la structure de l'intrigue, c'est-à-dire sur la quête en tant que telle. Notons que d'une façon générale, les sentiments et les intentions des personnages n'agissent en aucun cas sur le déroulement de l'action.

Les manières dont le manque est reconnu sont très nombreuses. L'envie, la misère (pour les formes rationalisées), la force ou l'audace du héros, bien d'autres choses encore, peuvent conduire à la quête. Le désir d'avoir des enfants peut lui-même être à l'origine d'un développement indépendant (on envoie le héros chercher un remède contre la stérilité). Ce cas est très intéressant. Il montre qu'un élément du conte, quel qu'il soit (ici, la stérilité du roi), peut être, pour ainsi dire, envahi par l'action, peut se transformer en récit indépendant, peut faire naître un récit. Mais comme tout ce qui vit, le conte n'engendre que des enfants qui lui ressemblent. Si une cellule de cet organisme se transforme en petit conte dans le conte, celui-ci se construit, ainsi que nous le verrons plus loin, selon les mêmes lois que n'importe quel autre conte merveilleux.

Souvent, le sentiment du manque ne reçoit aucune motivation. Le roi réunit ses enfants : « Rendez-moi un service », etc., et il les envoie à la recherche de quelque chose.

6

Répartition des fonctions entre les personnages

Bien que notre étude ne s'applique qu'aux fonctions en tant que telles, non aux personnages qui les accomplissent ni aux objets qui les subissent, nous n'en devons pas moins examiner le problème suivant : comment les fonctions se répartissent-elles entre les personnages?

Avant de répondre à cette question de manière détaillée, nous pouvons indiquer que de nombreuses fonctions se groupent logiquement selon certaines *sphères*. Ces *sphères* correspondent aux personnages qui accomplissent les fonctions. Ce sont des sphères d'action. On trouve, dans le conte, les sphères d'action suivantes :

1. La sphère d'action de l'AGRESSEUR (ou du *méchant*). Elle comprend : le méfait *(A)*, le combat et les autres formes de lutte contre le héros *(H)*, la poursuite *(Pr)*.

2. La sphère d'action du DONATEUR (ou *pourvoyeur*). Elle comprend : la préparation de la transmission de l'objet magique *(D)*, la mise de l'objet magique à la disposition du héros *(F)*.

3. La sphère d'action de l'AUXILIAIRE. Elle comprend : le déplacement du héros dans l'espace *(G)*, la réparation du méfait ou du manque *(K)*, le secours pendant la poursuite *(Rs)*, l'accomplissement de tâches difficiles *(N)*, la transfiguration du héros *(T)*.

4. La sphère d'action de la PRINCESSE (du *personnage recherché*) et de SON PÈRE. Elle comprend : la demande d'accomplir des tâches difficiles *(M)*, l'imposition d'une marque *(J)*, la découverte du faux héros *(Ex)*, la reconnaissance du héros véritable *(Q)*, la punition du second agres-

seur *(U)*, le mariage *(W)*. La distinction entre les fonctions de la princesse et celles de son père ne peut pas être très précise. C'est le père qui, le plus souvent, propose les tâches difficiles; cette action tire alors son origine d'une attitude hostile à l'égard du fiancé. En outre, c'est souvent lui qui punit ou ordonne de punir le faux héros.

5. La sphère d'action du MANDATEUR. Elle ne comprend que l'envoi du héros (moment de transition, *B*).

6. La sphère d'action du HÉROS. Elle comprend : le départ en vue de la quête *(C↑)*, la réaction aux exigences du donateur *(E)*, le mariage *(W)*. La première fonction *(C↑)* caractérise le héros-quêteur, le héros-victime n'accomplit que les autres.

7. La sphère d'action du FAUX HÉROS comprend elle aussi le départ en vue de la quête *(C↑)*, la réaction aux exigences du donateur, toujours négative $(E_{nég})$, et, en tant que fonction spécifique, les prétentions mensongères *(L)*.

Il y a donc sept personnages dans le conte. Les fonctions de la partie préparatoire (α, β, γ, δ, ε, ζ, η, θ) sont également distribuées entre ces personnages, mais elles ne le sont pas de façon régulière, et ne peuvent donc servir à définir les personnages. De plus, il existe des personnages spéciaux pour les liaisons (plaignants, dénonciateurs, calomniateurs), ainsi que des informateurs particuliers pour la fonction ζ (renseignement obtenu) : le miroir, le ciseau, le balai, montrent où se trouve la victime que l'agresseur cherche. C'est également ici la place de personnages tels que Simplœil, Doublœil, Triplœil.

Le problème de la distribution des fonctions peut être résolu au niveau du problème de la distribution des *sphères d'action* entre les personnages.

Comment les sphères indiquées se répartissent-elles entre les divers personnages du conte?

Il y a trois possibilités :

1. La sphère d'action correspond exactement au person-

nage. Baba Yaga, qui met à l'épreuve et récompense le héros, les animaux, qui demandent grâce et transmettent un don à Ivan, sont de purs donateurs. Le cheval qui transporte Ivan auprès de la princesse, l'aide à enlever celle-ci, accomplit une tâche difficile, sauve le héros pendant la poursuite, etc., est un pur auxiliaire.

2. Un seul personnage occupe plusieurs sphères d'action. Le petit homme de fer qui demande qu'on le fasse sortir de la tour, donne à Ivan la force et lui fait présent d'une nappe qui tourne toute seule, et par la suite, l'aide à tuer le dragon, est à la fois un donateur et un auxiliaire. Les animaux reconnaissants doivent être étudiés avec une attention particulière. Ils commencent par être des donateurs (ils demandent grâce ou assistance), puis ils se mettent à la disposition du héros et deviennent ses auxiliaires. Il arrive parfois que l'animal libéré ou épargné par le héros disparaisse simplement sans même donner la formule qui doit servir à le rappeler, mais qu'il réapparaisse au moment critique en qualité d'auxiliaire. Il récompense le héros *directement par l'action.* Il peut, par exemple, aider le héros à se transporter dans un autre royaume, ou obtenir pour lui l'objet de sa quête, etc. Ces cas peuvent être désignés par $F^9 = G$, $F^9 = K$, etc.

Baba Yaga (ou tout autre habitant de la petite maison dans la forêt) requiert elle aussi un examen particulier; elle commence par se battre avec Ivan, puis se sauve, et lui montre ainsi le chemin de l'autre royaume. Le voyage avec un guide est une des fonctions de l'auxiliaire, et c'est ainsi que Baba Yaga joue ici le rôle involontaire (le joue même contre son gré) de l'auxiliaire. Elle commence par être un donateur hostile, pour devenir ensuite un auxiliaire involontaire.

Quelques autres cas de cumul : le père qui envoie son fils chercher quelque chose et qui lui donne une massue, est à la fois le mandateur et le donateur. Les trois jeunes filles qui habitent dans un palais d'or, d'argent, et de cuivre, qui donnent un anneau magique à Ivan et qui, ensuite, l'épousent, sont en même temps des donateurs et des princesses. Baba Yaga, qui enlève un petit garçon et l'enferme dans un poêle, et à qui on reprend le petit garçon (on lui a volé un mouchoir magique), cumule les fonctions de l'agresseur et du donateur (involontaire, hostile). Nous rencontrons donc de nouveau ce phénomène : la volonté des personnages, leurs intentions, ne peuvent être tenues pour des signes consistants quand il s'agit de la définition de ces personnages. Ce n'est pas ce qu'ils veulent faire qui est important, ce ne sont pas les sentiments qui les animent, mais leurs actes en tant que tels, définis et évalués du point de vue de leur signification pour le héros et pour le déroulement de l'intrigue. La même chose nous apparaît dans l'étude des motivations : les sentiments du mandateur peuvent être hostiles, neutres ou amicaux, cela ne change en rien le cours de l'intrigue.

3. Le cas inverse : Une seule sphère d'action se divise entre plusieurs personnages. Si le dragon est tué pendant le combat, il ne peut poursuivre le héros. Certains personnages particuliers sont introduits dans le conte pour effectuer cette poursuite : les femmes, filles, sœurs, belles-mères, mères des dragons, en bref leur parenté féminine. Les éléments de la mise à l'épreuve du héros, de sa réaction devant l'épreuve et de sa récompense *(DEF)* se divisent aussi parfois, bien que cette division soit presque toujours un échec du point de vue esthétique. Un personnage propose l'épreuve, et un autre récompense le héros par hasard. Nous avons vu plus haut que les fonctions de la princesse se partagent entre celle-ci et son père. Mais ce sont surtout les auxiliaires que ce phénomène concerne. Il faut ici examiner d'abord les rapports entre les objets magiques et les auxiliaires magiques. Comparons entre eux les cas suivants : *a*) Ivan reçoit un tapis volant, s'envole dessus pour aller vers la princesse ou pour rentrer chez lui. *b*) Ivan reçoit un cheval, s'envole dessus pour

aller vers la princesse ou pour rentrer chez lui. Nous voyons que *les objets agissent comme des êtres vivants*. C'est ainsi que la massue tue toute seule tous les ennemis, punit toute seule les voleurs, etc. Continuons : *a*) Ivan reçoit un aigle dont on lui fait présent, s'envole dessus. *b*) Ivan reçoit en présent la capacité de se transformer en faucon, s'envole sous l'aspect d'un faucon. Autre comparaison : *a*) Ivan reçoit un cheval qui peut faire de l'or (déféquer de l'or) et qui fait d'Ivan un homme riche. *b*) Ivan mange des abattis d'oiseau et reçoit la capacité de cracher de l'or, et qui fait de lui un homme riche. Ces couples d'exemples montrent qu'*une qualité fonctionne comme un être vivant*. Par conséquent, les êtres vivants, les objets et les qualités doivent être considérés comme des valeurs équivalentes du point de vue d'une morphologie fondée sur les fonctions des personnages. Il est cependant plus commode d'appeler les êtres vivants des *auxiliaires magiques*, et les objets et les qualités des *objets magiques*, bien que les uns et les autres fonctionnent de la même manière.

D'ailleurs, cette identité reçoit une certaine restriction. On peut distinguer trois catégories d'auxiliaires : 1° Les auxiliaires universels, capables de remplir (sous certaines formes) les cinq fonctions de l'auxiliaire. Dans notre corpus, seul le cheval est un auxiliaire de cette espèce. 2° Les auxiliaires partiels, aptes à remplir certaines fonctions, mais qui, d'après l'ensemble des données, n'accomplissent pas toutes les cinq fonctions de l'auxiliaire. C'est dans cette catégorie qu'entrent différents animaux, le cheval excepté, les esprits qui sortent de l'anneau, certains personnages habiles à telle ou telle chose, etc. 3° Des auxiliaires spécifiques qui ne remplissent qu'une seule fonction. Cette catégorie ne comprend que des objets. C'est ainsi que le peloton sert de guide dans un déplacement, l'épée qui coupe toute seule sert à vaincre un ennemi, le violon qui joue tout seul, à accomplir la tâche donnée par la princesse, etc. Nous voyons donc que l'objet magique n'est rien d'autre qu'une forme partielle de l'auxiliaire magique.

Il faut encore mentionner le fait que le héros se passe souvent de tout auxiliaire. Il est, pour ainsi dire, son propre auxiliaire. Mais si nous avions la possibilité d'étudier les attributs des personnages, nous pourrions montrer que dans ces cas, le héros reçoit non seulement les fonctions de l'auxiliaire, mais aussi ses attributs. Un des attributs les plus importants de l'auxiliaire est sa sagesse prophétique : cheval devin, épouse devineresse, enfant doué de sagesse, etc. En l'absence de l'auxiliaire, cette qualité passe au héros. Le résultat est une figure de héros-devin.

Inversement, l'auxiliaire remplit quelquefois les fonctions spécifiques du héros. Outre l'acceptation de redresser le tort subi *(C)*, la seule fonction qui lui soit spécifique est la réaction aux actes du donateur. Souvent, l'auxiliaire prend ici la place du héros. Les souris gagnent au jeu de colin-maillard chez l'ours; reconnaissantes, elles exécutent à la place d'Ivan la tâche imposée par Baba Yaga *(159, 160)*.

7

Les différentes manières d'inclure de nouveaux personnages dans le cours de l'action

Chaque type de personnage possède sa manière d'entrer en scène, à chaque type correspondent des procédés particuliers que les personnages utilisent pour entrer dans l'intrigue. Ces formes sont les suivantes :

L'agresseur (le méchant) se montre deux fois dans le courant de l'action. La première fois, il apparaît soudain, latéralement (il arrive en volant, s'approche furtivement, etc.) puis disparaît. La seconde fois, il se présente comme un personnage *que l'on cherchait*, en général au terme d'un voyage où le héros suivait un guide.

Le donateur est rencontré par hasard, la plupart du temps dans la forêt (dans la maisonnette), ou bien dans un champ, sur une route, dans la rue.

L'auxiliaire magique est introduit en tant que don. Ce moment est désigné par le signe *F*, et les variantes possibles en sont énumérées plus haut.

Le *mandateur*, le *héros*, le *faux héros*, la *princesse*, font partie de la situation initiale. Il arrive qu'on ne dise rien du faux héros dans l'énumération des personnages de la situation initiale; on apprend par la suite qu'il habite à la cour ou dans la maison. La princesse, comme l'agresseur, se montre deux fois. La seconde fois, elle apparaît comme le personnage recherché; le quêteur peut la voir d'abord, voir l'agresseur ensuite (le dragon n'est pas chez lui, dialogue avec la princesse) ou inversement.

On peut considérer cette distribution comme la norme du conte. Mais il y a des exceptions. S'il n'y a pas de donateur dans un conte, ses manières d'entrer en scène passent au personnage suivant, c'est-à-dire à l'auxiliaire. C'est ce qu'il advient de différents personnages habiles à faire telle ou telle chose, et que le héros rencontre par hasard, comme cela se produit habituellement avec le donateur. Si le personnage couvre deux sphères de fonctions il est introduit dans les formes qui correspondent à sa première entrée dans l'action. La femme sage qui apparaît d'abord en donatrice, puis en auxiliaire et en princesse, entre en scène comme une donatrice, non comme une auxiliaire ou une princesse.

La seconde exception consiste dans le fait que tous les personnages peuvent être introduits par la situation initiale. Cette forme n'est spécifique, nous l'avons indiqué plus haut, que pour les héros, les mandateurs et les princesses. On peut observer deux formes fondamentales de la situation initiale : celle qui comprend *le quêteur* et sa famille (le père et ses trois fils), et celle qui présente *la victime* de l'agresseur et sa famille (les trois filles du roi). Certains contes réunissent les deux situations. Si l'histoire commence par un manque, nous devons y trouver la situation qui comprend le quêteur (parfois le mandateur). Ces deux situations peuvent également se confondre. Mais comme la situation initiale ne peut s'établir que parmi les membres d'une même famille, le quêteur et le personnage recherché, au lieu d'être Ivan et la princesse, sont un frère et une sœur, des fils et une mère, etc. Cette situation comprend à la fois le quêteur et la victime de l'agresseur. On peut observer que dans ces contes, l'enlèvement de la princesse est antidaté. Ivan part chercher sa mère enlevée par Kochtcheï, et trouve la fille du roi, enlevée jadis elle aussi.

Certaines situations de cette espèce reçoivent un développment épique. Au début, le quêteur est absent. Il naît, en général dans des circonstances merveilleuses. La naissance merveilleuse du héros est un des éléments importants du conte. C'est une des formes de son entrée en scène, incluse dans la situation initiale. La naissance du héros s'accompagne en général d'une prophétie sur son destin. Avant même que l'intrigue ne se noue, les attributs du futur héros sont révélés. On décrit sa croissance rapide, sa supériorité sur ses frères. Parfois au contraire, Ivan est un sot. Il est impossible d'étudier tous les attributs du héros. Certains se traduisent par des actes (dispute sur le droit d'aînesse). Mais ces actes ne constituent pas des fonctions de l'intrigue.

Notons encore que la situation initiale donne souvent l'image d'un bonheur particulier, quelquefois souligné; il arrive que cette image soit très pittoresque et colorée. Elle sert de fond contrastant au malheur qui va suivre.

La situation initiale inclut parfois et le donateur, et l'auxiliaire, et l'agresseur, antagoniste du héros. Seules les situations qui comprennent l'agresseur requièrent un examen particulier. Comme cette situation réunit toujours les membres d'une même famille, l'agresseur inclus dans la situation initiale devient un parent du héros, bien que ses attributs en fassent nettement un dragon, une sorcière, etc. La sorcière du conte nº *93* (« La sorcière et la sœur du soleil ») est une dragonne typique. Mais par son déplacement vers la situation initiale, elle devient la sœur du héros.

Quelques mots sur les situations des séquences redoublées ou, en général, répétées. Elles s'ouvrent elles aussi sur une situation précise. Si Ivan a retrouvé la princesse et possède un objet magique, et que sa fiancée (parfois déjà sa femme) lui enlève cet objet magique, nous nous trouvons devant la situation suivante : agresseur + quêteur + futur objet de la quête. C'est ainsi que si la séquence est répétée, l'agresseur se rencontre plus souvent dans la situation initiale. Le même personnage peut jouer un rôle dans une séquence, et un autre rôle dans une autre (le diable, auxiliaire dans la première séquence, mais agresseur dans la seconde, etc.). Tous les personnages de la première séquence qui apparaissent ensuite dans la seconde sont déjà donnés, déjà connus de l'auditeur ou du lecteur, et une nouvelle entrée en scène de personnages des catégories correspondantes est inutile. Il arrive pourtant que dans la séquence répétée le conteur oublie, par exemple, l'auxiliaire de la première séquence, et oblige le héros à recommencer les démarches pour l'obtenir.

Il faut faire une mention particulière de la situation qui comprend la marâtre. Ou bien celle-ci est tout de suite présente, ou bien on raconte la mort de la première femme du père et le remariage de celui-ci. Le second mariage du veuf introduit l'agresseur dans le conte. Les filles, personnages méchants elles aussi, ou fausses héroïnes, naissent ensuite.

Tous ces problèmes peuvent être soumis à une étude plus détaillée, mais les observations présentées sont suffisantes dans une perspective de morphologie générale.

8

Les attributs des personnages et leur signification

> L'étude des formes est l'étude des transformations.
> GOETHE.

L'étude des personnages selon leurs fonctions, leur division en catégories et l'étude des formes de leur entrée en scène nous amènent inévitablement au problème général des personnages du conte. Nous avons montré plus haut qu'il fallait distinguer très nettement deux objets d'étude : les auteurs des actions et ces actions elles-mêmes. La nomenclature et les attributs des personnages sont des valeurs variables. Par attributs, nous entendons l'ensemble des qualités externes des personnages : leur âge, sexe, situation, leur apparence extérieure avec ses particularités. etc. Ces attributs donnent au conte ses couleurs, sa beauté et son charme. Lorsqu'on parle d'un conte, on se rappelle d'abord Baba Yaga et sa maisonnette, le dragon à plusieurs têtes, le prince Ivan et la belle princesse, les chevaux magiques qui volent, et bien d'autres choses encore. Mais comme nous l'avons vu, un personnage en remplace facilement un autre. Ces remplacements ont leurs causes, parfois très complexes. La vie réelle elle-même crée des figures nouvelles et colorées qui supplantent les personnages imaginaires; le conte subit l'influence de la réalité historique contemporaine, de la poésie épique des peuples voisins, de la littérature aussi, et de la religion, qu'il s'agisse des dogmes chrétiens ou des croyances populaires locales. Le conte conserve les traces du paganisme le plus ancien, des coutumes et des rites de l'antiquité. Il se transforme peu à peu, et ces métamorphoses sont également soumises à des lois. Tous ces processus créent une telle diversité de formes qu'il est extrêmement difficile de s'y retrouver.

Mais cette étude n'en est pas moins possible. Les fonctions restent constantes, ce qui permet de faire entrer dans le système les éléments qui se groupent autour des fonctions. Comment construire ce système?

Le meilleur moyen est de faire des tableaux. Veselovski parlait déjà de la mise en tableaux des contes, mais il ne croyait pas beaucoup à sa possibilité.

Nous avons composé ces tableaux. Il est impossible d'en soumettre tous les détails au lecteur, bien qu'ils ne soient pas d'une très grande complexité. L'étude des attributs des personnages ne comprend que les trois rubriques fondamentales suivantes : aspect et nomenclature, particularités de l'entrée en scène, habitat. A cela s'ajoute une série d'éléments auxiliaires moins importants. C'est ainsi que les traits caractéristiques de Baba Yaga seıont : son nom, son aspect (la jambe en os, le nez qui a poussé vers le plafond, etc.), sa maisonnettte qui tourne, montée sur des pattes de poule, et sa façon d'entrer en scène : son arrivée dans un mortier volant est accompagnée de sifflements et de bruits. Si un personnage est défini, du point de vue des fonctions, comme un donateur, par exemple, ou un auxiliaire, etc., et qu'on inscrit dans les différentes rubriques tout ce qu'il est dit de lui, on peut faire des observations extrêmement intéressantes. Toutes les données d'une rubrique peuvent être étudiées indépendamment du reste à travers tous les contes. Bien que ces éléments soient des valeurs variables, on peut observer ici aussi de très nombreuses répétitions. Les formes les plus brillantes, celles qui se répètent le plus souvent, représentent un certain canon. Ce canon peut être isolé. Remarquons en passant qu'il faut d'abord définir, de manière générale, comment distinguer les formes fondamentales des formes dérivées ou hétéronomes. Il existe un canon international, des formes nationales, en particulier indiennes, arabes, russes,allemandes, et des formes provinciales : du Nord, de la région de Novgorod, de celle de Perm, de Sibérie, etc. Il y a enfin des formes qui correspondent à certaines catégories sociales, comme les formes semi-urbaines, celles des soldats, celles des ouvriers agricoles. On peut aussi remarquer qu'un élément qui se rencontre habituellement dans une rubrique, peut apparaître soudain dans une autre : nous nous trouvons devant un déplacement de forme. Le dragon, par exemple, peut devenir un donateur-conseiller. De tels déplacements jouent un rôle considérable dans l'apparition des formations secondaires, alors qu'on prend souvent celles-ci pour des sujets nouveaux; ces sujets descendent pourtant des anciens et sont le résultat d'une certaine transformation, d'une certaine métamorphose. Le déplacement n'est pas le seul type de transformation. En groupant les données de chaque rubrique, nous pouvons déterminer tous les types, ou plus exactement, toutes les espèces de la transformation. Nous ne nous arrêterons pas à ce problème, car cela nous mènerait trop loin. Les transformations pourraient donner matière à une étude indépendante [1].

Mais les tableaux, la liste des attributs des personnages et l'étude des valeurs variables en général, ouvrent une autre possibilité. Nous savons déjà que les contes se composent tous des mêmes fonctions. Ce ne sont pas seulement les éléments attributifs qui sont soumis aux lois de la transformation; ce sont aussi les fonctions, bien que cela soit moins apparent et beaucoup plus difficile à étudier. (Les formes que nous tenons pour fondamentales sont toujours citées les premières dans notre liste.) Si l'on consacrait des recherches particulières à cette question, on pourrait reconstruire la proto-forme du conte merveilleux, non seulement d'une façon schématique, comme nous l'avons fait, mais tout à fait concrètement. Pour les sujets isolés, cela se fait depuis long-

1. Cf. ici même, p. 171 à 200. (N.d.T.)

temps. En rejetant toutes les formations locales ou secondaires, en ne gardant que les formes fondamentales, nous obtiendrons le conte dont tous les contes merveilleux ne sont que des variantes. Les recherches que nous avons effectuées dans ce domaine nous ont conduit aux contes où un dragon enlève une princesse, où Ivan rencontre Baba Yaga, reçoit un cheval, s'envole, remporte la victoire sur le dragon avec l'aide de son cheval, repart, est poursuivi par les dragonnes, rencontre ses frères, etc., comme à la forme fondamentale des contes merveilleux en général. Mais on ne peut le prouver que par une étude rigoureuse des métamorphoses, des transformations du conte. Sur le plan des problèmes formels, ces considérations nous amèneront par la suite au problème des sujets et des variantes, et à celui du rapport entre les sujets et la composition.

L'étude des attributs permet encore une constatation très importante. Si l'on relève les formes fondamentales de toutes les rubriques et qu'on les dispose dans l'ordre pour en faire un conte, ce conte montre qu'il recèle en son fondement certaines notions abstraites.

Un exemple nous permettra d'expliquer notre pensée. Si l'on relève et classe dans une rubrique toutes les tâches du donateur, on pourra voir que ces tâches ne sont pas fortuites. Du point de vue du « dit » en tant que tel, elles ne représentent rien d'autre qu'un des procédés de retardement de l'épopée : le héros rencontre un obstacle, et en surmontant celui-ci, il reçoit le moyen de parvenir à son but. De ce point de vue, il est absolument indifférent de savoir ce qu'est la tâche elle-même. En effet, il ne faut considérer une grande partie de ces tâches que comme les parties constitutives d'une certaine structure littéraire. Mais par rapport aux formes fondamentales des tâches, on peut observer qu'elles ont un but particulier et caché. Ce que Baba Yaga ou un autre donateur veulent apprendre de la bouche du héros, l'épreuve qu'ils lui font passer, — cette question ne peut recevoir qu'une seule réponse qui s'exprime dans une formule abstraite. La même formule, au fond différente, pourtant, éclaire les tâches de la princesse. En comparant les formules, nous verrons qu'elles découlent l'une de l'autre. Si nous les rapprochons des autres éléments attributifs étudiés, nous obtenons contre toute attente une chaîne aussi continue sur le plan logique que sur le plan esthétique. Le fait qu'Ivan soit couché sur un poêle (trait international, et non russe seulement), ses relations avec ses parents morts, le contenu des interdictions et la transgression de celles-ci, le poste de garde du donateur (la forme fondamentale en est la maisonnette de Baba Yaga), et même des détails tels que les cheveux d'or de la princesse (trait que l'on retrouve dans le monde entier), prennent une signification tout à fait particulière et peuvent faire l'objct d'une étude. L'analyse des attributs permet une *interprétation* scientifique du conte. Du point de vue historique, cela signifie que le conte merveilleux, dans sa base morphologique, est un mythe. Les partisans de l'école mythologique ont jeté sur cette idée un certain discrédit, mais elle a eu des partisans aussi considérables que Wundt, et nous y revenons maintenant par la voie de l'analyse morphologique.

Mais nous ne formulons tout cela qu'en manière d'hypothèse. Les recherches morphologiques doivent s'adjoindre dans ce domaine une étude historique, ce qui, pour le moment, ne saurait faire partie de nos préoccupations. Le conte devrait ensuite être étudié dans ses rapports avec les représentations religieuses.

Nous voyons par conséquent que l'étude des attributs des personnages, que nous n'avons fait qu'esquisser, est extrêmement importante. Donner une classification précise des personnages d'après leurs attributs ne fait pas partie de notre tâche. Dire que l'agresseur peut être un dragon, une sorcière, Baba Yaga, des brigands, des marchands, une méchante princesse, etc., et que le donateur peut être Baba Yaga, une petite vieille, une vieille grand-mère de l'arrière-cour, un sylvain, un ours, etc., est inutile, car cela reviendrait à présenter un catalogue. C'est seulement lorsqu'on le donne pour illustrer des problèmes plus généraux qu'un tel catalogue est intéressant. Ces problèmes sont indiqués plus haut : il s'agit des lois de transformation et des notions abstraites qui se reflètent dans les formes fondamentales de ces attributs. Nous avons également mis au point le système, le plan d'une étude [1]. Mais dans la mesure où les problèmes généraux qui se posent demandent des recherches spéciales et ne peuvent être résolus dans notre courte esquisse, un simple catalogue perdrait tout son sens et ne serait plus qu'une liste sèche, extrêmement utile au spécialiste, mais ne présentant pas un très grand intérêt général.

1. Cf. appendice I.

9

Le conte comme totalité

> La proto-plante *(Urpflanze)* sera l'être le plus étonnant du monde. La nature elle-même me portera envie. Avec ce modèle et sa clef, il sera possible ensuite d'inventer des plantes à l'infini, qui devront être conséquentes, c'est-à-dire qui, bien qu'elles n'existent pas, pourraient exister. Ce ne seront pas des ombres ou des illusions poétiques ou pittoresques; la vérité intérieure et la nécessité feront partie de leur essence. Cette loi peut s'appliquer à tout ce qui est vivant.
>
> GOETHE.

A. LA COMBINAISON DES CONTES.

Maintenant que nous avons montré quels étaient les éléments essentiels du conte et expliqué certains moments accessoires, nous pouvons aborder le découpage d'un texte selon ses parties constitutives.

Une question se pose d'abord, celle de savoir ce que l'on entend par conte.

On peut appeler conte merveilleux du point de vue morphologique tout développement partant d'un méfait *(A)* ou d'un manque *(a)*, et passant par les fonctions intermédiaires pour aboutir au mariage *(W)* ou à d'autres fonctions utilisées comme dénouement. La fonction terminale peut être la récompense *(F)*, la prise de l'objet des recherches, ou d'une manière générale, la réparation du méfait *(K)*, le secours et le salut pendant la poursuite *(Rs)*, etc. Nous appelons ce développement une *séquence*. Chaque nouveau méfait ou préjudice, chaque nouveau manque, donne lieu à une nouvelle séquence. Un conte peut comprendre plusieurs séquences, et lorsqu'on analyse un texte, il faut d'abord déterminer de combien de séquences il se compose. Une séquence peut en suivre immédiatement une autre, mais elles peuvent aussi s'entrelacer, le développement commencé s'arrêtant pour laisser une autre séquence s'intercaler. Isoler une séquence n'est pas toujours facile, mais c'est toujours possible et avec une grande précision. Cependant, si nous avons défini le conte comme une séquence, cela ne signifie pas que le nombre des séquences correspond rigoureusement au nombre des contes. Des procédés particuliers, parallélisme, répétitions, etc., aboutissent à ceci, qu'un conte peut se composer de plusieurs séquences.

C'est pour cela qu'avant d'étudier comment on distingue un texte qui contient un seul conte d'un texte qui en contient deux ou plus, nous allons examiner les procédés de liaison des séquences entre elles, indépendamment du nombre de contes que le texte comprend.

Les séquences peuvent être reliées de la façon suivante :

1. Une séquence succède immédiatement à une autre. Voici le schéma illustrant ce type de liaison :

I A ├────────┤ W^{0}
II A ├────────┤ w^{2}

2. Une nouvelle séquence commence avant que la précédente ne soit terminée. L'action est interrompue par une séquence épisodique. Après la fin de cet épisode, la première séquence reprend et s'achève :

I A ├──────┤ G . . . . . K ├──────┤ W^{0}
II a ├──────┤ K

3. L'épisode peut être interrompu à son tour, et l'on peut obtenir alors des schémas relativement complexes :

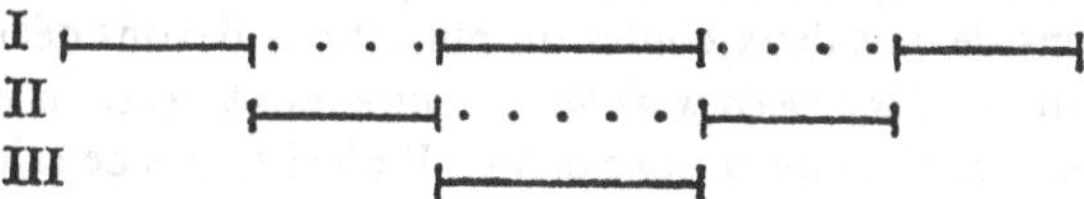

4. Le conte peut commencer par deux méfaits commis en même temps, dont l'un peut être totalement réparé d'abord, la réparation de l'autre n'intervenant qu'ensuite. Si le héros est tué et qu'on lui enlève son objet magique, c'est d'abord le meurtre qui est réparé, puis le vol.

$A^{14}{}_2$ { I ├───────┤ K^9
II . . . . . ├───────┤ K^1

5. Deux séquences peuvent avoir une fin commune :

I ├───────┤ . . . . . }
II ├───────┤ } ├───────┤

6. Il y a parfois *deux* quêteurs dans le conte (cf. n° *155*, deux Ivan, fils de soldat). Au milieu de la première séquence, les héros se séparent. Ils se quittent en général devant un poteau indicateur qui porte des prédictions. Ce poteau sert de *disjoncteur* (nous désignerons la séparation devant un poteau indicateur par le signe <. Parfois, d'ailleurs, le poteau n'est qu'un simple accessoire). En se séparant, les héros se transmettent souvent un objet signalisateur (une cuiller, un miroir, un mouchoir. Nous désignerons la transmission d'un objet signalisateur par le signe *s*). Les schémas de ces contes sont du type suivant :

II ├───────┤ . . . . . }
I ├───────┤ *s* < } ├───────┤
III . . . . . ├───────┤ }

Tels sont les principaux procédés de liaison entre les séquences.

On peut se demander dans quelles conditions plusieurs séquences composent un conte, et à quel moment nous nous trouvons devant deux contes ou plus. Nous devons déclarer d'abord que *les procédés de liaison entre les séquences n'exercent dans ce domaine aucune action*. Il n'existe pas de critères précis en ce qui concerne ce problème. Mais nous indiquerons quelques cas suffisamment clairs.

Il n'y a qu'un conte dans les cas suivants :

1. Si le conte tout entier n'est composé que d'une séquence.

2. Si le conte se compose de deux séquences dont l'une se termine positivement et l'autre négativement. Exemple : séquence I— la marâtre chasse sa belle-fille. Le père l'emmène. Elle revient avec des présents. Séquence II— la marâtre envoie ses filles. Le père les emmène. Elles reviennent punies.

3. S'il y a triplement de séquences entières. Un dragon enlève une jeune fille. Dans les séquences I et II, les frères aînés partent l'un après l'autre à sa recherche et restent embourbés. Dans la séquence III, c'est le plus jeune qui part, délivre la jeune fille et les deux frères.

4. Si un objet magique est obtenu au cours de la première séquence, et n'est utilisé qu'au cours de la seconde. Exemple : séquence I— les frères partent chercher des chevaux. Ils les trouvent, rentrent chez eux. Séquence II— un dragon menace la princesse. Les frères partent. Ils parviennent à leur but grâce aux chevaux. Voici ce qui s'est passé dans ce cas : la réception de l'objet magique, qui se produit habituellement au milieu du conte, a été déplacée vers le début, et située avant le nœud principal de l'intrigue (la menace du dragon). La réception de l'objet magique est précédée par la reconnaissance immotivée d'un manque (les frères ont tout à coup envie d'avoir des chevaux), qui entraîne cependant une quête, c'est-à-dire constitue le point de départ d'une séquence.

5. Il n'y a qu'un seul conte si, avant le réparation définitive du méfait, un manque est tout à coup ressenti, qui provoque une nouvelle quête, c'est-à-dire une nouvelle séquence, mais non un nouveau conte. Dans ce cas, on a besoin d'un nouveau cheval, de l'œuf qui contient la mort de Kochtcheï, etc., ce qui donne le départ d'un nouveau

développement, pendant que la séquence commencée s'interrompt temporairement.

6. Il n'y a qu'un conte également dans le cas où l'intrigue est nouée par deux méfaits commis ensemble (la marâtre chasse et ensorcelle sa belle-fille, etc.).

7. Il n'y a qu'un seul conte encore dans les textes où la première séquence met en scène un combat contre le dragon, tandis que la seconde commence avec le vol de l'objet de la quête par les frères, la chute du héros dans un précipice, etc., puis les prétentions du faux héros *(L)* et les tâches difficiles. C'est le développement qui nous est apparu lorsque nous avons énuméré toutes les fonctions. C'est la forme de conte la plus pleine et la plus accomplie.

8. Les contes dont les héros se séparent devant un poteau indicateur peuvent être tenus, eux aussi, pour des textes constitués d'un seul conte. Il faut remarquer cependant que le sort de chacun des frères peut donner lieu à un conte absolument différent; il est donc possible que ce cas soit à exclure du groupe des histoires formées d'un seul conte.

Dans tous les autres cas, nous avons deux contes et plus. Lorsqu'on veut déterminer s'il y a plusieurs contes dans un texte, il ne faut pas se laisser dérouter par les séquences très courtes. Celles qui comprennent une destruction des semences ou une déclaration de guerre le sont particulièrement. La destruction des semences occupe en général une place un peu spéciale. Le plus souvent, on voit tout de suite que le personnage qui détruit les semences joue dans la deuxième séquence un rôle plus important que dans la première, et que la destruction des semences ne fait que l'introduire. C'est ainsi que dans le conte n° *105*, la jument qui vole le foin devient par la suite un donateur (cf. également les n°s *186* et *187*). Dans le conte n° *126*, c'est sous la forme d'un oiseau voleur de blé qu'entre en scène un petit homme de bronze, analogue au petit homme des contes n°s *129* et *125* (« Et cet oiseau, c'était un petit vieux de bronze »). Mais la division des contes selon la forme que prend l'entrée en scène d'un personnage est impossible; on pourrait dire dans le cas contraire que toute première séquence ne fait que préparer et introduire les personnages de la séquence suivante. Théoriquement, le vol des semences et la prise du voleur font partie d'un conte absolument distinct. Mais cette séquence est perçue le plus souvent comme une introduction.

B. EXEMPLE D'ANALYSE.

Maintenant que nous savons comment se divisent les séquences, nous pouvons découper un conte selon ses parties constitutives. Nous avons vu que les parties constitutives fondamentales sont les fonctions des personnages. Il y a aussi les éléments de liaison et les motivations. Les formes de l'entrée en scène des personnages (l'arrivée du dragon qui vole, la rencontre avec Baba Yaga) occupent une place particulière. Enfin, nous avons les éléments ou les accessoires attributifs, comme la maisonnette de Baba Yaga ou ses pieds d'argile. Ces cinq catégories d'éléments déterminent non seulement la structure du conte, mais le conte dans son ensemble.

Essayons donc de décomposer un conte tout entier, littéralement, selon ses parties constitutives. Nous choisirons pour cela un petit conte à une seule séquence, le conte le plus court de notre corpus. Nous avons placé en appendice des analyses exemplaires de contes plus complexes, car elles n'intéressent au premier chef que les spécialistes. Le conte s'intitule *les Oies-cygnes (113)*.

Un vieux et une vieille vivaient ensemble; ils avaient une fille et un fils tout petit [1].	1. Situation initiale *(a)*.

« Ma fille, ma fille, lui dit sa mère, nous allons travailler, nous t'apporterons un petit pain, nous te coudrons une jolie robe, nous t'achèterons un petit mouchoir, sois sage, surveille ton frère, ne va pas dehors [2]. »

2. Interdiction renforcée par des promesses (γ^1).

Les vieux partirent [3], et la fille ne pensa plus à ce qu'ils lui avaient dit [4]; elle mit son frère dans l'herbe sous la fenêtre, courut dehors, et s'oublia à jouer, à se promener [5].

3. Éloignement des parents (β^1).

4. La transgression de l'interdiction est motivée *(Mot.)*.

5. Transgression de l'interdiction (ϑ^1).

Des oies-cygnes s'abattirent sur le petit garçon, le saisirent, l'emportèrent sur leurs ailes [6].

6. Méfait : enlèvement (A^1).

La petite fille revint, vit que son frère n'était plus là [7].

7. Rudiment (équivalent) de l'annonce du méfait (B^4).

Elle poussa un cri, courut de-ci de-là, il n'était nulle part. Elle l'appelait, pleurait à chaudes larmes, se lamentait en pensant aux reproches de son père et de sa mère, mais son frère ne répondait pas [8].

8. Détails. Rudiment de triplement.

Elle courut en plein champ [9]; elle aperçut au

9. Départ de la maison et début de la quête $(C\uparrow)$.

loin les oies-cygnes qui disparaissaient derrière une sombre forêt. Les oies-cygnes s'étaient fait depuis longtemps une mauvaise réputation, elles faisaient beaucoup de dégâts et volaient les petits enfants. La jeune fille devina qu'elles avaient emporté son petit frère et se mit à courir pour les rattraper [10].

Elle courait, courait; tout à coup, elle se trouva devant un poêle [11].

« Poêle, poêle, dis-moi, où est-ce qu'elles allaient, les oies?

— Si tu manges mon petit pâté de seigle, je te le dirai [12].

— Oh, chez mon père, même les petits pâtés de blé, on ne les mange pas [13]. » (Suit la rencontre avec un pommier et avec une rivière. Propositions analogues, même insolence dans les réponses [14].)

Elle en aurait passé du temps, à courir dans les

10. Comme il n'y a pas de mandateur dans ce conte qui, auparavant, proclame la nouvelle du méfait, ce rôle, avec un certain retard, est transmis à l'agresseur; celui-ci, en se montrant un instant, annonce le caractère du méfait (liaison — §).

11. Entrée en scène du donateur (forme canonique de cette entrée en scène : on le rencontre par hasard) [71, 73] [1].

12. Dialogue avec le donateur (très abrégé) et mise à l'épreuve (D^1) [76, 78*b*].

13. Réponse insolente = réaction négative du héros (échec devant l'épreuve, E^1.) $_{nég}$

14. Triplement. Les éléments D^1 et $E^1{}_{nég}$ se répètent encore deux fois. Les trois fois, la récompense n'est pas obtenue $(F^1{}_{nég})$.

1. Les chiffres entre crochets renvoient aux tableaux de l'appendice I (cf. p. 146).

champs et à errer dans la forêt si elle n'avait pas eu la chance de tomber sur un hérisson [15]; elle eut envie de lui donner un coup de pied [16], mais elle eut peur de se piquer [17] et elle demanda :

« Hérisson, hérisson, n'as-tu pas vu où elles allaient, les oies [18]?

— Par là », dit-il [19].

Elle y courut, et vit une maisonnette à pattes de poule qui était là et qui tournait [20].

Dans la maisonnette, il y avait Baba Yaga, le museau violacé, le pied en argile [21].

Son frère aussi était là, assis sur un banc [22], en train de jouer avec des pommes d'or [23].

Quand sa sœur le vit, elle entra à pas de loup, le saisit et l'emporta [24] [25], mais les oies s'envolèrent à sa poursuite [26], elles allaient la rattraper, où allait-elle se cacher?

(Une nouvelle fois, nous assistons à une triple mise à l'épreuve du héros par les

15. Entrée en scène d'un auxiliaire reconnaissant.

16. L'auxiliaire est dans une situation d'impuissance, mais ne demande pas merci (d^7).

17. L'auxiliaire est épargné (E^7).

18. Dialogue (élément de liaison — §).

19. Le hérisson reconnaissant indique le chemin au héros $(F^9 = G^4)$.

20. L'habitation de l'agresseur [92*b*].

21. Portrait de l'agresseur [94].

22. Entrée en scène du personnage recherché [98].

23. L'or est un des traits caractéristiques constants du personnage recherché [99].

24. Contre-enlèvement de l'objet des recherches au moyen de la force ou de la ruse (K^1).

25. Le retour n'est pas mentionné, mais il est sous-entendu $(\downarrow)$.

26. Poursuite sous forme de vol dans les airs (Pr^1).

mêmes personnages, mais avec une réponse positive : ceux-ci viennent au secours de la jeune fille. La rivière, le pommier et le poêle la cachent [27]. L'histoire s'achève par le retour de la jeune fille chez elle.)

27. Nouvelle et triple mise à l'épreuve *(D^1)*, la réaction du héros étant cette fois positive *(E^1)*. Le personnage qui fait passer l'épreuve se met à la disposition du héros *(F^9)*, le sauvant ainsi de ses poursuivants *(Rs^4)*.

Si l'on relève maintenant toutes les fonctions de ce conte, on obtient le schéma suivant :

$$\alpha\gamma^1\beta^1\delta^1 A^1B^4C\uparrow \left\{ \begin{matrix} D^1E^1{}_{néo}F^1{}_{néo} \\ d^7E^7 \quad F^9 \end{matrix} \right\} G^4K^1\downarrow Pr^1 [D^1E^1F^9 = Rs^4] \times 3$$

Imaginons maintenant que tous les contes de notre corpus ont été analysés de la même manière, et que chaque analyse a permis d'écrire un schéma tel que celui-ci. A quoi cela mène-t-il? Nous dirons d'abord que le découpage en parties constitutives est, d'une manière générale, extrêmement important dans toutes les sciences. Nous avons vu qu'il n'a pas été possible jusqu'à présent de le faire pour le conte avec toute l'objectivité requise. C'est donc un premier résultat d'une grande portée. Mais en outre, on peut comparer ces schémas entre eux, et il est alors possible de résoudre toute une série de problèmes abordés plus haut, dans le chapitre d'introduction. C'est à la solution de ces problèmes que nous nous appliquerons maintenant.

C. LE PROBLÈME DE LA CLASSIFICATION.

Nous avons dépeint plus haut l'échec de la classification des contes selon les sujets.

Nous appliquerons donc nos conclusions et tenterons une classification selon les propriétés structurelles.

Nous devons d'abord séparer deux problèmes l'un de

l'autre : 1° La distinction entre les contes merveilleux et les autres. 2° La classification des contes merveilleux eux-mêmes.

La constance de la structure des contes merveilleux permet d'en donner une *définition* hypothétique, que l'on peut formuler de la façon suivante : le conte merveilleux est un récit construit selon la succession régulière des fonctions citées dans leurs différentes formes, avec absence de certaines d'entre elles dans tel récit, et répétitions de certaines dans tel autre. Cette définition fait perdre son sens au mot *merveilleux*, et il est facile en effet d'imaginer un conte merveilleux, féerique ou fantastique, construit d'une manière tout à fait différente (cf. le conte de Goethe sur le dragon et le lis, certains contes d'Andersen, les contes de Garchine, etc.). Inversement, certains contes non merveilleux, assez rares, peuvent être construits selon le schéma cité. Un certain nombre de légendes, quelques contes sur les animaux et des nouvelles isolées possèdent la même structure. Par conséquent, le mot de *merveilleux* doit être remplacé par un autre terme. Il est très difficile d'en trouver un, et nous laissons provisoirement à ces contes leur ancienne dénomination. On pourra la changer lorsqu'on étudiera d'autres catégories de contes, ce qui permettra de créer une terminologie uniforme. Les contes merveilleux pourraient être désignés comme contes qui suivent un schéma à sept personnages. C'est un terme très juste, mais très malcommode. Si l'on définit ces contes d'un point de vue historique, ils méritent le nom ancien, maintenant abandonné, de contes mythiques.

Bien entendu, la définition d'une catégorie demande une analyse préalable. Il ne faut pas penser que l'analyse de tous les textes sera faite avec rapidité et facilité. Il arrive souvent qu'un élément, obscur dans un texte, soit très clair dans un texte parallèle ou différent. Mais s'il n'y a pas de parallèle, le texte reste obscur. Faire l'analyse exacte d'un conte n'est pas toujours aisé. Il y faut une certaine habitude, un certain savoir-faire. A vrai dire, les contes des recueils russes qui se décomposent facilement sont très nombreux. Mais les choses se compliquent du fait que la netteté, dans la structure des contes, n'est propre qu'à la paysannerie, et encore à une paysannerie peu touchée par la civilisation. Des influences étrangères de toutes sortes modifient, parfois même désagrègent le conte. Dès que nous franchissons les limites du conte absolument authentique, les complications commencent. Le recueil d'Afanasiev représente à cet égard un objet d'étude étonnamment précieux. Mais les contes des frères Grimm, qui ont, somme toute, le même schéma, en montrent déjà un aspect moins pur et moins constant. On ne peut prévoir ce que seront tous les détails. Il faut aussi penser que si une assimilation peut se produire entre les éléments internes du conte, *des genres entiers* se croisent aussi et s'assimilent entre eux. Parfois, des conglomérats extrêmement complexes se forment ainsi, dans lesquels les parties constitutives de notre schéma entrent en tant qu'épisodes. Nous voudrions indiquer encore que toute une série des mythes les plus anciens laissent apparaître une structure semblable, et que certains mythes présentent cette structure dans une forme extraordinairement pure. C'est certainement à ces récits qu'il faut faire remonter le conte. D'autre part, on retrouve la même structure, par exemple, dans certains romans de chevalerie. Ce genre, lui, prend probablement son origine dans le conte. C'est aux années à venir qu'il appartiendra de faire une étude comparative détaillée de ces problèmes.

Pour montrer que certains contes sur les animaux sont construits de la même manière, nous allons examiner l'histoire du loup et des chevreaux *(53)*. Nous trouvons dans ce conte une situation initiale (la chèvre et les chevreaux), l'éloignement de la mère, l'interdiction, la persuasion trompeuse de l'agresseur (le loup), la transgression de l'interdiction, l'enlèvement d'un des membres de la famille, l'annonce du méfait, la quête, la suppression de l'agresseur. Le meurtre du loup est en même temps sa punition. Nous trouvons ensuite la récupération des personnages enlevés et le retour. Le conte donne le schéma suivant :

$$\gamma^1 \beta^1 A^1 B^4 C \uparrow I^4 K^5 \downarrow$$

C'est ainsi qu'en se fondant sur les propriétés structurelles on peut distinguer des autres une classe donnée, avec une précision et une objectivité absolue.

Pour continuer, nous sommes obligés d'établir entre les contes des distinctions selon les sujets. Afin de nous garder des erreurs logiques, notons qu'une bonne classification peut s'effectuer selon trois principes : 1º d'après les différentes espèces d'une même propriété (arbre à feuilles et à aiguilles); 2º d'après l'absence ou la présence d'une même propriété (vertébrés et invertébrés); 3º d'après des propriétés s'excluant mutuellement (artiodactyles et rongeurs parmi les mammifères). A l'intérieur d'une classification, les définitions ne peuvent se modifier que selon les genres, les espèces et les variétés, ou selon d'autres degrés de gradation, mais à chaque degré, les définitions doivent être constantes et uniformes.

Si l'on examine nos schémas, on peut se demander si on ne peut pas les classer selon des propriétés s'excluant mutuellement. Il semble à première vue que ce soit impossible, car aucune fonction n'en exclut une autre. Mais à y regarder de plus près, on s'aperçoit qu'il existe deux couples de fonctions qui ne se trouvent dans la même séquence que très rarement, si rarement qu'on peut considérer l'exclusion comme une loi et la rencontre comme une exception (ce qui, ainsi que nous le verrons plus bas, ne contredit pas ce que nous avons dit sur l'uniformité des contes). Ces deux couples sont les suivants : d'une part, le combat contre l'agresseur et la victoire du héros *(H-J)*, d'autre part, la tâche difficile et l'accomplissement de cette tâche *(M-N)*. Le premier couple se trouve quarante et une fois sur cent contes, le second, trente-trois fois, et ils se trouvent ensemble dans la même séquence trois fois. Nous verrons plus loin qu'il existe des séquences où ces fonctions sont absentes. Quatre catégories s'imposent donc aussitôt : le développement passant par *H-J* (combat-victoire), le développement passant par *M-N* (tâche difficile-accomplissement de la tâche), le développement passant par *H-J* et *M-N*, le développement ne passant ni par *H-J*, ni par *M-N*.

Mais la classification se complique considérablement du fait que de nombreux contes se composent de plusieurs séquences. Nous ne venons de parler que des contes à une seule séquence. Nous verrons plus loin ce qu'il en est des contes plus complexes; pour le moment, nous poursuivrons la division des contes simples.

Cette division ne peut se poursuivre selon des propriétés purement structurelles, car les seules fonctions qui s'excluent sont *H-J* et *M-N*. Il faut par conséquent choisir un élément qui se trouve dans tous les contes, et opérer une division selon ses variétés. La seule fonction dont la présence est obligatoire dans tous les contes est *A* (méfait) ou *a* (manque). Mais les variétés de cet élément permettent de poursuivre la classification. Par conséquent, le premier paragraphe de chaque subdivision sera consacré aux contes qui mettent en scène l'enlèvement d'un homme, le second, le vol d'un talisman, etc., jusqu'à épuisement de toutes les variétés de l'élément *A*. Ensuite seront classés les contes présentant l'élément *a*, c'est-à-dire ceux qui racontent la quête d'une fiancée, la quête d'un talisman, etc. On pourrait objecter qu'avec ce principe, deux contes commençant de la même façon seront placés dans des catégories différentes selon que la tâche difficile, par exemple, s'y trouve ou ne s'y trouve pas. C'est en effet ce qui se produit, mais cela n'infirme en rien la justesse de notre classification. Les contes avec *H-J* et les contes avec *M-N* sont en fait des contes de formation différente, puisque ces éléments s'excluent mutuellement. La présence ou l'absence d'un élément est leur propriété structurelle fondamentale. C'est ainsi qu'en zoologie, la baleine n'est pas comptée au nombre des poissons, étant donné qu'elle respire avec des poumons, et bien qu'en apparence, elle soit semblable à un poisson. C'est ainsi également que l'anguille fait partie de la catégorie des poissons bien qu'elle ressemble à un serpent, que la pomme de terre est une tige bien qu'on la prenne habituellement pour une racine, etc. Une classification suit les propriétés structurelles et internes, et non les propriétés extérieures et variables.

Une question se pose : que faire des contes à plusieurs séquences, c'est-à-dire des contes où nous trouvons, par exemple, plusieurs méfaits, chacun suivi d'un développement distinct?

Il n'y a qu'une seule façon de résoudre ce problème : au sujet de chaque texte à plusieurs séquences, il faudra dire : la première séquence est telle, la seconde, telle, etc. Il n'y a pas d'autre solution. Celle-ci est certainement difficile à manier, malcommode, surtout si l'on veut dresser un tableau précis de cette classification, mais elle est juste, et en fait et en droit.

Nous obtenons donc quatre types de contes. Cela ne contredit-il pas notre affirmation sur l'uniformité complète de tous les contes merveilleux? Si les éléments *H-J* et *M-N* s'excluent mutuellement dans une même séquence, cela ne signifie-t-il pas que nous avons deux types de contes fondamentaux, et non pas un seul, comme nous l'affirmions plus haut? Il n'en est rien. Si nous examinons attentivement les contes qui se composent de deux séquences, nous constatons ceci : lorsque l'une des séquences présente un combat et l'autre une tâche difficile, le combat est toujours dans la première séquence, la tâche difficile dans la seconde. Ces contes présentent en outre un début typique pour les deuxièmes séquences, c'est-à-dire la chute d'Ivan, poussé par ses frères dans un précipice, etc. Leur composition selon deux séquences est canonique. Le conte à deux séquences est le type fondamental de tous les contes. Il se divise en deux très facilement. Ce sont les frères qui introduisent une certaine complexité. Si les frères ne sont pas entrés en scène dès le début, ou si, d'une façon générale, on limite leur rôle, le conte peut s'achever sur l'heureux retour d'Ivan, c'est-à dire se terminer avec la première séquence, la seconde pouvant ne pas commencer. La première moitié du conte peut donc exister comme un conte indépendant. D'autre part, la seconde moitié représente elle aussi un conte achevé. Il suffit de remplacer les frères par d'autres agresseurs, ou de commencer simplement par la quête d'une fiancée, et nous avons un conte dont le développement passera par les tâches difficiles. Chaque séquence peut donc exister séparément, mais la réunion des deux séquences donne seule un conte tout à fait achevé. Il est très possible qu'historiquement, deux types de conte aient existé, que chaque type ait son histoire, et qu'à une époque lointaine, deux traditions se soient rencontrées et se soient fondues pour donner un organisme unique. Mais lorsque nous parlons des contes merveilleux russes, nous sommes obligés de dire qu'il s'agit d'un seul conte auquel remontent tous les contes de cette catégorie.

D. RAPPORT DES FORMES PARTICULIÈRES À LA STRUCTURE GÉNÉRALE.

Examinons ce que représentent les différentes espèces de nos contes.

1. Si nous dressons une liste de tous les schémas comprenant le combat et la victoire, ainsi que de tous les cas où nous trouvons un simple meurtre de l'agresseur sans combat, nous obtenons le schéma suivant [1] (ne comprenant pas les

1. Cf. 164 à p. 170 la liste de toutes les abréviations.

fonctions de la partie préparatoire, dont nous parlerons plus loin) :

A B C↑D E F G H I J K↓Pr-Rs O L Q Ex U T W°

Si nous écrivons les uns sous les autres tous les schémas comprenant des tâches difficiles, nous obtenons le résultat suivant :

A B C↑D E F G O L M J N K↓Pr-Rs Q Ex T U W°

2. Le rapprochement des deux schémas obtenus donne ceci :

A B C↑D E F G   H J I K↓Pr-Rs O L Q Ex U T W°
A B C↑D E F G O L M J N K↓Pr-Rs   Q Ex T U W°

Il apparaît que le combat et la victoire d'une part, les tâches difficiles et leur accomplissement d'autre part, se correspondent en ce qui concerne leur situation dans la série des autres fonctions. Parmi ces fonctions, les seules qui changent de place sont l'arrivée incognito du héros et les prétentions du faux héros, qui suivent le combat (le prince se fait passer pour un cuisinier, le porteur d'eau se fait passer pour le vainqueur), mais précèdent les tâches difficiles (Ivan, de retour chez lui, s'installe chez un artisan, ses frères se font passer pour les auteurs de l'exploit). On peut aussi observer que les séquences présentant des tâches difficiles sont le plus souvent secondes, réitératives ou uniques; il est relativement très rare qu'elles soient premières. Si le conte est constitué de deux séquences, celle qui contient un combat précède toujours celle des tâches difficiles. Nous en déduisons que la séquence avec *H-J* est typiquement une première séquence, celle avec *M-N* typiquement une seconde séquence ou une séquence réitérative. Chacune d'elles peut également exister séparément, mais leur réunion respecte toujours l'ordre indiqué. Théoriquement, bien sûr, la réunion dans l'ordre inverse est également possible, mais dans ce cas, il s'agira toujours d'un assemblage mécanique de deux contes.

3. Les contes qui réunissent les deux couples donnent le schéma suivant [1] :

$$A\ B\ C \uparrow F\ H\text{-}J\ K \downarrow L\ M\text{-}N\ Q\ Ex\ U\ W^{o}$$

Nous voyons que dans ce cas aussi, les fonctions *H-J* (combat-victoire) précèdent les fonctions *M-N* (tâche-accomplissement de la tâche). Entre les deux couples se trouve *L* (prétentions du faux héros). Les trois cas étudiés ne sont pas suffisants pour juger si la combinaison donnée permet la poursuite. Celle-ci est absente dans les trois textes.

Nous nous trouvons manifestement devant un assemblage mécanique de deux séquences, c'est-à-dire une violation du canon par des conteurs peu expérimentés. C'est le résultat d'une certaine dégradation de l'architecture classique du conte.

4. Si l'on écrit les uns sous les autres tous les schémas dans lesquels on ne trouve ni combat, sous quelque forme que ce soit, ni tâche difficile, nous obtenons ce qui suit :

$$A\ B\ C \uparrow D\ E\ F\ G\ K \downarrow Pr\text{-}Rs\ Q\ Ex\ T\ U\ W^{o}$$

Si nous comparons le schéma de ces contes avec les schémas précédents, nous voyons que celui-ci non plus ne fait pas apparaître de structure particulière. Le schéma alternatif

$$A\ B\ C \uparrow D\ E\ F\ G\ \frac{H\ J\ I\ K \downarrow Pr\text{-}Rs\ O\ L}{L\ M\ J\ N\ K \downarrow Pr\text{-}Rs}\ Q\ Ex\ T\ U\ W^{o}$$

régit tous les contes de notre corpus; les séquences avec *H-J* se déroulent selon l'embranchement supérieur, les séquences avec *M-N* selon l'embranchement inférieur, les séquences comportant les deux couples d'abord selon l'em-

1. Trois cas dans notre corpus : n^os^ *123, 136 IV, 171 III.* Ces trois cas ne sont pas repris dans le schéma final pour des raisons techniques.

branchement supérieur, puis, sans arriver jusqu'au bout, selon l'embranchement inférieur ; quant aux séquences qui ne présentent ni *H-J* ni *M-N*, elles se développent en évitant les éléments qui différencient les séquences les unes des autres.

La situation de la fonction *L* (prétentions du faux héros) appelle quelques réserves. Dans le développement qui passe par les fonctions du combat et de la victoire (schéma supérieur), elle se trouve entre l'arrivée incognito *(O)* et la reconnaissance du vrai héros *(Q)*; dans le développement qui comprend la tâche difficile et son accomplissement *(M-N)*, représenté par la ligne inférieure, elle est placée avant la proposition des tâches difficiles (avant *M*). En fait, la situation de cette fonction est identique. Elle ferme la ligne supérieure ou ouvre la ligne inférieure. Si on élimine les éléments qui se répètent et si l'on inscrit les éléments incompatibles les uns sous les autres, nous obtenons le schéma final suivant :

$$A\,B\,C\uparrow D\,E\,F\,G \begin{Bmatrix} H & & J \\ & I & \\ M & & N \end{Bmatrix} K\downarrow Pr\text{-}Rs\;O\;L\;Q\;Ex\;T\;U\;W^{o}$$

Sous ce schéma peuvent s'inscrire tous les contes de notre corpus.

Quelles sont les conclusions que ce schéma permet de tirer? D'abord, il confirme notre thèse générale sur l'uniformité absolue de la structure des contes merveilleux. Les variations de détail isolées ou les exceptions ne brisent pas la constance de cette loi.

Apparemment, cette première conclusion générale ne s'accorde pas du tout avec nos idées sur la richesse et la diversité des contes merveilleux. Comme nous l'avons déjà indiqué, cette conclusion s'est imposée de la façon la plus inattendue. L'auteur de ce travail ne s'y attendait pas lui-même. Ce phénomène est si étrange, si insolite, que nous voudrions nous y arrêter un peu avant de passer à des conclusions plus formelles et plus particulières. Bien sûr, ce n'est pas à nous de l'interpréter; notre tâche se limite à constater le fait. Mais nous voudrions malgré cela nous poser une question : si tous les contes merveilleux sont aussi uniformes, cela ne signifie-t-il pas qu'ils proviennent tous de la même source? Le morphologiste n'a pas le droit de répondre à cette question. Il transmet à ce point ses conclusions à l'historien, sauf à se transformer en historien lui-même. Mais nous pouvons donner une réponse qui prenne la forme d'une hypothèse : il semble en effet qu'il en soit ainsi. Cependant, le problème des sources ne doit pas être posé de façon étroitement géographique. Dire « une source unique » ne signifie pas forcément que les contes ont pour origine, par exemple, l'Inde, et qu'à partir de là ils se sont répandus dans le monde entier, prenant au cours de leurs voyages des formes différentes, — selon ce que certains admettent. La source unique peut être, aussi bien, psychologique, sous un aspect historico-social. Mais il faut rester, une fois de plus, extrêmement prudent. Si les limites du conte s'expliquent par les limites des capacités imaginatives de l'homme, nous n'aurions pas d'autres contes en dehors de la catégorie étudiée, alors que nous en avons des milliers d'autres, qui ne ressemblent pas aux contes merveilleux. Enfin, la source unique peut se trouver dans la réalité. Mais l'étude morphologique du conte montre qu'il n'en reflète que très peu. Entre la réalité et le conte, il existe certains points de passage : la réalité se reflète indirectement dans les contes. Un de ces points de passage est constitué par les croyances qui se sont développées à un certain niveau de l'évolution culturelle; il est très possible qu'il y ait un lien, régi par des lois, entre les formes archaïques de la culture et la religion d'une part, entre la religion et les contes d'autre part. Une culture meurt, une religion meurt, et leur contenu se transforme en conte. Les traces des représentations religieuses archaïques que conservent les contes sont si évidentes qu'on peut les isoler avant toute étude historique, comme nous l'avons déjà indiqué plus haut. Mais étant donné qu'il est plus facile d'expliquer une telle hypothèse historiquement, nous établirons, en guise d'exemple, un bref parallèle entre les contes et les croyances. Les contes présentent les transporteurs aériens d'Ivan sous trois formes fondamentales : le cheval volant, les oiseaux, le bateau volant. Ces formes représentent justement les porteurs de l'âme des morts, le cheval dominant chez les peuples pasteurs et agriculteurs, l'aigle chez les peuples chasseurs, et le bateau chez ceux qui vivent au bord de la mer. On peut donc penser qu'un des principaux fondements structurels des contes, *le voyage*, est le reflet de certaines représentations sur les voyages de l'âme dans l'autre monde. Ces idées, et quelques autres encore, ont certainement pu apparaître dans le monde entier indépendamment les unes des autres. Les croisements culturels et l'extinction de certaines croyances ont fait le reste. Le cheval volant est remplacé par un tapis, plus amusant. Mais nous allons trop loin. Laissons l'historien décider de tout cela. Dans les recherches sur le conte, on n'a guère pratiqué jusqu'à présent la mise en parallèle du conte et des croyances religieuses ni l'approfondissement de cette investigation dans une étude des mœurs et de l'économie.

Telle est la conclusion fondamentale la plus générale de notre travail. Il est vrai que ce n'est qu'une hypothèse. Mais si elle est exacte, elle doit entraîner à l'avenir toute une série de conclusions supplémentaires; peut-être qu'alors le mystère épais dont s'entoure encore le conte commencera progressivement à se dissiper.

Mais revenons à notre schéma. Ce que nous avons dit sur son absolue stabilité semble démenti par le fait que la succession des fonctions n'est pas toujours telle qu'il la montre. Un examen attentif des schémas fait apparaître quelques exceptions. On peut observer en particulier que les éléments

DEF (mise à l'épreuve, réaction du héros, récompense) se trouvent souvent avant *A* (méfait initial). Est-ce une infraction à la règle? Certainement pas. Il ne s'agit pas ici d'une succession nouvelle, mais d'une succession *inversée* des fonctions. Le conte présente habituellement, par exemple, le méfait d'abord, puis l'obtention d'un auxiliaire qui répare ce méfait. La succession inversée des fonctions présente d'abord l'obtention de l'auxiliaire, puis le méfait qu'il doit réparer (éléments *DEF* avant *A*). Autre exemple : on trouve en général le méfait d'abord, puis le départ de la maison *(ABC↑)*. La succession inversée montre d'abord le départ de la maison, habituellement sans but précis (« pour voir les gens et se montrer », etc.); le héros apprend le méfait alors qu'il est déjà en route.

Certaines fonctions peuvent changer de place. Dans les contes n^os *93* et *159* le combat contre l'agresseur n'a lieu qu'après la poursuite. La reconnaissance du vrai héros et la découverte du faux, le mariage et le châtiment, peuvent être déplacés. La transmission de l'objet magique peut parfois se produire avant le départ du héros de chez lui. Il s'agit de massues, de ficelles, de bâtons, donnés par le père. Cette forme de transmission se rencontre surtout dans les cas de vol à caractère agricole *(A^3)*, mais également ailleurs; elle ne détermine aucunement la possibilité ou l'impossibilité d'une rencontre avec un donateur du type courant. La fonction la plus instable quant à sa situation est la transfiguration *(T)*; logiquement, sa meilleure place est avant la punition du faux héros, ou après, juste avant le mariage : c'est là qu'on la rencontre le plus souvent. Toutes ces exceptions ne modifient pas notre conclusion sur le modèle unique et la parenté morphologique des contes merveilleux. Ce ne sont que des variations, non de nouveaux systèmes de composition, non de nouveaux axes. Il existe des cas de véritable infraction. Dans certains contes isolés, les dérogations sont assez importantes *(164, 248)*, mais un examen plus attentif montrera que ce sont des contes humoristiques. De tels déplacements, qui s'accompagnent d'une transformation du poème en farce, doivent être reconnus comme le résultat d'une dégénérescence.

Les contes donnent une forme incomplète du schéma de base. Dans chaque conte, il manque une ou l'autre fonction. L'absence d'une fonction ne modifie en rien la structure du conte : les autres fonctions conservent leur place. On peut souvent montrer, en se fondant sur certains rudiments, que cette absence est une omission.

Dans l'ensemble, les fonctions de la partie préparatoire se soumettent, elles aussi, à ces conclusions. Si nous inscrivions les uns sous les autres tous les cas de notre corpus, nous obtiendrions en gros un ordre identique à celui que nous avons suivi plus haut lorsque nous avons énuméré les fonctions. Cependant, l'étude de cette partie se complique du fait que les sept fonctions qui la constituent ne se trouvent jamais toutes dans un même conte, et que leur absence ne peut jamais s'expliquer par une omission. Il existe entre elles des incompatibilités dues à leur nature même. On peut observer que la même action peut être obtenue de plusieurs façons différentes. Exemple : pour que l'agresseur puisse commettre son méfait, il faut que le conteur mette le héros, ou la victime, dans une certaine situation d'impuissance. La plupart du temps, il s'agit de le séparer de ses parents, des gens plus âgés qui pourraient le défendre. C'est ainsi que le héros transgresse l'interdiction reçue (il sort de chez lui bien qu'on le lui ait défendu), ou il va se promener sans en avoir reçu la défense, ou il se laisse tromper par l'agresseur qui l'appelle pour se promener au bord de la mer, ou qui l'entraîne dans la forêt, etc. Par conséquent, si le conte a utilisé, pour rendre le méfait possible, le couple γ-δ (interdiction-transgression de l'interdiction), ou η-θ (tromperie-complicité involontaire), l'autre couple se révèle souvent inutile. De la même façon, le fait de donner des informations à l'agresseur peut souvent se confondre avec la rupture de l'interdiction par le héros. Si la partie préparatoire présente *plusieurs* couples, on peut toujours penser qu'on se trouve devant une double signification morphologique (en transgressant l'interdiction, le héros se livre à l'agresseur, etc.). Pour étudier cette question plus en détail, il faudrait soumettre un grand nombre de contes à une analyse complémentaire.

Il est une question très importante, que l'on peut se poser en examinant les schémas : les espèces d'une fonction sont-elles immanquablement liées aux espèces correspondantes d'une autre fonction? Voici la réponse que les schémas permettent de faire :

1. Certains éléments présentent *toujours*, sans aucune exception, des espèces correspondantes liées l'une à l'autre. Ce sont certains couples, et le lien concerne leurs deux moitiés. Ainsi, H^1 (combat en plein champ) est toujours lié à J^1 (victoire en plein champ); la liaison, par exemple, avec J^3 (gain aux cartes), est absolument impossible et dépourvue de sens. Toutes les espèces des couples suivants sont constamment liées l'une à l'autre : interdiction et transgression de l'interdiction, interrogation et information, tromperie (mauvais tour) de l'agresseur et réaction du héros à cette tromperie, combat et victoire, marque reçue par le héros et reconnaissance du héros.

En dehors de ces couples dont *toutes* les espèces sont toujours liées deux à deux, il est des couples où la même chose se passe pour *certaines* variétés. Ainsi, en ce qui concerne le méfait initial et sa réparation, il existe un lien stable entre meurtre et résurrection, ensorcellement et rupture du charme, ainsi que certaines autres espèces. Ainsi encore, pour les espèces de la poursuite et du secours pendant la poursuite, on observe un lien constant entre la poursuite avec transformation rapide en divers animaux, et la même façon d'échapper au poursuivant. C'est de cette façon que se fixe la présence d'éléments dont les espèces sont liées deux à deux de manière constante, en vertu d'une nécessité logique, et parfois aussi esthétique.

2. Il est des couples dont une moitié peut être liée à plusieurs espèces de la moitié correspondante, mais non à toutes. Ainsi, l'enlèvement peut être lié à un contre-enlèvement direct *(K^1)*, à une reprise grâce à deux ou plusieurs auxiliaires *(K^1K^2)*, à une reprise consistant en un retour immédiat de caractère magique *(K^5)*, etc. De la même manière, la poursuite directe peut être liée au secours qu'apporte le fait de s'envoler, à la fuite au cours de laquelle on jette un peigne, à la transformation du héros poursuivi en église ou en puits, à la disparition du héros qui se cache, etc. On peut d'ailleurs remarquer qu'à l'intérieur d'un couple, une fonction peut recevoir plusieurs réponses, mais que chacune de ces réponses n'est liée qu'à une seule forme, qui la provoque. Par exemple, le fait de jeter un peigne est toujours lié à la poursuite directe, mais la poursuite directe n'est pas toujours liée au fait de jeter un peigne. Il y a donc des éléments remplaçables unilatéralement ou bilatéralement. Nous ne nous arrêterons pas à cette différence. Indiquons simplement, comme exemple d'une grande possibilité de substitution, les éléments *D* et *F*, examinés plus haut (cf. ch. 3, p. 59 à 63).

Il faut cependant noter que le conte enfreint parfois ces normes de dépendance, si évidentes qu'elles soient en elles-mêmes. Le méfait et sa réparation *(A-K)* sont séparés par une longue histoire. Le conteur perd le fil du récit, et l'on peut observer parfois que l'élément *K* ne correspond pas tout à fait à l'élément *A* ou *a* du début. Le conte semble *détonner* (changer de tonalité, chanter faux). Ivan part chercher un cheval et revient avec une princesse. Ce phénomène constitue un objet d'étude très précieux en ce qui concerne les transformations. Le conteur a changé ou le nœud de l'intrigue, ou le dénouement, et l'on peut déduire des rapprochements que l'on fait à cette occasion certains procédés de transformation ou de substitution. Nous nous trouvons devant un phénomène analogue au changement de ton lorsque la première moitié du conte ne suscite pas la réponse habituelle, ou que celle-ci est remplacée par une réponse tout à fait différente, inhabituelle en ce qui concerne les normes du conte. Dans le conte nº *260*, l'ensorcellement d'un petit garçon n'est suivi d'aucune rupture du charme; l'enfant reste chevreau pour toute sa vie. Le conte intitulé *le Pipeau merveilleux (244)* est très intéressant à cet égard. Le meurtre n'y est pas réparé par la résurrection du mort, qui est remplacée par la découverte du meurtre; la forme de cette découverte représente une assimilation avec B^7 : il s'agit d'un chant plaintif sur lequel le conte s'achève, après n'avoir mentionné que la punition de la sœur meurtrière. On notera qu'à l'expulsion ne correspond pas la forme spécifique de sa réparation. Celle-ci est remplacée par un simple retour. L'expulsion n'est souvent qu'un faux méfait, motivant ↑. Le héros ne revient pas, il se marie, etc.

3. Tous les autres éléments, ainsi que les couples en tant que tels, sont assemblés aussi librement que possible, sans aucune atteinte à la logique ou à l'esthétique. On croira facilement que l'enlèvement d'un homme n'entraîne pas nécessairement, dans un conte donné, le voyage aérien ou l'indication de la route à prendre, à l'exclusion de la marche en suivant des traces de sang. De même, il n'est pas nécessaire, après le vol d'un talisman, que la poursuite du héros prenne la forme d'une tentative de meurtre, et non d'une course dans les airs. C'est donc un principe de totale liberté et de substitution réciproque qui règne ici, et à cet égard, ces éléments sont diamétralement opposés à ceux qui, comme *H-J* (combat-victoire), sont absolument toujours liés. Il n'est question ici que du *principe*. En fait, cette liberté est peu utilisée, et le nombre des combinaisons existant effectivement n'est pas considérable. Il n'y a pas de conte

où l'ensorcellement soit lié à l'appel, alors qu'esthétiquement aussi bien que logiquement, c'est tout à fait possible. Il n'en est pas moins vrai qu'il est très important d'établir ce principe de liberté à côté du principe de non-liberté. C'est justement par le remplacement d'une espèce par une autre espèce du même élément que passent la métamorphose des contes et les changements de sujet.

Ces conclusions, entre autres, peuvent être vérifiées expérimentalement. Chacun peut créer artificiellement de nouveaux sujets en nombre illimité, tous ces sujets reflétant le schéma fondamental sans se ressembler. Pour fabriquer un conte artificiellement, on peut prendre n'importe quel élément *A*, puis un des *B* possibles, puis un *C*↑; ensuite, absolument n'importe quel *D*, un *E*, un des *F* possibles, n'importe quel *G*, etc. Ce faisant, on peut omettre les éléments qu'on veut (sauf évidemment *A* ou *a*), ou les répéter trois fois, ou les reprendre sous des espèces différentes. Si l'on répartit ensuite les fonctions entre les personnages sortis de la réserve du conte ou d'autres, sortis de sa propre fantaisie, les schémas s'animent et deviennent des contes [1].

Bien entendu, il ne faut pas perdre de vue les motivations et les autres éléments auxiliaires. L'application de ces conclusions à l'art populaire exige d'autre part une grande prudence. La psychologie du conteur, la psychologie de son art, comme partie de la psychologie de l'art en général, doit être étudiée à part. Mais on peut supposer que les moments fondamentaux et frappants de notre schéma, très simple en fait, jouent du point de vue psychologique aussi un certain rôle de pivot. Dès lors, les contes nouveaux ne sont jamais que des combinaisons ou des modifications de contes anciens. Cela semble dire que lorsqu'il s'applique

1. Cf. « Les contes s'émiettent sans cesse et se recomposent en vertu de lois particulières, encore inconnues, qui régissent la formation des sujets » (V. Chklovski, *O teorii prozy*, p. 24). Ces lois sont maintenant connues.

au conte, le peuple ne fait pas œuvre d'art. Ce n'est pas tout à fait exact. On peut délimiter avec précision les domaines où le conteur populaire n'invente jamais, et ceux où il fait acte de création avec une plus ou moins grande liberté. Le conteur est lié, il n'est pas libre, il ne crée pas dans les domaines suivants :

1. L'ordre des fonctions, dont la chaîne se déroule selon le schéma donné plus haut. Ce phénomène pose un problème très complexe. Nous ne pouvons encore l'expliquer, nous ne pouvons que constater le fait. L'anthropologie et les disciplines voisines, qui seules peuvent jeter quelque lumière sur les causes de ce phénomène, devront s'appliquer à son étude.

2. Le conteur n'a pas la liberté de changer les éléments dont les espèces sont liées par une dépendance absolue ou relative.

3. Le conteur n'a pas la liberté, dans certains cas, de choisir certains personnages en fonction de leurs attributs, s'il a besoin d'une fonction déterminée. Il faut dire cependant que cette absence de liberté est très relative. Ainsi, si c'est la fonction G^1 (voyage aérien) dont il a besoin, l'eau vivante ne peut figurer dans le conte en qualité de don magique, mais on peut y trouver le cheval, le tapis, l'anneau (les gaillards), le coffret, et bien d'autres choses encore.

4. Il existe une certaine dépendance entre la situation initiale et les fonctions suivantes. Par exemple, s'il faut, ou si l'on a envie d'utiliser la fonction A^2 (enlèvement de l'auxiliaire), cet auxiliaire doit être compris dans la situation initiale.

D'autre part, le conteur est libre, il utilise son génie créateur, dans les domaines suivants :

1. Dans le choix des fonctions qu'il omet, ou au contraire qu'il utilise.

2. Dans le choix du moyen par lequel (de l'espèce sous laquelle) la fonction s'effectue. C'est justement le chemin

qu'emprunte, comme nous l'avons déjà indiqué, la création de nouvelles variantes, de nouveaux sujets, de nouveaux contes.

3. Le conteur est tout à fait libre dans le choix de la nomenclature et des attributs des personnages. Théoriquement, c'est ici que sa liberté est la plus grande. Un arbre peut indiquer le chemin, une grue peut donner un cheval, un ciseau peut faire le guet, etc. Cette liberté est le trait spécifique du conte seul. Il faut dire, cependant que, dans ce domaine non plus, le peuple n'utilise pas très largement cette liberté. De même que se répètent les fonctions, de même se répètent les personnages. Comme nous l'avons déjà montré, un certain canon s'est élaboré dans ce domaine (le dragon est un agresseur typique, Baba Yaga, un donateur typique, Ivan, un quêteur typique, etc.). Le canon se transforme, mais il arrive très rarement que ces transformations soient le produit d'une création artistique individuelle. On peut établir que le créateur d'un conte invente rarement, qu'il prend ailleurs, ou dans la réalité contemporaine, la matière de ses innovations, et qu'il l'applique au conte [1].

4. Le conteur est libre dans le choix des moyens que lui offre la langue. Il n'appartient pas au morphologiste qui analyse la structure du conte de se consacrer à l'étude de

1. On peut énoncer ici la règle suivante : tout ce qui, venu d'ailleurs, entre dans le conte, se soumet à ses normes et à ses lois. Le diable, une fois qu'il est entré dans le conte, est traité ou comme un agresseur, ou comme un auxiliaire, ou comme un donateur. Cette règle est particulièrement intéressante à étudier quand il s'agit d'éléments se rattachant aux mœurs et à d'autres faits archaïques. Chez certains peuples, par exemple, l'admission d'un nouveau membre dans le clan s'accompagnait de l'application d'une marque sanglante sur le front, les joues et les épaules. Nous reconnaissons facilement la marque imposée au héros avant son mariage. L'application de la marque sur les épaules a disparu, étant donné que chez nous, les épaules sont cachées par les vêtements. Reste la marque, souvent sanglante, appliquée sur le front et la joue; elle n'est utilisée que dans un but esthétique.

ce très riche domaine. Le *style du conte* est un phénomène qui doit faire l'objet d'une étude particulière.

E. LE PROBLÈME DE LA COMPOSITION ET DU SUJET, DES SUJETS ET DES VARIANTES.

Nous n'avons jusqu'ici examiné le conte que du point de vue de sa structure. Nous avons vu que, par le passé, il fut toujours étudié du point de vue de ses sujets. Nous ne saurions éviter ce problème. Mais comme il n'existe pas de définition unique et universellement admise du mot *sujet*, nous avons carte blanche pour le définir comme nous le voulons.

Le contenu tout entier d'un conte peut être énoncé en de courtes phrases ressemblant à celles-ci : les parents partent dans la forêt, ils interdisent aux enfants d'aller dehors, le dragon enlève une jeune fille, etc. Tous les *prédicats* reflètent la structure du conte, tous les *sujets*, les *compléments* et les autres parties du discours définissent le sujet. Autrement dit, la même composition peut être à la base de sujets différents. Qu'un dragon enlève une princesse ou qu'un diable enlève la fille d'un paysan ou d'un pope, c'est égal du point de vue de la structure. Mais ces cas peuvent être tenus pour des sujets différents. Nous admettons qu'il puisse y avoir d'autres définitions de la notion de *sujet*, mais celle que nous avons donnée convient pour les contes merveilleux.

Comment distinguer à présent un sujet d'une variante? Si nous avons par exemple un conte dont le schéma est :

$$A^1\ B^1\ C\ D^1\ E^1\ F^1, \text{etc.},$$

et un autre dont le schéma est :

$$A^1\ B^2\ C\ D^1\ E^1\ F^1, \text{etc.},$$

on peut se demander si le changement d'un élément *(B)*, tous les autres restant les mêmes, donne un nouveau sujet, ou seulement une variante du précédent. Il est évident que c'est une variante. Et si deux éléments sont changés, ou trois, ou quatre, ou si un, deux, ou trois éléments sont omis, ou ajoutés? La question n'est plus qualitative, mais quantitative. Quelque définition que nous donnions de la notion de *sujet*, il est tout à fait impossible de distinguer un sujet d'une variante. Il n'y a que deux manières de voir les choses : ou bien chaque transformation donne un nouveau sujet, ou bien tous les contes n'ont qu'un seul sujet sous diverses variantes. En fait, les deux formulations expriment la même chose : on doit considérer l'ensemble des contes merveilleux comme une chaîne de variantes. Si nous pouvions présenter ici le tableau des transformations, on pourrait se convaincre que du point de vue morphologique, tous les éléments du conte peuvent être tirés de l'histoire qui raconte l'enlèvement d'une princesse par un dragon, de la forme que nous sommes portés à tenir pour fondamentale. C'est une proposition très audacieuse, d'autant plus que nous ne présentons pas dans cet ouvrage de tableau des transformations [1]. Il faudrait avoir, pour dresser ce tableau, un corpus très important. Les contes seraient disposés de telle façon que le passage progressif d'un sujet à un autre y serait assez clairement visible. Il y aurait bien sûr, par endroits, des sauts, des trous. Le peuple n'a pas produit toutes les formes mathématiquement possibles. Mais cela ne contredit pas notre hypothèse. N'oublions pas qu'on ne recueille les contes que depuis une centaine d'années. On s'est mis à les recueillir à une époque où ils commençaient déjà à se décomposer. De nos jours, les formes nouvelles n'existent plus. Mais il est hors de doute que certaines époques étaient très productives, très créatrices. Aarne pense qu'en Europe, le Moyen Age fut tel. Si l'on se rend compte que les siècles où le conte vivait d'une vie intense sont irrémédiablement perdus pour

1. Cf. ici-même, p. 171 à 200. (*N.d.T.*)

la science, l'absence actuelle de telles ou telles formes ne peut entrer en contradiction avec notre théorie générale. De même qu'en nous fondant sur des lois astronomiques générales, nous supposons l'existence de certaines étoiles que nous ne voyons pas, nous pouvons supposer l'existence de certains contes qui n'ont pas été recueillis.

Il découle de tout cela une conséquence méthodologique très importante.

Si nos observations sur la parenté morphologique très étroite des contes sont exactes, il s'ensuit qu'aucun sujet, à l'intérieur d'un genre de contes, ne peut être étudié isolément, ni du point de vue morphologique, ni du point de vue génétique. Un sujet se transforme en un autre par variation d'un de ses éléments. Naturellement, la tâche d'étudier un conte avec toutes ses variantes et dans toute son extension semble très attrayante, mais en ce qui concerne les contes merveilleux folkloriques, le problème est mal posé. Si l'on trouve dans ce conte, par exemple, un cheval magique, ou des animaux reconnaissants, ou une femme sage, etc., auxquels cette étude ne s'applique que lorsqu'ils se trouvent dans une combinaison donnée, il peut se produire qu'aucun des éléments de cette combinaison ne soit étudié exhaustivement. Les conclusions de cette étude seront inexactes et instables, puisque chacun des éléments peut se rencontrer ailleurs, utilisé autrement, qu'il peut avoir son histoire propre. Tous les éléments doivent d'abord être étudiés en eux-mêmes, indépendamment de leur utilisation dans tel ou tel conte. A un moment où le conte populaire est encore d'une grande obscurité à nos yeux, il nous faut avant tout des explications sur chaque élément, indépendamment du corpus des contes dans son ensemble. La naissance merveilleuse, les interdictions, la récompense par le don d'un objet magique, la fuite et la poursuite, etc., tous ces éléments méritent que des monographies indépendantes leur soient consacrées. Il est bien entendu qu'une étude de cette espèce ne peut se limiter au conte. La plupart des éléments qui le composent remontent à tel ou tel fait archaïque, se rattachant aux mœurs, à la culture, à la religion, etc., à une réalité qu'il faut retrouver pour établir les comparaisons nécessaires. Après l'étude des éléments isolés, on pourra se consacrer à l'étude génétique de l'axe selon lequel tous les contes merveilleux sont composés. Plus tard, il faudra étudier les normes et les formes des métamorphoses. C'est seulement ensuite qu'on pourra aborder la question de savoir comment chaque sujet s'est composé et ce qu'il représente.

Conclusion

Notre ouvrage se termine; il ne nous reste plus qu'à en donner la conclusion. Il est inutile de résumer nos thèses, elles se trouvent au début du livre, et y sont constamment sous-jacentes. Nous pourrions dire plutôt que nos propositions, bien qu'elles paraissent nouvelles, ont été intuitivement pressenties par Veselovski, à qui nous laisserons la parole pour terminer : « Peut-on poser dans ce domaine une question concernant des schémas typiques... des schémas transmis de génération en génération comme des formules toutes prêtes, capables de s'animer dans une humeur nouvelle, de faire naître de nouvelles formations? La littérature narrative contemporaine, avec la complexité de ses sujets et sa reproduction photographique de la réalité, semble écarter la possibilité même de cette question; mais lorsque aux yeux des générations futures elle se trouvera dans une perspective aussi lointaine que pour nous l'Antiquité, depuis la préhistoire jusqu'au Moyen Age, lorsque la synthèse du temps, ce grand simplificateur, sera passée sur la complexité des phénomènes et les aura réduits à la taille d'un point qui s'enfonce dans les profondeurs, leurs lignes se fondront avec celles que nous découvrons maintenant, quand nous nous retournons pour regarder cette lointaine création poétique, — et le schématisme et la répétition s'installeront sur tout le parcours [1]. »

1. A. N. Veselovski, *Poetika sjuzhetov*, p. 2.

TRADUIT DU RUSSE PAR MARGUERITE DERRIDA

Appendice I

DONNÉES POUR LA MISE EN TABLEAUX DES CONTES.

Comme nous n'avons pu examiner que les fonctions des personnages et que nous avons été obligé de laisser de côté tous les autres éléments, nous donnons ici la liste de tous les éléments du conte merveilleux. Cette liste n'épuise pas le contenu de chaque conte, mais la plupart d'entre eux y trouvent place en entier. Si l'on imagine chacun de ces tableaux disposé sur une feuille de papier, les titres sont à l'horizontale, et les données qui les suivent à la verticale. Les fonctions des personnages suivent l'ordre défini plus haut, dans le chapitre 3 (cf. p. 35 et suiv.). L'ordre des autres éléments permet certaines variations qui, cependant, ne modifient pas le tableau général. L'étude de chacun des éléments que nous avons isolés, ou de certains groupes d'éléments, ouvre de larges perspectives à l'étude approfondie du conte dans son ensemble, préparant ainsi l'étude historique du problème de sa genèse et de son développement.

TABLEAU I.

Situation initiale.

1. Définition spatio-temporelle (« dans quelque royaume »).
2. Composition de la famille :
   a) nomenclature et situation,
   b) catégorie des personnages (le mandateur, le quêteur, etc.).
3. Stérilité.

4-5. Prière pour la naissance d'un fils :
   4. Forme de la prière;
   5. Motivation de la prière.

6. Ce qui provoque la grossesse :
   a) elle est intentionnelle (poisson mangé, etc.),
   b) elle est fortuite (petit pois avalé, etc.),
   c) elle est imposée (jeune fille enlevée par un ours, etc.).

7. Forme de la naissance merveilleuse :
   a) d'un poisson et de l'eau,
   b) de l'âtre,
   c) d'un animal,
   d) autrement.
8. Prophéties, prédictions.
9. Prospérité avant le méfait
   a) surnaturelle,
   b) familiale,
   c) agricole,
   d) sous d'autres formes.

10-15. Le futur héros :
   10. nomenclature, sexe;
   11. croissance rapide;
   12. lien avec l'âtre, les cendres;
   13. qualités spirituelles;
   14. espièglerie;
   15. autres qualités.

16-20. Le futur faux héros (la première espèce en est le frère, la demi-sœur; cf. plus haut, 112-115) :
   16. nomenclature, sexe;
   17. degré de parenté avec le héros;
   18. qualités négatives;
   19. qualités spirituelles comparées à celles du héros (ils sont tous deux intelligents);
   20. autres qualités.

21-23. Discussion des frères au sujet du droit d'aînesse :
   21. forme de la discussion et de la décision;
   22. éléments auxiliaires au cours des triplements;
   23. résultat de la discussion.

TABLEAU II.

Partie préparatoire.

24-26. Interdiction :
   24. personnage remplissant la fonction;
   25. contenu et forme de l'interdiction;

26. motivation de l'interdiction.

27-29. Éloignement :

27. personnage remplissant la fonction;
28. forme de l'éloignement;
29. motivation de l'éloignement.

30-32. Transgression de l'interdiction :

30. personnage remplissant la fonction;
31. forme de la transgression;
32. motivation.

33-35. Première entrée en scène de l'agresseur :

33. nomenclature;
34. manière d'entrer dans l'action (approche latérale);
35. particularités extérieures de son entrée en scène (il arrive en volant et traverse le plafond).

36-39. Interrogation, demande de renseignements :

36. personnage remplissant la fonction :

a) interrogation, demande de renseignements de l'agresseur au sujet du héros;

b) le contraire;

c) autres formes.

37. ce qui est demandé;
38. motivations;
39. éléments auxiliaires dans les triplements.

40-42. Information :

40. personnage donnant l'information;
41. forme de la réponse à l'agresseur (ou action imprudente):

a) forme de la réponse au héros;

b) autres formes de réponse;

c) information donnée grâce à des actions imprudentes.

42. éléments auxiliaires dans les triplements.

43. Tromperie de l'agresseur :

a) par la persuasion;

b) par l'utilisation de moyens magiques;

c) autres formes de tromperie.

44. Méfait préalable lié au pacte trompeur :

a) le malheur est donné;

b) le malheur est provoqué par l'agresseur.
45. Réaction du héros :
a) aux tentatives de persuasion;
b) à l'utilisation de moyens magiques;
c) aux autres actes de l'agresseur.

TABLEAU III.

Le nœud de l'intrigue.

46-51. Méfait :
46. personnage remplissant la fonction;
47. forme du méfait (ou désignation du manque);
48. objet de l'action de l'agresseur (ou objet du manque);
49. possesseur ou père de la chose ou de la personne enlevée (ou personnage ayant reconnu le manque);
50. motivation et but du méfait, ou forme de la reconnaissance du manque;
51. Forme de la disparition de l'agresseur.
(Exemple : 46 : un dragon, 47 : enlève, 48 : la fille, 49 : du roi, 50 : pour l'épouser de force, 51 : il s'envole. Dans le cas du manque : 46-47 : on n'a pas, on manque de, on a besoin de, 48 : un cerf aux bois d'or, 49 : le roi, 50 : qui veut se débarrasser du héros).
52-57. Moment de transition :
52. le mandateur, le personnage médiateur;
53. forme de la médiation;
54. à qui elle s'adresse;
55. avec quel but;
56. éléments auxiliaires dans les triplements;
57. comment le médiateur apprend l'existence du héros.
58-60. Entrée en scène du quêteur, du héros :
58. nomenclature;
59. forme de son entrée en scène;
60. particularités extérieures de son entrée en scène.
61. Forme de l'accord du héros.
62. Forme de l'envoi du héros.

63-66. Manifestations accompagnant l'envoi :
63. menaces ;
64. promesses;
65. provisions de route;
66. éléments auxiliaires dans les triplements.

67. Départ du héros.

68-69. But du héros :
68. but comme action (trouver, délivrer, venir en aide);
69. but comme objet (princesse, cheval magique, etc.).

TABLEAU IV.

Les donateurs.

70. Trajet de la maison du héros jusqu'au donateur.

71-77. Le donateur :
71. mode d'inclusion dans le conte, nomenclature;
72. habitat;
73. apparence;
74. particularités de son entrée en scène;
75. autres attributs;
76. dialogue avec le héros;
77. repas offert au héros.

78. Préparation de la transmission de l'objet magique :
a) tâches;
b) demandes;
c) bataille;
d) autres formes. Triplements.

79. Réaction du héros :
a) positive;
b) négative.

80-81. Don:
80. ce qu'on donne;
81. sous quelle forme.

TABLEAU V.

De l'entrée en scène de l'auxiliaire à la fin de la première séquence.

82-89. L'auxiliaire (l'objet magique) :
- 82. nomenclature;
- 83. forme de l'appel;
- 84. mode d'inclusion dans l'action;
- 85. particularités de l'entrée en scène;
- 86. apparence;
- 87. lieu initial de son habitat;
- 88. éducation (domptage) de l'auxiliaire;
- 89. sagesse de l'auxiliaire.

90. Transfert jusqu'au lieu fixé.

91. Forme de l'arrivée.

92. Accessoires du lieu où se trouve l'objet de la quête :
- *a*) habitat de la princesse;
- *b*) habitat de l'agresseur;
- *c*) description du trois fois dixième royaume.

93-97. Seconde entrée en scène de l'agresseur :
- 93. mode d'inclusion dans l'action (il est découvert, etc.);
- 94. apparence de l'agresseur;
- 95. suite de l'agresseur;
- 96. particularités de son entrée en scène;
- 97. dialogue de l'agresseur avec le héros.

98-101. Seconde (dans le cas du manque, première) entrée en scène de la princesse (de l'objet de la quête) :
- 98. mode d'inclusion dans l'action;
- 99. apparence;
- 100. particularités de l'entrée en scène (elle est assise au bord de la mer, etc.);
- 101. dialogue.

102-105. Combat contre l'agresseur :
- 102. lieu du combat;
- 103. avant le combat (courant d'air qu'on fait en soufflant, etc.);
- 104. forme du combat ou de la bagarre;
- 105. après le combat (le feu est mis au corps).

106-107. Imposition d'une marque :
106. le personnage;
107. le moyen.
108-109. Victoire sur l'agresseur :
108. rôle du héros;
109. rôle de l'auxiliaire. Triplements.
110-113. Le faux héros (seconde espèce de faux héros : porteur d'eau, général; cf. plus haut, 16-20) :
110. nomenclature;
111. forme de son entrée en scène;
112. son comportement pendant le combat;
113. dialogue avec la princesse, tromperies, etc.
114-119. Réparation du méfait ou du manque :
114. interdiction de l'auxiliaire;
115. transgression de l'interdiction;
116. rôle du héros;
117. rôle de l'auxiliaire;
118. mode de réparation;
119. éléments auxiliaires dans les triplements.
120. Retour.
121-124. Poursuite :
121. forme de l'information reçue par l'agresseur sur la fuite du héros;
122. forme de la poursuite;
123. information reçue par le héros sur la poursuite;
124. éléments auxiliaires dans les triplements.
125-127. Secours pendant la poursuite :
125. le personnage qui sauve;
126. forme du secours;
127. mort de l'agresseur.

TABLEAU VI.

Début de la seconde séquence.

Depuis le nouveau méfait (A^1 ou A^2, etc.) jusqu'au retour, répétition de ce qui précède, avec les mêmes rubriques.

TABLEAU VII.

Suite de la seconde séquence.

128. Arrivée incognito :
  a) à la maison en se faisant engager comme serviteur;
  b) à la maison sans se faire engager comme serviteur;
  c) chez un autre roi;
  d) autres façons de se cacher, etc.

129-131. Prétentions mensongères du faux héros :
  129. personnage remplissant la fonction;
  130. forme des prétentions;
  131. préparatifs du mariage.

132-136. Tâche difficile :
  132. personnage qui la donne à faire;
  133. motivation de la tâche par ceux qui la donnent à faire (maladie, etc.);
  134. motivation réelle de la tâche (désir de distinguer le faux héros du vrai, etc.);
  135. contenu de la tâche;
  136. éléments auxiliaires dans les triplements.

137-140. Accomplissement de la tâche :
  137. dialogue avec l'auxiliaire;
  138. rôle de l'auxiliaire;
  139. forme de l'accomplissement de la tâche;
  140. éléments auxiliaires dans les triplements.

141-143. Reconnaissance :
  141. Comment on fait comparaître le vrai héros (organisations d'un festin, revue des mendiants);
  142. forme de l'entrée en scène du héros (au mariage, etc.);
  143. forme de la reconnaissance.

144-146. Le faux héros est démasqué :
  144. personnage qui démasque le faux héros;
  145. comment on le démasque;
  146. ce qui provoque la découverte.

147-148. Transfiguration :
  147. le personnage;
  148. comment la transfiguration se produit.

149-150. Châtiment :
149. le personnage;
150. type de châtiment.
151. Mariage, montée sur le trône.

Appendice II

AUTRES EXEMPLES D'ANALYSE.

1. *Analyse d'un conte simple à une séquence, dont le développement passe par les motifs du combat et de la victoire (H-I).*

N° *131*. Le roi et ses trois filles (situation initiale — α). Les filles partent se promener (éloignement des enfants — β^3), s'attardent dans le jardin (rudiment d'une transgression de l'interdiction — δ^1). Un dragon les enlève (méfait — A^1). Le roi appelle à l'aide (appel — B^1). Trois héros partent à leur recherche ($C\uparrow$). Trois combats contre le dragon et victoire *(H^1-J^1)*, libération des jeunes filles (réparation du méfait K^4). Retour ($\downarrow$). Récompense *(w^3)*.

$$\alpha\ \beta^3\ \delta^1\ A^1\ B^1\ C\uparrow H^1\text{-}J^1\ K^4 \downarrow w^3$$

2. *Analyse d'un conte simple à une séquence, dont le développement passe par les motifs des tâches difficiles et de leur accomplissement (M-N).*

N° *247*. Un marchand, une marchande, leur fils (situation initiale — α). Un rossignol prédit que les parents seront humiliés par leur fils (prédiction = motivation à la tentative de détruire le fils. Ce n'est pas une fonction du récit. Cf. tableau I, 8). Les parents déposent l'enfant endormi dans une barque qu'ils lancent sur la mer (méfait par abandon sur la mer — A^{10}). Des marins le trouvent et l'emmènent (déplacement dans l'espace sous la forme d'un voyage — $\uparrow G^2$). Ils arrivent à Khvalynsk (équivalent du trois fois neuvième royaume). Le roi propose une tâche : deviner ce que crient les corbeaux près du palais royal, et les chasser (tâche — *M*). Le jeune garçon accomplit la tâche (tâche accomplie — *N*), épouse la fille du roi (mariage — W^o), retourne chez lui ($\downarrow$); en route, il reconnaît ses parents à un endroit où il s'était arrêté pour passer la nuit (reconnaissance — *Q*).

$$a\ A^{10} \uparrow G^2\ M\text{-}N\ W^o \downarrow Q$$

Remarque : Le jeune garçon accomplit la tâche parce qu'il connaît de naissance le langage des oiseaux. L'élément F^1 —, transmission d'une aptitude magique, est omis ici. Par conséquent, l'auxiliaire manque également; ses attributs (la sagesse) passent au héros. Le conte a conservé un rudiment de cet auxiliaire : le rossignol qui avait prédit l'humiliation des parents s'envole avec le petit garçon et se pose sur son épaule. Mais il ne prend pas part à l'action. Pendant le voyage, l'enfant donne des preuves de sa sagesse en prévoyant une tempête et l'approche d'une bande de pirates, ce qui sauve les marins. La sagesse est exagérée comme dans l'épopée.

3. *Analyse d'un conte simple à une seule séquence, ne comportant pas les motifs du combat et de la victoire (H-J), ni les motifs de la tâche difficile et de son accomplissement (M-N).*

N° *244*. Un pope, sa femme, leur fils Ivanouchka (situation initiale — a). Alionouchka part dans la forêt chercher des fraises (éloignement — β^3). Sa mère lui ordonne d'emmener son petit frère (forme inversée de l'interdiction prenant l'aspect d'un ordre — γ^2). Ivanouchka cueille une plus grande quantité de fraises que sa sœur (motivation du méfait qui suit, représentant le nœud de l'intrigue). « Laisse-moi voir si tu as quelque chose dans les cheveux » (l'agresseur tente de tromper le héros, — η^3). Ivanouchka s'endort (réaction du héros — θ^3). Alionouchka tue son frère (méfait nouant l'intrigue, meurtre — A^{14}). Sur le tombeau pousse un roseau (apparition d'un objet magique sorti de terre

— F^{VI}). Un berger le coupe et en fait un pipeau (élément de liaison, §). Le berger joue du pipeau, qui chante et dénonce la meurtrière (découverte — *Ex*). Le chant est répété cinq fois dans des situations différentes. C'est en fait un chant plaintif *(*B^7*)*, qui s'est assimilé avec la découverte du méfait. Les parents chassent leur fille (châtiment — *U*).

$$\alpha\ \gamma^2\ \beta^3\ \eta^3 - \theta^3\ A^{14}\ F^{VI}\ Ex\ U$$

4. *Analyse d'un conte à deux séquences et un seul méfait nouant l'intrigue, dont le développement passe par le combat contre l'agresseur et la victoire du héros (H-J).*

N° *133*. I. Un homme, sa femme, leurs deux fils, leur fille (situation initiale — α). Les frères partent travailler dans les champs (départ des membres plus âgés de la famille — β^1), demandent à leur sœur de leur apporter le déjeuner (demande = forme inversée de l'interdiction — γ^2); au cours de leur trajet, ils jettent des copeaux par terre (ils donnent ainsi au dragon des informations sur le héros — ζ^1). Le dragon déplace les copeaux (tromperie de l'agresseur ayant pour but d'égarer la victime — η^3); la jeune fille va dans les champs avec le déjeuner (demande remplie — δ^2), prend le mauvais chemin (réaction du héros aux actions trompeuses de l'agresseur θ^3). Le dragon l'enlève (méfait : enlèvement — A^1). Les frères l'apprennent *(*B^4*)* et partent à la recherche de leur sœur (réaction du héros — $C\uparrow$). Les bergers : « Mangez mon bœuf le plus gros » (mise à l'épreuve par le donateur — D^1). Les frères ne le peuvent pas(réaction négative du faux héros — $E^1{}_{nég}$). La même chose : un berger leur propose de manger un mouton, un autre, un sanglier. Réaction négative. Le dragon : « Mangez douze bœufs » (nouvelle mise à l'épreuve par un autre personnage — D^1). Une fois de plus, les frères ne le peuvent pas ($E^1{}_{nég}$). Ils sont jetés sous une pierre (punition à la place de la récompense : F_{contr}).

II. Naissance de Pokatigorochek (Roule-Petit-Pois). Sa mère lui raconte le malheur survenu (la nouvelle du malheur est donnée — B^4). Le héros part en quête (réaction du héros $C\uparrow$). Bergers et dragons lui font passer les mêmes épreuves (mise à l'épreuve du héros — D^1, sa réaction — E^1; l'épreuve reste sans conséquences en ce qui concerne le déroulement de l'action). Combat contre le dragon et victoire *(H^1-J^1)*. Libération de la sœur et des frères (réparation du méfait — K^4), retour (↓).

$$\alpha\ \beta^1\ \gamma^2\ \zeta^1\ \eta^3\ \delta^2\ \theta^3\ A^1\quad \begin{matrix} \text{I} \left\{ \begin{matrix} B^4\ C\uparrow\ D^1\ E^1_{nég}\ F_{contr} \\ D^1\ E^1_{nég}\ F_{contr} \end{matrix} \right\} \\ \text{II}\quad B^4\ C\uparrow\ D^1\ E^1 \end{matrix}\quad H^1\text{-}J^1\ K^4\downarrow$$

5. *Analyse d'un conte à deux séquences : le développement de la première séquence passe par les fonctions du combat et de la victoire (H-J), la seconde par celles de la tâche difficile et de son accomplissement (M-N).*

N° *139.* I. Un roi sans enfants. Naissance merveilleuse de trois fils, mis au monde par la reine, une vache, une chienne *(α)*. Ils quittent la maison (↑). C'est Soutchenko qui l'emporte au cours d'une discussion sur le droit d'aînesse (les motifs 21-23 ne sont pas des fonctions de l'intrigue). Ils rencontrent l'Homme Blanc de la Clairière. Deux des frères se battent contre lui sans succès (combat contre un donateur hostile — D^9, et réaction négative du faux héros $E^9_{nég}$). Soutchenko se bat à son tour et gagne *(D^9 E^9)*. Le donateur se met à la disposition du héros *(F^9)*. Ils arrivent devant une maison où se tient un vieillard. Les trois frères combattent successivement contre lui *(D^9)*. Le vieillard gagne deux fois (réaction négative du héros — $E^9_{nég}$). Il est battu par le plus jeune *(E^9)*. Il s'enfuit, et en suivant ses traces de sang, Soutchenko découvre l'entrée de l'autre royaume (traces de sang montrant le chemin, G^6); Soutchenko y descend le long d'un câble (utilisation de moyens de communication immobiles — G^5), — $F = G^6_5$. « Il se rappela les princesses que trois dragons avaient emmenées dans l'autre royaume. Je vais aller les chercher. » (L'enlèvement — A^1_2 — a eu lieu avant le début de la séquence, mais il en est question au milieu; le fait de s'en souvenir tout à coup est l'équivalent d'une annonce de la nouvelle, B^4). Départ, commencement de la quête *($C\uparrow$)*. Trois combats, victoire *(H^1-J^1)*. Les jeunes filles sont délivrées (libération — K^4). La plus jeune, en signe de fiançailles, donne un anneau au héros (le héros est marqué par le don d'un anneau — I^2). Fiançailles *(c^1)*. Retour (↓).

II. Les frères et l'Homme de la Clairière enlèvent les jeunes filles, jettent Soutchenko dans un précipice ($^{o}A^{1}$). Combat contre un vieil homme rencontré en route. Soutchenko reçoit de lui de l'eau de force et un cheval (combat contre un donateur hostile — D^{9}, victoire -E^{9}, l'objet magique est transmis, il se mange ou se boit — $F^{1}{}_{7}$). Le cheval le ramène chez lui par la voie des airs (vol dans les airs -G^{1}). Arrivé incognito, Soutchenko se fait engager chez un orfèvre *(O)*. Les faux héros prétendent à la main des princesses *(L)*. Les princesses exigent qu'on leur fasse des bagues en or (tâche difficile avant le mariage — *M)*. Le héros, dans le rôle de l'orfèvre, fait un anneau (tâche accomplie — *N*). La princesse se souvient de son fiancé, mais ne devine pas que c'est lui qui a fait l'anneau (la reconnaissance n'a pas lieu — $Q_{nég}$). Le héros passe par les oreilles du cheval et se transforme en beau jeune homme (transfiguration — *T*). Les faux héros sont punis *(U)*. La fiancée reconnaît son fiancé (reconnaissance — *Q*). Triple mariage *(W°)*.

$$
\begin{array}{lll}
\text{I. } \alpha \uparrow D^{9}\, E^{9}{}_{nég}\, F_{contr} & & \\
D^{9}\, E^{9}{}_{nég}\, F_{contr} & & \\
D^{9}\, E^{9} \quad F^{9} & & \\
D^{9}\, E^{9}{}_{nég} & & \\
D^{9}\, E^{9}{}_{nég} & & \\
D^{9}\, E^{9} \quad F = G^{6}{}_{5}\, A^{1}{}_{2}\, B^{4}\, C \uparrow & H^{1} - J^{1} & \\
 & H^{1} - J^{1} & \\
 & H^{1} - J^{1}\, K^{4}\, I^{2}\, c^{1} \downarrow &
\end{array}
$$

$$\text{II. } {}^{o}A^{1}\, D^{9}\, E^{9} \quad F^{1}{}_{7}\, G^{1}\, O\, L\, M - N\, Q_{nég}\, T\, U\, Q\, W^{o}$$

6. *Exemple d'analyse d'un conte à quatre séquences.*

N° *123*. I. Un roi et son fils *(α)*. Le roi donne l'ordre d'attraper un sylvain, le sylvain supplie le prince de le laisser partir (demande du prisonnier préalablement attrapé — $^{o}D^{4}$). Le prince accepte (réaction du héros — E^{4}). Le sylvain lui promet son aide *(f^{9})*. Le roi chasse son fils (expulsion — A^{9}), le fait accompagner par un menin (entrée en scène de l'agresseur, de l'auteur du méfait), qui, en cours de route, trompe le prince (tromperie et réaction du héros, η^{3} - θ^{3}), lui prend ses vêtements, et se fait passer pour un fils de roi accompagné d'un serviteur (trahison —A^{12}). Le prince et son menin arrivent chez un autre roi, le prince étant sous l'aspect d'un cuisinier (arrivée incognito — O) Nous omettons un épisode insignifiant qui n'a aucun rapport avec la trame du récit.)

II. Le sylvain apparaît, ses filles donnent au prince des présents magiques : une nappe, un miroir et un pipeau (transmission d'objets magiques —F^1). La princesse « remarque » le prince (il ne s'agit pas d'une fonction, mais d'une préparation de la future reconnaissance). Un monstre exige avec des menaces qu'on lui donne la princesse en mariage (menace de mariage forcé —A^{16}). Le roi lance un appel (B^1). Le prince et le menin partent au secours de la princesse $(C\uparrow)$. Le sylvain apparaît, donne au prince une boisson pour rendre fort, un cheval, une épée (don d'objets magiques — $F^1{}_7$). Il remporte la victoire sur le dragon (combat et victoire — M^1 - N^1). La princesse est délivrée (réparation du méfait — K^4). Retour ($\downarrow$). Devant tout le monde, la princesse embrasse le prince (rudiment de l'imposition d'une marque sous la forme d'un baiser — I). Le menin revendique la victoire sur le monstre et exige la main de la princesse (prétentions du faux héros — L).

III. La princesse fait semblant d'être malade et demande un médicament (manque — a^6 et envoi du héros — B^2. C'est un cas de double signification d'une même fonction : on peut également considérer cela comme la proposition d'une tâche difficile). Le prince et son menin partent sur un bateau $(C\uparrow)$.

IV. Le menin noie le prince (A^{14}). Celui-ci a un miroir, qui donne un signal d'alarme (nouvelle du méfait, —B^4). La princesse part à son secours $(C\uparrow)$. Le sylvain lui donne un filet (transmission d'un don magique —f^1). Elle retire le prince de l'eau (réparation du méfait, résurrection — K^9), retourne chez elle ($\downarrow$), raconte tout (le faux héros est démasqué — Ex), on découvre qui était le prince véritable (reconnaissance — Q). Le menin est fusillé (châtiment, — U). Mariage (W^0).

La dernière séquence (IV) termine en même temps la séquence précédente (III).

$$\begin{array}{ll} \text{I.} & a^0 D^4 E^4 f^9 A^9 \eta^3 \theta^3 A^{12} O \\ \text{II.} & F^1 A^{16} B^1 C\uparrow F^1{}_7\ H^1 - J^1 K^4 \downarrow I L \end{array}$$

$$\left.\begin{array}{ll} \text{III.} & a^6 B^2 C\uparrow \\ \text{IV.} & A^{14} B^4 C\uparrow \end{array}\right\} f^1 K^9 \downarrow Ex\ Q\ U\ W^0$$

7. *Analyse d'un conte complexe à cinq séquences avec entrelacement des séquences.*

N° *198*. I. Un roi, une reine, leur fils *(a)*. Les parents confient leur fils au menin Katoma (le futur auxiliaire magique se trouve mis à la disposition du héros —F^1), meurent (éloignement des parent sous la forme de la mort — β^2). Le fils veut se marier (manque d'une fiancée — a^1). Katoma montre à Ivan des portraits de belles jeunes filles (liaison —§). Sous l'un des portraits, une inscription : « Celui qui lui pose une devinette, elle l'épousera » (tâche difficile — *M*). Le héros et son menin partent $(C\uparrow)$. En chemin, Katoma invente une devinette (accomplissement de la tâche —*N*). La princesse impose deux autres tâches, Katoma les accomplit à la place d'Ivan (tâche et accomplissement de la tâche — *M-N*). Mariage *(W°)*.

II. Après le mariage, la princesse serre la main d'Ivan, s'aperçoit de sa faiblesse, devine l'aide de Katoma (élément de liaison — §). Ils partent dans le royaume d'Ivan (éloignement — β^3). La princesse « embobine » Ivan (η^3), il se prête à ses sortilèges (le héros se laisse tromper — θ^3). Elle donne l'ordre de couper les mains et les pieds de Katoma (mutilation —A^6) et de l'abandonner dans la forêt.

III. L'auxiliaire d'Ivan lui est enlevé de force (séparation d'avec l'auxiliaire — A^{II}); quant à lui, on l'oblige à faire paître des vaches.

IV. (Le conte suit Katoma, qui est le héros de cette partie du récit). Katoma, les pieds coupés, rencontre un aveugle, ils s'associent (rencontre d'un auxiliaire qui propose ses services, —F^6_9). Ils s'installent dans la forêt, ont besoin d'une maîtresse de maison, imaginent d'enlever la fille d'un marchand (manque d'une fiancée —a^1), se mettent en route $(C\uparrow)$. L'aveugle transporte celui qui n'a pas de pieds (déplacement dans l'espace, sous forme de portage — G^2). Ils enlèvent la fille d'un marchand (obtention d'une fiancée par la force —K^1), retournent chez eux (↓). Ils sont poursuivis, sont sauvés par leur fuite (poursuite et secours — Pr^1-Rs^1). Ils vivent comme frères et sœur (le mariage n'a pas lieu — $W^o_{nég}$).

V. La nuit, une sorcière vient téter les seins de la jeune fille (vampirisme —A^{18}). Ils le remarquent (équivalent de l'annonce du méfait —*B*), décident de la sauver (action contraire—*C*). Combat contre la sorcière (lutte directe contre Baba Yaga, le futur donateur — D^9 -E^9). La jeune fille est délivrée (réparation du méfait comme résultat direct des actions précédentes —K^4).

II. (dénouement). La sorcière montre aux héros le puits à l'eau vivante qui guérit (l'objet magique est montré —F^2). L'eau les guérit : Katoma retrouve ses mains et ses pieds, l'aveugle ses yeux (réparation du dommage subi grâce à l'utilisation d'un objet magique; réparation immédiate du méfait grâce à l'utilisation d'un objet magique — K^5). Baba Yaga est jetée dans un puits de feu (châtiment — U).

IV (fin). L'aveugle épouse la jeune fille (mariage — W^o).

III (dénouement et fin). Les héros se mettent en route pour délivrer le prince ($C\uparrow$). Katoma offre de nouveau ses services à Ivan (l'auxiliaire se met à la disposition du héros —F^9). Ils le délivrent du travail humiliant qu'il est obligé de faire (réparation du méfait initial, résultat immédiat des actions précédentes —K^4.) Une vie conjugale paisible reprend entre Ivan et la princesse (mariage renouvelé —w^2).

I. $\alpha\, F^1\, \beta^2\, a^1\, M\, C\uparrow M - N$
$M - N\, W^o$
II, $\beta^3\, \eta^3\, \theta^3\, A^6$
III. A^{II}
IV. $F^6{}_9\, a^1\, C\uparrow G^2\, K^1\downarrow Pr^1 - Rs^1\, W^o{}_{nég}$
V. $A^{18}\, B\, C\, D^9\, E^9\, K^4$
II. $F^2\, K^5\, U$
IV. W^o
III. $C\uparrow F^9\, K^4\, w^2$

8. *Exemple d'analyse d'un conte à deux héros.*

Nº *155*. I. La femme d'un soldat met au monde deux fils *(a)*. Ils veulent avoir des chevaux (manque d'un auxiliaire ou d'un objet magique —a^2), font leurs adieux (envoi du héros —B^3), partent ($C\uparrow$). Un vieillard qu'ils rencontrent leur pose des questions (mise à l'épreuve par le donateur —D^2). Ils répondent poliment (réaction du héros —E^2). Il leur donne un cheval à chacun (transmission d'un objet magique sous forme de don —F^1. Auparavant, deux chevaux achetés au marché se sont révélés mauvais — triplement). Ils retournent chez eux ($\downarrow$).

II. Ils veulent avoir des sabres (a^2), leur mère les laisse partir (B^3). Ils se mettent en route $(C\uparrow)$, un vieillard qu'ils rencontrent leur pose des questions (D^2), ils répondent poliment (E^2), le vieillard leur donne un sabre à chacun (F^1; auparavant, des sabres fabriqués par des forgerons se sont révélés mauvais — triplement). Ils retournent chez eux ($\downarrow$). — Cette séquence redouble la première et peut être considérée comme une répétition.

III. Les frères partent de chez eux ($\uparrow$). Un poteau indicateur prédit sur une route un couronnement, sur l'autre une mort (prédiction — tableau I, 8). Les frères se donnent mutuellement un mouchoir qui doit saigner si un malheur frappe l'absent (transmission d'un objet signalisateur — s), et se séparent (séparation, les héros prennent des routes différentes — <). Sort du premier frère : il continue son chemin (G^2), parvient dans un autre royaume et épouse une princesse (W^o). Dans sa selle, il trouve une fiole avec de l'eau vivante qui guérit (découverte d'un objet magique —F^6) la réception d'un objet magique a lieu d'avance : elle recevra son développement plus tard).

IV. Le second frère parvient dans un royaume où un dragon dévore les gens. C'est au tour des filles du roi d'être dévorées (menace d'être dévoré —A^{17}); départ du héros, dont le but est de s'opposer au dragon $(C\uparrow)$; trois combats contre les dragons, victoire $(H^1\text{-}J^1)$; dans le troisième combat, le héros reçoit une blessure, que la princesse lui panse (marque imposée au héros —I^1). Le roi envoie un porteur d'eau ramasser les ossements de la princesse (entrée en scène du faux héros). Il se fait passer pour le vainqueur des dragons (prétentions du faux héros —L), Après le troisième combat, le héros vient au palais (moment de liaison —§), sa main bandée le fait reconnaître (reconnaissance — Q), le faux héros est démasqué (découverte —Ex), puni (châtiment —U). Mariage (W^o).

III (suite). Le second frère va à la chasse (éloignement — β^3). Dans une maison au milieu de la forêt une très belle jeune fille essaye de l'attirer auprès d'elle (tromperie de l'agresseur avec le but de tuer le héros —η^3). Le héros se laisse tromper (θ^3), elle se transforme en lionne et le dévore (meurtre —A^{14}; c'est en même temps une vengeance pour les dragons tués dans la séquence précédente : la jeune fille se révèle être leur sœur). Le mouchoir que possède le frère lui donne le signal du malheur (nouvelle du méfait —B^4), le frère part pour le réparer ($C\uparrow$). Voyage aérien sur le dos du cheval magique (G^2); la jeune fille (la lionne) essaye de le séduire, il ne se laisse pas faire (η^3 - $\theta^3_{nég}$), l'oblige à régurgiter son frère qu'il ressuscite (résurrection —K^9). Il pardonne à la dragonne ($U_{nég}$).

Le conte a une fin originale : la dragonne laissée vivante déchire les frères en petits morceaux.

I. $a\ v^3\ B^2\ C\uparrow\ D^2\ E^2\ F^1$
II. $a^2\ B^3\ C\uparrow\ D^2\ E^2\ F^1$
III. $\uparrow s < G^2\ W^o\ F^5$
IV. $A^{17}\ C\uparrow\ H^1 — J^1\ I^1\ L\ Q\ Ex\ U\ W^o$
III. $\beta^3\ \eta^3 — \theta^3\ A^{14}\ B^4\ C\uparrow\ G^2\ \eta^3 — \theta^3_{nég}\ K^9\ U_{nég}$

Appendice III

LISTE DES ABRÉVIATIONS.

Partie préparatoire.

- α situation initiale;
- β^1 éloignement des parents;
- β^2 mort des parents;
- β^3 éloignement des enfants;
- γ^1 interdiction;
- γ^2 ordre;
- δ^1 transgression de l'interdiction;
- δ^2 exécution de l'ordre;
- ε^1 l'agresseur interroge le héros;
- ε^2 le héros interroge l'agresseur;
- ε^3 interrogation par une tierce personne, ou autres cas semblables;
- ξ^1 l'agresseur reçoit l'information sur le héros;
- ξ^2 le héros reçoit l'information sur l'agresseur;
- ξ^3 autres cas;
- η^1 tentatives de persuasion de l'agresseur avec l'intention de tromper sa victime;
- η^2 utilisation de moyens magiques par l'agresseur;
- η^3 autres formes de tromperie;

θ^1 le héros réagit à la proposition de l'agresseur;
θ^2 le héros se soumet mécaniquement à l'action magique;
θ^3 le héros se soumet ou réagit mécaniquement à la tromperie de l'agresseur;
x méfait préalable au cours du pacte trompeur.

A — Méfait :

A^1 enlèvement d'un être humain;
A^2 enlèvement d'un auxiliaire ou d'un objet magique;
A^{II} séparation forcée d'avec l'auxiliaire;
A^3 vol ou destruction des semences;
A^4 vol de la lumière du jour;
A^5 autres formes de vol;
A^6 mutilation, aveuglement;
A^7 disparition provoquée;
A^{VII} oubli de la fiancée;
A^8 information exigée ou extorquée; la victime est emmenée;
A^9 expulsion;
A^{10} abandon sur l'eau;
A^{11} ensorcellement, transformation;
A^{12} substitution;
A^{13} ordre de tuer;
A^{14} meurtre;
A^{15} emprisonnement;
A^{16} menace de mariage forcé;
A^{XVI} la même chose entre parents;
A^{17} cannibalisme ou menace de cannibalisme;
A^{XVII} la même chose entre parents;
A^{18} vampirisme (maladie);
A^{19} déclaration de guerre;

^{o}A sont des formes liées à la chute d'Ivan poussé au fond d'un précipice (méfait de la seconde séquence), c'est-à-dire à cette chute accompagnée de l'enlèvement de la fiancée ($^{o}A^1$), de l'objet ou de l'auxiliaire magique ($^{o}A^2$), etc.

a — Manque :

a^1 d'une fiancée, d'un être humain;
a^2 d'un auxiliaire, d'un objet magique;
a^3 d'une curiosité;
a^4 de l'œuf à la mort (à l'amour);
a^5 d'argent, de nourriture;
a^6 sous d'autres formes.

B — Médiation, moment de liaison :

B^1 appel;
B^2 envoi du héros;
B^3 autorisation de partir donnée au héros;
B^4 annonce du méfait sous diverses formes;
B^5 le héros est emmené;
B^6 le héros épargne ou laisser partir un animal ou une personne;
B^7 chant plaintif.

C — Début de l'opposition à l'agresseur.

↑ — Départ du héros.

D — Première fonction du donateur :

D^1 mise à l'épreuve;
D^2 salutation, questions;
D^3 demande de service à rendre après la mort;
D^4 un prisonnier demande qu'on le libère;
$^oD^4$ la même chose, avec un emprisonnement préalable;
D^5 demande de grâce;
D^6 demande de partage entre personnages qui se disputent;
d^6 dispute sans demande de partage formulée;
D^7 autres demandes;
$^oD^7$ la même chose, le demandeur étant mis préalablement dans une situation d'impuissance;
d^7 le donateur est dans une situation d'impuissance mais ne formule aucune demande; possibilité de rendre un service;

D^{8} tentative d'anéantir le héros;

D^{9} bataille avec un donateur hostile;

D^{10} proposition d'un objet magique en échange d'autre chose.

E — Réaction du héros :

E^{1} épreuve réussie;

E^{2} réponse affable;

E^{3} service rendu au mort;

E^{4} libération du prisonnier;

E^{5} la grâce est accordée;

E^{6} partage entre les querelleurs;

E^{VI} le héros trompe ceux qui se querellaient;

E^{7} divers autres services rendus, demandes remplies, actions pieuses accomplies;

E^{8} la tentative de destruction est détournée, etc.;

E^{9} victoire sur le donateur hostile;

E^{10} tromperie au cours de l'échange.

F — Un objet magique est mis à la disposition du héros :

F^{1} l'objet est transmis;

f^{1} don ayant une valeur matérielle;

F^{2} le lieu où se trouve l'objet magique est indiqué;

F^{3} l'objet magique est fabriqué;

F^{4} il se vend, s'achète;

F^{3}_{4} on le fabrique sur commande;

F^{5} le héros le trouve;

F^{6} il apparaît spontanément;

F^{VI} il sort de terre;

F^{7} l'objet magique se boit ou se mange;

F^{8} l'objet magique est volé par le héros;

F^{9} l'auxiliaire magique offre ses services, se met à la disposition du héros.

f^9 la même chose sans formule d'appel (« le temps viendra où je te serai utile », etc.)
F^6_9 rencontre de l'auxiliaire, qui propose ses services.

G — Transfert jusqu'au lieu fixé :

G^1 vol dans les airs;
G^2 transport à cheval, portage;
G^3 on conduit le héros;
G^4 on lui indique le chemin;
G^5 le héros utilise des moyens de communication immobiles;
G^6 des traces sanglantes indiquent le chemin.

H — Combat contre le méchant :

H^1 combat en plein champ;
H^2 compétition;
H^3 jeu aux cartes;
H^4 pesée (cf. nº *93*).

I — Marque imposée au héros :

I^1 marque imposée sur le corps;
I^2 don d'un anneau ou d'un mouchoir;
I^3 autres formes de marque.

J — Victoire sur l'agresseur :

J^1 victoire au cours du combat;
$^oJ^2$ victoire sous une forme négative (le faux héros n'accepte pas le combat, il se cache, et le héros remporte la victoire);
J^2 victoire ou supériorité dans la compétition;
J^3 gain aux cartes;
J^4 supériorité pendant la pesée;

J^5 l'agresseur est tué sans combat;
J^6 expulsion de l'agresseur.

K — Réparation du méfait ou du manque :

K^1 prise immédiate utilisant la force ou la ruse;
K^I la même chose, un personnage obligeant l'autre à effectuer la prise.
K^2 la prise est effectuée par plusieurs auxiliaires à la fois;
K^3 prise de certains objets avec l'aide d'un appât;
K^4 la réparation du méfait est le résultat immédiat des actions précédentes;
K^5 le méfait est réparé instantanément grâce à l'utilisation de l'objet magique;
K^6 il est porté remède à la pauvreté grâce à l'utilisation de l'objet magique;
K^7 chasse;
K^8 rupture de l'ensorcellement;
K^9 résurrection;
K^{IX} la même chose avec recherche préalable de l'eau vivante;
K^{10} libération;
KF réparation sous une des formes de *F*, c'est-à-dire : KF^1 — l'objet de la quête est transmis; KF^2 — l'endroit où se trouve l'objet de la quête est indiqué, etc.

↓ — Retour du héros.

Pr — Le héros est poursuivi :

Pr^1 vol dans les airs;
Pr^2 le coupable doit être livré;
Pr^3 poursuite avec une série de transformations en divers animaux;
Pr^4 poursuite avec transformation en objets attrayants;
Pr^5 tentative d'avaler le héros;

Pr^6 tentative de supprimer le héros;
Pr^7 tentative d'abattre un arbre en en rongeant le tronc.

Rs — Le héros est secouru :

Rs^1 fuite rapide;
Rs^2 le héros jette un peigne, etc.
Rs^3 fuite avec transformation en église, etc.
Rs^4 fuite au cours de laquelle le héros se cache;
Rs^5 le héros se cache chez des forgerons;
Rs^6 série de transformations en animaux, en plantes et en pierres;
Rs^7 le héros résiste à la tentation des objets attrayants;
Rs^8 le héros échappe à la tentative de l'avaler;
Rs^9 le héros échappe à la tentative de le tuer;
Rs^{10} saut sur un autre arbre.

O — Arrivée incognito.

L — Prétentions mensongères du faux héros.

M — Tâche difficile;

N — Accomplissement de la tâche :

^0N accomplissement dans un délai fixé.

Q — Reconnaissance du héros.

Ex — Le faux héros est démasqué.

T — Transfiguration :

T^1 nouvelle apparence corporelle;
T^2 construction d'un palais;
T^3 nouveaux vêtements;
T^4 formes humoristiques et rationalisées.

U — Châtiment du faux héros ou de l'agresseur.

W^{o}_{o} — Mariage et montée sur le trône :

W^{o} mariage;
W_{o} montée sur le trône;
w^{1} promesse de mariage;
w^{2} mariage renouvelé;
w^{3} rétribution en argent (à la place de la main de la princesse) et autres formes d'enrichissement au dénouement.

Y — Formes obscures ou empruntées.

< — Séparation devant un poteau indicateur.

s — Transmission d'un objet signalisateur.

Mot. — Motivations.

§ — Liaisons.

pos. — résultat positif de la fonction;

nég. — résultat négatif de la fonction;

contr. — résultat opposé à la signification de la fonction.

Les transformations des contes merveilleux

Vladimir Propp

I

On peut, à plusieurs titres, comparer l'étude des contes à celle des formes organiques dans la nature. Le folkloriste, tout comme le naturaliste, s'occupe des genres et des espèces de phénomènes identiques par essence. La question de l'origine des espèces posée par Darwin peut être posée aussi dans notre domaine. Il n'existe pas, dans le royaume de la nature, comme chez nous, une explication directe, tout à fait objective et absolument convaincante à la ressemblance des phénomènes. Elle nous met en face d'un véritable problème. Dans chacun de ces cas, deux points de vue sont possibles : soit on affirme que, pour deux phénomènes qui n'ont et ne peuvent avoir aucune relation extérieure, leur ressemblance interne ne nous amène pas à une racine génétique commune, et c'est la théorie de la genèse indépendante des espèces; soit cette ressemblance morphologique est interprétée comme la conséquence d'un certain lien génétique, et c'est la théorie de l'origine par métamorphoses ou transformations remontant à une certaine cause.

Pour résoudre ce problème, il faut avant tout se faire une idée de la nature exacte de la ressemblance entre les contes. Jusqu'à présent, pour définir cette ressemblance, on ne considérait que le récit entier et ses variantes. Cette méthode n'est admissible que dans le cas où on adopte le point de vue de la genèse indépendante des espèces. Les partisans de cette méthode refusent toute comparaison des sujets entre eux, comparaison qu'ils considèrent comme erronée, sinon comme impossible [1].

Sans nier l'utilité d'une étude des sujets et d'une comparaison qui ne tiendrait compte que de leurs ressemblances, on peut proposer une autre méthode, une autre unité de mesure. On peut comparer les contes du point de vue de leur composition, de leur structure, et alors leur ressemblance se présentera sous un éclairage nouveau [2].

On peut observer que les personnages des contes merveilleux, tout en restant très différents dans leur apparence, âge, sexe, genre de préoccupation, état civil et autres traits statiques et attributifs, accomplissent, tout au cours de l'action, les mêmes actes. Ceci détermine le rapport des constantes avec les variables. Les fonctions des personnages représentent des constantes, tout le reste peut varier. Par exemple :

1. Le roi envoie Ivan chercher la princesse. Ivan part.
2. Le roi envoie Ivan chercher un objet singulier. Ivan part,
3. La sœur envoie son frère chercher un remède. Le frère part.
4. La marâtre envoie sa belle-fille chercher du feu. La belle-fille part.
5. Le forgeron envoie l'apprenti chercher la vache. L'apprenti part.

Etc. L'envoi et le départ lié aux recherches sont des constantes. Celui qui envoie et celui qui part, la motivation de l'envoi, etc., sont des variables. Par la suite, les étapes de recherche, les obstacles, etc., peuvent toujours coïncider dans leur essence sans coïncider dans leur apparence. On peut isoler les fonctions des personnages. Les contes merveilleux connaissent trente et une fonctions. Tous les contes

1. Aarne nous met en garde contre une telle erreur, dans son *Leitfaden der vergleichenden Märchenforschung.*

2. Mon étude *Morphologie du conte,* qui paraît dans la série « Problèmes de la poétique », est consacrée à ce problème.

ne presentent pas toutes les fonctions, mais l'absence de certaines d'entre elles n'influence pas l'ordre de succession des autres. Leur ensemble constitue un système, une composition. Ce système se trouve être extrêmement stable et répandu. Le chercheur peut établir avec la plus grande précision que des contes différents, tels le conte égyptien des deux frères, le conte de l'oiseau de feu, le conte de Morozko, le conte du pêcheur et du poisson, aussi bien qu'un certain nombre de mythes, se laissent inscrire dans le même schème. L'analyse des détails confirme cette supposition. Le système ne se limite pas à trente et une fonctions. Un motif, tel que « Baba Yaga donne un cheval à Ivan », comprend quatre éléments dont un représente une fonction, alors que les trois autres ont un caractère statique. Le nombre total d'éléments, de parties constitutives du conte, est environ cent cinquante. On peut donner un nom à chacun de ces éléments, suivant son rôle dans le déroulement de l'action. Ainsi dans l'exemple cité, Baba Yaga est le personnage donateur, le mot « donne » représente le moment de l'équipement; Ivan est le personnage qui reçoit l'objet magique, le cheval, c'est l'objet magique lui-même. Si on relève les appellations des cent cinquante éléments du conte merveilleux dans l'ordre réclamé par le conte lui-même, on pourrait inscrire dans cette table tous les contes merveilleux; inversement, tout conte que l'on peut inscrire dans une telle fable est un conte merveilleux, tous ceux que l'on ne peut pas y inscrire relèvent d'une autre classe de contes. Chaque rubrique isole une partie constitutive du conte et la lecture verticale de la table révèle une série de formes fondamentales et une série de formes dérivées.

Ce sont les parties constitutives qui se prêtent le mieux à une comparaison. En zoologie, cela correspondrait à une comparaison de vertèbres avec des vertèbres, de dents avec des dents, etc. En même temps, les formations organiques et le conte présentent une grande différence qui facilite notre tâche. Alors que là, le changement d'une partie ou d'un trait entraîne le changement d'un autre trait, dans le conte chaque partie peut changer indépendamment des autres. Bien des chercheurs notent ce phénomène, encore que, pour l'instant, nous n'enregistrions aucune tentative pour en tirer toutes les conclusions, méthodologiques et autres [1].

Ainsi Krohn, d'accord avec Spiess quant à la mobilité des parties constitutives, tient néanmoins pour nécessaire d'étudier les contes en bloc, et non pas suivant leurs parties sans pourtant trouver d'arguments de poids pour défendre sa position qui caractérise bien l'école finnoise.

Nous en concluons qu'on peut étudier les parties constitutives sans tenir compte du sujet qu'elles constituent. L'étude des rubriques verticales révèle les normes et les voies de transformation. Grâce à l'union mécanique des parties constitutives, ce qui est vrai pour chaque élément particulier le sera pour la formation générale.

II

Le travail actuel ne se propose pas d'épuiser la question. On ne pourra donner que quelques jalons principaux qui constitueront par la suite la base d'une étude théorique plus large.

Mais même dans un exposé abrégé, avant de passer à l'étude des transformations, il est nécessaire d'établir des

1. Cf. F. Panzer, *Märchen, Sage und Dichtung*, München, 1905 : « Seine Komposition ist eine Mosaikarbeit, die das schillernde Bild aus deutlich abgegrenzten Steinchen gefügt hat. Und diese Steinchen bleiben umso leichter auswechselbar, die einzelnen Motive können umso leichter variieren, als auch nirgends für eine Verbindung in die Tiefe gesorgt ist. » Évidemment, on nie ici la théorie des combinaisons stables ou des liens constants. K. Spiess a exprimé la même idée avec plus de relief et plus de détails *(Das deutsche Volksmärchen*, Leipzig, 1917.) Cf. aussi K. Krohn, *Die folkloristische Arbeitsmethode*, Oslo, 1926.

critères qui nous permettent de distinguer les formes fondamentales des formes dérivées.

Ces critères peuvent être de deux sortes : ils peuvent être exprimés par certains principes généraux ou bien par des règles particulières.

Avant tout, les principes généraux.

Pour établir ces principes, il faut considérer le conte en rapport avec son milieu, avec la situation dans laquelle il est créé et dans laquelle il vit. Ici, la vie pratique et la religion, dans le sens large du mot, auront la plus grande importance. Les raisons des transformations sont souvent extérieures au conte, et nous ne pourrons pas comprendre leur évolution sans faire des rapprochements entre le conte lui-même et le milieu humain où il vit.

Nous appellerons forme fondamentale la forme qui est liée à l'origine du conte. Sans aucun doute, le conte a généralement sa source dans la vie. Mais le conte merveilleux, lui, reflète très peu la vie courante. Tout ce qui vient de la réalité représente une forme secondaire. Pour comprendre la véritable origine du conte, nous devons nous servir, dans nos comparaisons, de renseignements détaillés sur la culture de cette époque.

Nous nous convaincrons ainsi que les formes définies pour telle ou telle raison comme fondamentales sont visiblement liées aux anciennes représentations religieuses. On peut faire la supposition suivante : si nous trouvons la même forme dans un document religieux et dans un conte, la forme religieuse est primaire, la forme du conte secondaire. Ceci est vrai surtout en ce qui concerne les religions archaïques. Tout élément des religions disparues aujourd'hui est toujours préexistant à son utilisation dans un conte. Il est bien sûr impossible de prouver cette affirmation. Une telle dépendance ne peut, en général, être prouvée; elle ne sera que démontrée à partir de nombreux exemples. Ceci est un premier principe général qui pourra subir un développement ultérieur. On peut formuler le deuxième de la manière suivante : si on trouve le même élément dans deux formes, dont l'une remonte à la vie religieuse et l'autre à la réalité, la forme religieuse est primaire, celle de la vie pratique secondaire.

Cependant, il faut garder une certaine prudence dans l'application de ces principes. L'essai de faire remonter toutes les formes fondamentales à la religion, toutes les formes dérivées à la réalité, serait incontestablement une erreur. Pour prévenir de semblables erreurs, nous devons éclaircir davantage les méthodes à suivre dans l'étude comparative du conte et de la religion, du conte et de la réalité.

On peut établir plusieurs sortes de rapport entre le conte et la religion.

Le premier type de rapport est la dépendance génétique directe qui est tout à fait évidente dans certains cas et qui, dans d'autres, exige des recherches historiques spéciales. Ainsi le dragon que l'on trouve dans les religions et dans les contes est venu incontestablement de ces premières.

Cependant, l'existence d'un tel lien n'est pas obligatoire, même dans le cas d'une grande ressemblance entre les deux. Elle n'est probable que dans le cas où nous avons affaire à des données liées directement aux cultes, aux rites. Il faut distinguer ces renseignements reçus du rite de ceux qui nous sont fournis par la poésie épique religieuse. Dans le premier cas, nous pouvons parler d'une parenté directe qui suit une lignée de descendance analogue à la parenté du père et du fils; dans le deuxième cas, nous ne pouvons parler que d'une relation parallèle analogue à la parenté des frères entre eux. Ainsi, l'histoire de Samson et Dalila ne peut être considérée comme le prototype du conte : le conte semblable à cette histoire et le texte biblique peuvent remonter à une source commune.

Bien sûr, ce n'est qu'avec une certaine réserve qu'on peut affirmer le caractère primaire de la matière des cultes. Mais il y a aussi des cas où nous pouvons l'affirmer sans hésitation. Il est vrai qu'il s'agit souvent, non pas du document lui-même, mais de ces représentations que nous y trouvons, et sur lesquelles est construit le conte. Mais nous ne pouvons juger ces représentations que d'après les documents. Le Rig-véda, qui reste encore peu connu parmi les folkloristes, est une telle source. S'il est vrai que le conte comprend environ cent cinquante parties constitutives, soixante d'entre elles sont utilisées ici dans des buts lyriques et non pas épiques, mais il ne faut pas oublier que ce sont des hymnes sacerdotaux, et non pas populaires. Sans aucun doute, cette poésie lyrique se transforme en poésie épique chez les gens du peuple (les bergers et les paysans). Si l'hymne fait l'éloge d'Indra comme vainqueur des dragons (et les détails correspondent parfois exactement à ceux du conte), le peuple pourrait raconter sous une forme quelconque comment Indra a vaincu le dragon.

Vérifions cette affirmation par un exemple plus concret. Nous reconnaissons très facilement Baba Yaga et sa chaumière dans l'hymne suivant :

« Maîtresse des forêts, maîtresse des forêts, où disparais-tu? Pourquoi ne poses-tu pas de questions sur le village? N'as-tu pas peur?

« Quand les grands cris et le gazouillement des oiseaux retentissent, la maîtresse des forêts se sent comme un prince qui voyage au son des cymbales.

« Il te semble alors que des vaches paissent. Tu penses alors apercevoir, là-bas, une chaumière. On entend un cri le soir, comme si une charrette passait. C'est la maîtresse des forêts. Quelqu'un appelle la vache là-bas. Quelqu'un abat des arbres là-bas. Quelqu'un crie là-bas. Ainsi pense celui qui passe la nuit chez la maîtresse des forêts.

« La maîtresse des forêts ne te fait pas de mal, si toi tu ne l'attaques pas. Tu goûtes à des fruits doux et tu t'étends pour le repos selon ton plaisir.

« Je glorifie celle dont émane un parfum d'herbe, celle qui

ne sème pas, mais qui trouve toujours sa nourriture, la mère des bêtes sauvages, la maîtresse des forêts. »

Nous trouvons ici plusieurs éléments du conte : la chaumière dans la forêt, le reproche lié aux questions (il est donné dans un ordre inverse), l'hospitalité (elle l'a nourri, lui a donné à boire, lui a offert le gîte), l'indication de l'hostilité possible de la maîtresse des forêts, l'indication de ce qu'elle est la mère des bêtes sauvages (dans le conte, elle convoque les bêtes). D'autres éléments ne sont pas présents : les pattes de poule de la chaumière, l'apparence de la maîtresse, etc. Voici la coïncidence frappante d'un petit détail : celui qui couche dans la chaumière pense qu'on abat des arbres. Chez Afanassiev (*99*), le père, après avoir laissé sa fille dans la chaumière, attache un morceau de bois à la charrette. Le bois frappe et la fille dit : « C'est mon père qui abat les arbres. »

Toutes ces coïncidences sont d'autant moins fortuites qu'elles ne sont pas les seules. Ce ne sont que quelques-unes des coïncidences nombreuses et exactes cntre le conte et le Rigvéda.

Bien sûr, on ne peut pas considérer ce parallèle comme une preuve que notre Baba Yaga remonte au Rigvéda. Il souligne seulement que, d'une façon générale, c'est de la religion au conte que se dessine le mouvement et non pas l'inverse, et que c'est ici qu'on doit commencer des recherches comparatives précises.

Cependant, tout ce qu'on a dit jusqu'à présent n'est vrai que dans le cas où un grand laps de temps sépare l'apparition de la religion et du conte, dans le cas où la religion en cause est déjà morte, où ses débuts se perdent dans le passé préhistorique. Il en est tout autrement quand nous comparons une religion vivante et un conte vivant d'un même peuple. Ici, il peut s'agir d'une dépendance inverse, dépendance qui n'était pas possible entre une religion déjà morte et un conte contemporain. Les éléments chrétiens du conte (les apôtres dans le rôle d'auxiliaires, le diable dans le rôle de l'agresseur, etc.) sont ici postérieurs aux contes et non pas antérieurs, comme dans le cas précédent. Strictement parlant, il ne s'agit pas ici d'un rapport inverse à celui du cas précédent. Le conte (merveilleux) vient des anciennes religions, mais la religion contemporaine ne vient pas des contes. Elle ne les crée pas non plus, mais elle modifie leurs éléments. Il y a aussi quelques rares cas d'une véritable dépendance inverse, c'est-à-dire des cas où les éléments de la religion viennent du conte. L'histoire de la sanctification du miracle de saint Georges avec le dragon par l'Église occidentale nous en fournit un exemple très intéressant. Ce miracle fut sanctifié bien après que saint Georges fut canonisé et cette sanctification se heurta à une résistance obstinée de la part de l'Église [1].

Comme le combat contre le dragon existe dans plusieurs religions païennes, il faut admettre que c'est d'elles qu'il tient sa véritable origine. Mais au XIIIe siècle, quand ces religions n'eurent plus aucune survivance, seule la tradition épique populaire joua le rôle intermédiaire. La popularité de saint Georges d'une part, et celle du combat contre le dragon d'autre part, associèrent l'image de saint Georges et celle du combat. L'Église se vit obligée de reconnaître le fusionnement produit et de le sanctifier.

Enfin, à côté de la dépendance génétique directe du conte et de la religion, à côté du parallélisme et de la dépendance inverse, il existe le cas d'absence totale de lien, malgré les ressemblances possibles. Des images identiques peuvent surgir indépendamment les unes des autres. Ainsi le cheval magique peut être comparé aux chevaux sacrés allemands et au cheval de feu Agni dans le Rigvéda. Les premiers n'ont rien à voir avec notre Gris-Brun, le second lui ressemble par tous ses aspects. L'analogie ne peut être utilisée

1. G. Aufhauser, *Das Drachenwunder des Heiligen Georg*, Leipzig, 1912.

que dans le cas où elle est plus ou moins complète. Des phénomènes semblables mais hétéronomes doivent être exclus des comparaisons.

Ainsi l'étude des formes fondamentales amène le chercheur à comparer le conte aux religions.

Au contraire, l'étude des formes dérivées dans le conte merveilleux est liée à la réalité. De nombreuses transformations s'expliquent par l'introduction de celle-ci dans le conte. Ce fait nous oblige à perfectionner les méthodes servant à étudier les rapports entre le conte et la vie courante.

Le conte merveilleux, contrairement aux autres classes de contes (anecdotes, nouvelles, fables, etc.) est relativement pauvre en éléments appartenant à la vie réelle. On a souvent surestimé le rôle de la réalité dans la création du conte. Nous ne pouvons résoudre le problème du rapport entre le conte et la vie courante qu'à condition de ne pas oublier la différence entre le réalisme artistique et l'existence d'éléments provenant de la vie réelle. Les savants commettent souvent une erreur en cherchant dans la vie réelle une correspondance au récit réaliste.

Voici par exemple ce que dit N. Lerner dans ses commentaires de *Bova* de Pouchkine. Il s'arrête sur les vers :

C'était, en effet, un Conseil d'Or.
On ne bavardait pas, ici, mais on pensait :
Tous les magnats réfléchirent longtemps,
Arzamor, un homme âgé et plein d'expérience,
Allait ouvrir la bouche
(La tête grise voulait évidemment donner un conseil)
Il toussa à haute voix, puis se ravisa
Et, en silence, se mordit la langue.
(etc. Tous les membres du conseil se taisent, puis s'endorment.)

En se référant à L. Maïkov, Lerner écrit : « On peut voir dans le tableau du Conseil des Barbus une satire des usages bureaucratiques de la Russie moscovite... Remarquons que la satire pourrait être dirigée, non seulement contre les temps anciens, mais aussi contre l'époque contemporaine, où l'adolescent génial pouvait observer sans peine tous les gros bonnets ronflants et « réfléchissants », etc. » Pourtant, il s'agit ici d'une situation directement issue des contes. Nous trouvons chez Afanassiev (par ex. *140*) : « Il questionna une fois, les boyards se turent, une deuxième fois, ils ne répondirent pas, une troisième fois, personne ne souffla mot. » Nous avons ici une situation fréquente, dans laquelle la victime s'adresse aux autres pour demander secours, et cet appel se reproduit habituellement trois fois. On s'adresse d'abord aux servantes, ensuite aux boyards (aux clercs, aux ministres), la troisième fois au héros du conte. Chaque élément de la triade peut être à son tour triplé. Par conséquent, il ne s'agit pas de la réalité, mais de l'amplification et de la spécification (attribution des noms, etc.) d'un élément folklorique. Nous aurions commis la même erreur en considérant le personnage de Pénélope et les actions de ses fiancés comme correspondant à la vie réelle grecque et aux coutumes grecques du mariage. Les fiancés de Pénélope sont les faux fiancés que la poésie épique du monde entier connaît bien. Il faut avant tout isoler les éléments folkloriques, et ce n'est que cet isolement fait que nous pourrons poser la question des correspondances entre les situations spécifiques de la poésie d'Homère et la vie réelle grecque.

Ainsi nous voyons que le problème des rapports entre le conte et la réalité est loin d'être simple. On ne peut pas, à partir des contes, tirer des conclusions immédiates sur la vie.

Mais, comme nous le verrons plus loin, le rôle de la réalité dans les transformations du conte est très important. La vie réelle ne peut pas détruire la structure générale du conte. On y puise la matière des différentes substitutions qui se produisent dans l'ancien schéma.

III

Voici quels sont les principaux critères, à l'aide desquels on peut, avec plus de précision, distinguer la forme fondamentale d'un élément du conte de la forme dérivée (je sous-entends les contes merveilleux).

1. L'interprétation merveilleuse d'une partie du conte est antérieure à l'interprétation rationnelle. Le cas est très simple et il ne réclame pas un développement particulier. Si, dans un conte, Ivan reçoit le don magique de Baba Yaga et que, dans un autre, il le reçoit d'une vieille femme de passage, c'est la première situation qui est antérieure à la seconde. Le fondement théorique de ce point de vue repose sur la liaison entre les contes et les religions. Cependant, cette règle peut se révéler fausse par rapport aux autres classes de contes (fables, etc.) qui, en général, sont peut-être antérieures aux contes merveilleux et qui ne trouvent pas leur origine dans des phénomènes religieux.

2. L'interprétation héroïque est antérieure à l'interprétation humoristique. En fait, il s'agit ici d'un cas particulier du phénomène précédent. Ainsi l'élément « battre le dragon aux cartes » est postérieur à l'élément « engager un combat de mort avec le dragon ».

3. La forme appliquée logiquement est antérieure à la forme appliquée d'une manière incohérente [1].

4. La forme internationale est antérieure à la forme nationale. Si, par exemple, on retrouve le dragon dans les contes du monde entier, mais qu'il soit remplacé par l'ours dans les contes du Nord et par le lion dans les contes du Sud, le dragon est la forme fondamentale, tandis que le lion et l'ours en sont des formes dérivées.

Il faut dire ici quelque mots des méthodes à l'aide des-

1. On en trouve des exemples dans l'article de I. V. Karnaukhova publié dans le recueil *Krestjanskoe Iskusstvo SSSR*, Leningrad, 1927.

quelles nous étudions les contes à l'échelle internationale. La matière à étudier est si vaste qu'il est impossible à un chercheur d'examiner les cent cinquante éléments du conte en les recherchant dans le folklore du monde entier. Il faut d'abord étudier les contes d'un peuple, préciser toutes leurs formes fondamentales et dérivées, accomplir le même travail auprès d'un autre peuple et, ensuite, passer aux confrontations. Par conséquent, on peut simplifier la thèse des formes internationales et l'exprimer ainsi : chaque forme nationale est antérieure à la forme régionale, provinciale. Mais, une fois prise cette voie, on ne peut pas s'empêcher de formuler : la forme répandue est antérieure à la forme rare. En théorie, cependant, il est possible que ce soit précisément l'ancienne forme qui s'est conservée dans des cas isolés, tandis que toutes les autres formes sont nouvelles. C'est pourquoi l'application de ce principe quantitatif (l'application de la statistique) exige une grande prudence et un recours incessant aux considérations sur la qualité du matériel étudié. Par exemple : dans le conte *la Belle Vassilissa* (Af. *104*), l'image de Baba Yaga est accompagnée de l'apparition de trois cavaliers symbolisant le matin, le jour et la nuit. On se demande involontairement : n'avons-nous pas ici un trait primordial propre à Baba Yaga, qui est perdu dans les autres contes? Mais, à cause de multiples considérations particulières (que nous ne citerons pas ici), il faut entièrement renoncer à cette opinion.

IV

Nous poursuivrons à titre d'exemple toutes les modifications possibles d'un élément, à savoir la chaumière de Baba Yaga. Du point de vue morphologique, la chaumière représente la demeure du donateur (c'est-à-dire du personnage qui offre un objet magique au héros). Par conséquent, nous comparerons non seulement les chaumières, mais aussi tous les genres de demeures du donateur. Nous considérons comme forme fondamentale russe la chaumière sur des pattes de poule dans la forêt et qui tourne. Mais, puisqu'un élément ne réalise pas dans le conte toutes les modifications possibles, nous prendrons, dans certains cas, d'autres exemples.

1. *Réduction.* Nous pouvons trouver, à la place de la forme complète, la série suivante de modifications :

1. Chaumière sur des pattres de poule dans la forêt.
2. Chaumière sur des pattes de poule.
3. Chaumière dans la forêt.
4. Chaumière.
5. La forêt (Af. *95*).
6. On ne mentionne pas la demeure.

Ici, la forme fondamentale est réduite. On abandonne les pattes de poule, la rotation, la forêt, enfin la chaumière elle-même peut disparaître. La réduction représente une forme fondamentale incomplète. Elle s'explique évidemment par l'oubli qui, à son tour, a des raisons plus complexes. La réduction indique le manque de correspondance entre le conte et le genre de vie propre au milieu où il est connu. Elle indique le peu d'actualité du conte dans un milieu, dans une époque ou chez un narrateur.

2. *L'amplification* représente le phénomène opposé. Ici, la forme fondamentale est aggrandie et complétée par des détails. On peut considérer comme amplifiée la forme suivante :

Chaumière sur des pattes de poule, dans la forêt, étayée de crêpes et couverte de tartes.

La plupart des amplifications s'accompagnent de réductions. On rejette certains traits et on en ajoute d'autres. On pourrait classer les amplifications en groupes suivant leur origine (comme nous l'avons fait plus loin avec les substitutions). Certaines amplifications viennent de la vie courante, d'autres représentent le développement d'un détail emprunté à la forme canonique. Ici, nous nous trouvons devant ce dernier cas. L'étude du donateur nous montre que celui-ci unit des qualités hostiles et hospitalières. Habituellement, Ivan se régale chez le donateur. Les formes de ce régal sont très diverses (« ... offert à boire, offert à manger ». Ivan s'adresse à la chaumière avec ces mots : « Nous devons entrer chez toi pour manger un brin. » Le héros voit la table mise dans la chaumière, il goûte tous les plats ou mange à sa faim; il saigne lui-même les taureaux ou les poules dans la cour du donateur, etc.). La demeure exprime les mêmes qualités que le donateur. Le conte allemand *Hänsel und Gretel* utilise cette forme, d'une façon un peu différente, conformément au caractère enfantin du conte.

3. *Déformation.* A l'époque actuelle, on trouve assez souvent des déformations, car le conte merveilleux est en régression. Ces formes corrompues trouvent parfois une large extension et s'enracinent. Dans le cas de la chaumière, on peut considérer comme déformée l'image de la rotation constante de la chaumière autour de son axe. La chaumière a une signification tout à fait particulière pour le déroulement de l'action : c'est une grand-garde; le héros subit ici une épreuve qui montrera s'il est digne de recevoir l'objet magique. La chaumière offre aux yeux d'Ivan un mur aveugle. C'est pourquoi on l'appelle parfois « chaumière sans fenêtres et sans portes ». Mais l'ouverture est du côté opposé à celui où se trouve Ivan. On pourrait croire qu'il est aisé d'en faire le tour et d'entrer par la porte. Or, Ivan ne le peut pas et il ne le fait jamais dans les contes. Au lieu de cela, il prononce une formule magique « tourne ton dos vers la forêt, ta face vers moi », ou encore « place-toi comme ta mère t'a placée ». Suit généralement : « La chaumière se retourna. » Le mot « retourner » s'est transformé en « tourner »; l'expression « tourne quand il faut » s'est transformée en « tourne » tout court, ce qui n'a pas de sens, sans être pour autant privé d'un certain attrait.

4. *Inversion.* La forme fondamentale se transforme souvent en son opposée. Par exemple, on remplace les images féminines par des images masculines, et inversement. Ce phénomène peut également toucher la chaumière. Au lieu d'une chaumière fermée, nous avons parfois une chaumière à la porte grande ouverte.

5 et 6. *Intensification et affaiblissement.* Ces sortes de transformations ne concernent que les actions des personnages. On peut accomplir les différentes actions avec une intensité différente. Le renvoi du héros, transformé en expulsion, peut servir d'exemple d'intensification. Le renvoi est un des éléments constants du conte; cet élément est représenté par une telle quantité de formes différentes que l'on peut y observer tous les stades de la transformation. Il intervient quand on demande tel ou tel objet singulier; c'est parfois une commission (« rendez-moi un service »), le plus souvent un ordre accompagné de menaces dans le cas de non-exécution et de promesses dans le cas contraire. C'est parfois aussi une expulsion camouflée : la sœur méchante envoie son frère chercher du lait de bêtes sauvages pour se débarrasser de lui; le maître envoie le valet chercher la vache soi-disant perdue dans la forêt; la marâtre envoie sa belle-fille chercher du feu chez Baba Yaga. L'expulsion, enfin, peut être simple. Ce ne sont que les principales étapes et chacune d'entre elles admet encore plusieurs variations et formes intermédiaires; ces formes sont particulièrement importantes pour l'étude des contes qui traitent de personnages expulsés.

On peut considérer comme forme fondamentale du renvoi l'ordre accompagné de menaces et de promesses. Si l'on omet les promesses, cette réduction peut en même temps être considérée comme une intensification : ce qui reste, c'est le renvoi et les menaces. L'omission des menaces amène au contraire une atténuation, un affaiblissement de cette forme. L'affaiblissement ultérieur consiste à omettre le renvoi lui-même. En partant, le fils demande la bénédiction de ses parents.

On peut interpréter les six sortes de transformations que nous avons examinées jusqu'à présent comme changements de la forme fondamentale. Au même niveau d'analyse se situent deux autres grands groupes de transformations : les substitutions et les assimilations. On peut classer celles-ci comme celles-là suivant leur origine.

7. *Substitution interne.* Poursuivant notre observation de la demeure, nous trouvons les formes suivantes :

1. Palais.
2. Montagne près d'une rivière de feu.

Ces cas ne sont ni des réductions, ni des amplifications, etc. Ce ne sont pas des changements, mais des substitutions. Elles ne viennent pas de l'extérieur; on les a puisées dans le conte lui-même. Il s'agit ici d'un déplacement, d'une transposition des formes du matériau. La princesse habite généralement un palais, le plus souvent en or. On attribue cette demeure au donateur. Ces déplacements jouent un grand rôle dans le conte. Chaque élément a une forme qui lui est propre. Cependant, cette forme n'est pas toujours attachée au même élément (par exemple, la princesse qui est le personnage recherché pour jouer aussi le rôle de l'aide, du donateur). Une image du conte supplante une autre image. Ainsi, la fille de Baba Yaga peut jouer le rôle de la princesse; Baba Yaga n'habite plus alors une chaumière, mais un palais, demeure propre à une princesse. On y rattache aussi les palais de cuivre, d'argent et d'or. Les jeunes filles qui habitent ces palais sont à la fois des donateurs et des princesses. Ces palais peuvent surgir comme une image triple du palais d'or. Ils peuvent avoir aussi une origine indépendante, par exemple sans aucun rapport avec les images de l'âge d'or, d'argent et de fer.

De la même manière, la montagne près de la rivière de feu n'est que la demeure du dragon, attribuée au donateur.

Ces déplacements jouent un rôle immense dans l'apparition des transformations. La majorité de toutes les transformations sont des substitutions ou des déplacements internes.

8. *Substitution réaliste.* Si nous avons les formes :

1. Auberge.
2. Maison à deux étages,

la chaumière merveilleuse est remplacée par des formes de demeure connues dans la vie réelle. La plupart de ces substitutions s'expliquent très simplement, mais certaines d'entre elles exigent des recherches ethnographiques particulières. Les substitutions réalistes sautent aux yeux et les chercheurs s'y arrêtent le plus souvent.

9. *Substitution confessionnelle.* La religion contemporaine peut aussi substituer des formes nouvelles à des formes anciennes. On rapporte ici des cas comme celui du diable dans le rôle de transporteur aérien, de l'ange dans le rôle de celui qui offre l'objet magique, de l'épreuve qui porte le caractère d'une mortification. Certaines légendes représentent en fait des contes où tous les éléments ont subi des substitutions. Chaque peuple a ses propres substitutions confessionnelles. Le christianisme, l'islamisme, le bouddhisme se reflètent dans les contes des peuples qui professent ces religions.

10. *Substitution par superstition.* Il est tout à fait évident que les superstitions et les croyances régionales peuvent aussi transformer la matière des contes. Néanmoins, on trouve ces substitutions beaucoup plus rarement qu'on ne pourrait s'y attendre à première vue (les erreurs de l'école mythologique). Pouchkine avait tort d'écrire, à propos du conte :

Là il y a des miracles, là rôde le sylvain,
L'ondine est assise sur les branches...

Si nous trouvons le sylvain dans un conte fantastique, il n'est presque jamais autre chose qu'une substitution de Baba Yaga. Les ondines n'apparaissent qu'une seule fois dans le recueil d'Afanassiev et aussi dans un conte dont l'authenticité est assez douteuse; on ne les retrouve pas dans les recueils d'Ontchoukov, de Zelenin, de Sokolov, et le sylvain n'entre dans le conte que parce qu'il ressemble à Baba Yaga qui est aussi un habitant des forêts. Le conte n'attire dans son monde que ce qui correspond aux formes de sa construction.

11. *Substitution archaïque.* On a indiqué que les formes fondamentales des contes remontent à des images religieuses déjà mortes. En se fondant sur ce critère, on peut parfois distinguer les formes fondamentales des formes dérivées. Dans certains cas particuliers cependant, la forme fondamentale (plus ou moins habituelle pour les contes) est remplacée par une forme aussi ancienne, d'origine religieuse, mais qu'on ne trouve qu'isolément et dans des cas très rares. Ainsi dans le conte *la Sorcière et la Sœur du Soleil* (Af. *93*), le combat avec le dragon est remplacé par l'épisode suivant : l'épouse du dragon dit au prince : « Qu'Ivan le Prince vienne avec moi sur la balance; on verra qui sera le plus lourd. » La balance jette Ivan dans les appartements du Soleil. Il s'agit ici des traces d'une psychostasie (pesage des âmes). D'où est venue cette forme (l'Égypte ancienne la connaît) et comment s'est-elle conservée dans le conte? Ces deux questions constitueront l'objet d'une étude historique. On ne peut pas toujours distinguer facilement la substitution archaïque de la substitution par croyance ou superstition. Toutes les deux remontent à une époque très ancienne. Mais, si un élément du conte est en même temps l'objet d'une foi vivante, on peut considérer la substitution comme relativement nouvelle (cf. l'introduction du sylvain). La religion païenne a donné naissance à deux développements : l'un dans le conte, l'autre dans la foi et dans les coutumes. Au cours des siècles, ils ont pu se rejoindre et l'un a pu supplanter l'autre. Inversement, si la foi vivante ne donne aucune indication sur l'élément du conte (la balance), la substitution remonte alors à des temps très anciens, et elle peut être considérée comme archaïque.

12. *Substitution littéraire.* Le conte intègre des éléments littéraires aussi difficilement que des superstitions vivantes. Le conte possède une telle résistance que toutes les autres formes se brisent en lui sans se fondre. Si néanmoins cette rencontre se produit, c'est le conte qui est toujours le vainqueur. Parmi les genres littéraires, le conte absorbe le plus souvent la byline [1] et la légende. L'absorption du roman est un fait beaucoup plus rare. Seul le roman chevaleresque joue ici un certain rôle. Cependant, le roman chevaleresque est souvent lui-même un produit des contes. Les étapes du développement sont les suivantes : conte, roman, conte. C'est pourquoi des œuvres comme *Ierouslan Lazarevitch* s'apparentent par leur construction aux contes les plus typiques, malgré le caractère livresque de certains éléments. Bien sûr, ceci ne concerne que le conte merveilleux. Le fabliau, la nouvelle et les autres genres de prose populaire sont plus souples et plus réceptifs.

13. *Modifications.* On ne peut pas définir avec précision l'origine de certaines substitutions. Pour la plupart, elles sont créations du conteur et nous renseignent sur son imagination. Ces formes ne sont pas significatives pour l'ethnographie et pour l'histoire. On peut cependant remarquer que ces substitutions jouent un rôle plus important dans les contes d'animaux et autres contes non merveilleux (la substitution de l'ours par un loup, d'un oiseau par un autre, etc.), mais restent possibles dans le conte merveilleux. Ainsi l'aigle, le faucon, le corbeau, l'oie, etc., peuvent également jouer le rôle de transporteur aérien. Le cerf aux ramures d'or, le cheval à la crinière d'or, le canard aux plumes dorées, le cochon aux soies d'or, etc., peuvent se substituer l'un à l'autre comme objets singuliers recherchés. Les formes dérivées se modifient particulièrement souvent. On peut montrer par la confrontation d'un certain nombre de formes

1. Chanson épique russe. *(N.d.T.)*

que l'objet singulier recherché n'est autre chose qu'une transformation de la princesse aux boucles d'or. Si la comparaison des formes fondamentales et des formes dérivées révèle une certaine subordination (descendance), la comparaison de deux éléments dérivés indique un certain parallélisme. Le conte possède des éléments aux formes diverses. C'est le cas par exemple des « tâches difficiles ». Ces tâches n'ont pas de formes fondamentales, c'est pourquoi la construction du conte entier en est peu affectée.

Ce phénomène apparaîtra encore plus nettement, si nous confrontons des parties qui n'ont jamais appartenu à la forme fondamentale du conte. Les motivations en sont un exemple. Les transformations obligent parfois à motiver telle ou telle action. Ainsi se créent des motivations très différentes pour des actions rigoureusement identiques, comme pour l'expulsion du héros par exemple (l'expulsion est une forme dérivée). Inversement, l'enlèvement de la jeune fille par le dragon (qui est une forme première) n'est presque jamais motivé : il est motivé de l'intérieur.

Certains traits de la chaumière sont aussi modifiés : au lieu de la chaumière sur des pattes de poule, nous trouvons la chaumière « sur des cornes de chèvre, sur des pattes de mouton ».

14. *Substitutions d'origine inconnue.* Comme nous classons ici les substitutions suivant leur origine et comme l'origine d'un élément n'est pas toujous connue et qu'elle n'est pas toujours une simple modification, il nous faut créer une classe de substitutions d'origine provisoirement inconnue. On peut par exemple rattacher à ces formes la sœur du Soleil dans le conte *93* d'Afanassiev. La sœur joue le rôle du donateur et peut aussi être considérée comme une forme rudimentaire de la princesse. Elle vit dans les « appartements du Soleil ». Nous ne savons pas s'il s'agit ici d'un culte quelconque du Soleil ou si nous avons affaire à une création imaginative du narrateur (souvent, quand on

demande au conteur s'il connaît des contes sur ceci ou cela, et si l'on y trouve telle ou telle chose, il invente n'importe quoi pour plaire au folkloriste).

Ainsi, nous terminons notre aperçu sur les substitutions. Bien sûr, on pourrait créer d'autres subdivisions, en analysant tel ou tel cas particulier, mais pour l'instant ce n'est pas nécessaire. Les substitutions énumérées gardent leur importance tout au long du matériau des contes, et en les complétant, on peut facilement les appliquer aux cas particuliers en se fondant sur les classes établies.

Nous nous occuperons maintenant d'une autre classe de transformations, les assimilations.

Nous appelons assimilation le remplacement incomplet d'une forme par une autre, de telle sorte qu'il se produit un fusionnement des deux formes en une seule.

Nous énumérerons les assimilations très brièvement, parce que nous allons garder les mêmes classes que pour les substitutions.

15. *Assimilation interne*. Nous la trouvons dans les formes :

1. Chaumière sous un toit d'or.
2. Chaumière près de la rivière de feu.

Dans les contes, nous trouvons souvent un palais sous un toit d'or. La chaumière + le palais sous un toit d'or donnent la chaumière sous un toit d'or. De même pour la chaumière près de la rivière de feu.

Nous trouvons un cas très intéressant dans le conte *Fedor Vodovitch et Ivan Vodovitch* (Ontch. 4). Ici, deux éléments aussi différents que la naissance miraculeuse du héros et sa poursuite par les femmes (les sœurs) du dragon se sont fondus. Poursuivant les héros, les femmes du dragon se transforment habituellement en puits, en pommier, en lit, et se mettent sur la route d'Ivan. S'il goûte des fruits, s'il boit de l'eau, etc., il se déchirera en morceaux. Même motif utilisé pour la naissance miraculeuse : la princesse se promène dans le jardin de son père, elle voit le puits avec le gobelet et le lit (le pommier est oublié). Elle boit de l'eau et se couche sur le lit pour se reposer. Ainsi, elle conçoit et donne naissance à deux fils.

16. Nous trouvons une *assimilation réaliste* dans les formes :

1. Chaumière au bout du village.
2. Caverne dans la forêt.

Ici, la chaumière merveilleuse s'est transformée en une chaumière réelle et en une caverne réelle, mais la demeure reste isolée (dans le deuxième cas, elle est toujours dans la forêt). Ainsi, le conte + réalité donnent une assimilation réaliste.

17. La substitution du dragon par un diable peut servir comme exemple d'*assimilation confessionnelle;* ce dernier habite un lac, tout comme le dragon. Cette image des méchants êtres aquatiques peut n'avoir rien en commun avec la soi-disant mythologie populaire des paysans et ne s'explique souvent que comme une sorte de transformation.

18. L'*assimilation par superstition* est rare. Le sylvain qui habite la chaumière sur des pattes de poule peut nous en donner un exemple.

19 et 20. Les *assimilations littéraires* et *archaïques* sont encore plus rares. Les assimilations avec la byline et la légende ont une certaine importance pour le conte russe, mais il s'agit le plus souvent non pas d'une assimilation, mais de l'évincement d'une forme par une autre, cette dernière conservant les parties constitutives du conte sans modifications. Quant aux assimilations archaïques, elles réclament chaque fois un examen spécial. Elles sont possibles, mais on ne peut les indiquer qu'à l'aide de recherches très spécialisées.

On pourrait terminer ainsi notre aperçu sur les transformations. On ne peut pas affirmer qu'absolument toutes les formes des contes entreront dans le tableau proposé, mais en tout cas on peut y faire entrer un nombre considérable d'entre elles. On pourrait proposer encore des transformations telles que spécification et généralisation. Dans le premier cas, le phénomène général se transforme en phénomène particulier (au lieu du trois fois dixième royaume, on trouve la ville Khvalynsk); dans le deuxième cas, au contraire, le trentième royaume se transforme en « un autre » royaume, etc. Mais presque toutes ces sortes de spécifications peuvent être aussi considérées comme des substitutions; les généralisations, comme des réductions. Il en est de même quant à la rationalisation (coursier volant > cheval), à la transformation en anecdote, etc. L'application correcte et suivie des classes de transformation énumérées permet d'établir un fondement plus stable pour l'étude du conte dans son mouvement.

Ce qui concerne les éléments particuliers du conte concerne les contes en général. Si on ajoute un élément superflu, nous avons une amplification; dans le cas inverse, une réduction, etc. L'application de ces méthodes aux contes entiers est très importante pour l'étude des sujets.

Il nous reste encore à éclaircir un problème, problème très important. Si on relève toutes les formes (ou une très grande quantité de formes) d'un élément, nous voyons qu'elles ne peuvent être réduites à une seule forme fondamentale. Supposons que nous prenions Baba Yaga comme forme fondamentale du donateur. On peut expliquer des formes comme celle de la sorcière, la grand-mère, la femme veuve, la petite vieille, le vieillard, le berger, le sylvain, l'ange, le diable, les trois filles, la fille du roi, etc., d'une manière satisfaisante comme des substitutions et autres transformations de Baba Yaga. Mais nous trouvons aussi le « moujik grand comme un ongle, avec la barbe longue d'une aune ». Cette forme du donateur ne vient pas de Baba Yaga. Si nous la rencontrons également dans les religions, il s'agit d'une forme coordonnée à celle de Baba Yaga; sinon, c'est une substitution d'origine inconnue.

Chaque élément peut avoir plusieurs formes fondamentales, bien que le nombre de ces formes parallèles, coordonnées, soit habituellement très limité.

V

Notre étude serait incomplète si nous n'avions pas montré une série de transformations sur une matière plus dense, si nous n'avions pas donné un modèle pour l'application de nos observations. Prenons les formes :

Le dragon enlève la fille du roi.
Le dragon torture la fille du roi.
Le dragon exige la fille du roi.

Du point de vue de la morphologie du conte, il s'agit ici du méfait initial. Cette action sert habituellement de nœud. En accord avec les principes exposés plus haut, nous devons comparer non seulement un enlèvement avec un autre, etc., mais aussi les différentes formes de méfait initial, comme une des parties constitutives du conte.

La prudence exige que les trois formes soient considérées comme des formes coordonnées. Mais on peut supposer que la première est quand même une forme fondamentale. L'ancienne Égypte connaît une représentation de la mort qui est l'enlèvement de l'âme par le dragon. Mais cette représentation est oubliée, alors que la représentation de la maladie comme installation d'un démon dans le corps vit toujours. Enfin, l'image du dragon qui exige la princesse comme un tribut porte une teinte réaliste archaïque. Elle est accompagnée par l'apparition d'une armée, l'assiègement de la ville et la menace de guerre. Cependant, on ne peut pas l'affirmer avec certitude. De cette façon, les trois formes sont très anciennes et chacune se prête à un certain nombre de transformations.

Prenons la première forme :

Le dragon enlève la fille du roi.

On comprend le dragon comme une personnification du mal. L'influence confessionnelle transforme le dragon en diable :

Les diables enlèvent la fille du roi.

La même influence change l'objet de l'enlèvement :

Le diable enlève la fille du pope.

L'image du dragon est déjà étrangère au village. Elle est remplacée par un animal dangereux plus connu (substitution réaliste), pourvu d'attributs surnaturels (modification).

L'ours poil-de-fer emporte les enfants du roi.

L'agresseur est rapproché de Baba Yaga. Une partie du conte influence l'autre (substitution interne). Baba Yaga est un être de sexe féminin; c'est pourquoi on attribue le sexe masculin à l'objet enlevé (inversion).

La sorcière enlève le fils des vieillards.

Une des formes constantes de complication du conte est le nouvel enlèvement de l'objet obtenu par les frères. Ici, on transfère le méfait initial aux parents du héros. C'est la forme canonique de complication de l'action.

Les frères enlèvent la fiancée d'Ivan.

On remplace les méchants frères par d'autres parents méchants, empruntés à la réserve de personnages du conte (substitution interne).

Le roi (le beau-père) enlève la femme d'Ivan.

Parfois, c'est la princesse qui occupe cette place, le conte prend des formes plus amusantes. L'image de l'agresseur est réduite dans ces cas.

La princesse s'envole de chez son mari.

Dans tous ces cas, on enlevait des gens, mais on peut aussi voler la lumière divine (substitution archaïque?).

Le dragon vole la lumière du royaume.

On remplace le dragon par une autre bête monstrueuse (modification); l'objet de l'enlèvement est rapproché de la vie royale imaginaire.

La bête-vison vole des animaux dans la ménagerie du roi.

Les talismans jouent un grand rôle dans le conte. Ils sont souvent le moyen unique par lequel Ivan atteint ses objectifs. Cela explique pourquoi ils deviennent souvent l'objet du vol. Le canon du conte exige même obligatoirement ce vol, pour que l'action se complique vers le milieu. L'action qui se passe au milieu peut être transférée vers le début (substitution interne). Le ravisseur du talisman est souvent le coquin, le maître, etc. (substitution réaliste).

L'enfant-gaillard enlève le talisman d'Ivan.
Le maître enlève le talisman du moujik.

Le conte sur l'oiseau de feu, où les pommes d'or volées ne sont pas des talismans (cf. les pommes rajeunissantes), constitue un degré transitoire à l'égard des autres formes. Il faut ajouter ici que le vol du talisman ne sert qu'à compliquer l'action vers le milieu du conte, quand le talisman était déjà trouvé. Le vol du talisman au début du conte n'est possible que dans le cas où sa possession est motivée d'une manière quelconque. Ainsi, nous comprenons pourquoi les objets volés au début du conte ne sont pas pour la plupart des talismans. Du milieu du conte, l'oiseau de feu vient au début. L'oiseau est une des formes fondamentales du transporteur d'Ivan dans le trentième royaume. Les plumes dorées, etc., sont l'attribut habituel des animaux surnaturels.

L'oiseau de feu vole les pommes du roi.

Dans tous ces cas, on garde l'enlèvement (le vol). On attribue à un être mythique la disparition de la fiancée, de la fille, de la femme, etc. Cependant, ce caractère mythique est étranger à la vie paysanne contemporaine. La sorcellerie remplace la mythologie empruntée, étrangère. On attribue la disparition aux sortilèges des magiciens et magiciennes. Le caractère du méfait change, mais son résultat reste constant, c'est toujours une disparition qui provoque des recherches (substitution par croyance superstitieuse).

Le sorcier enlève la fille du roi.
La bonne ensorcelle et fait s'envoler la fiancée d'Ivan.

Ensuite, nous observons à nouveau le transfert de l'action sur des parents méchants.

Les sœurs font s'envoler le fiancé de la jeune fille.

Passons aux transformations de notre deuxième forme fondamentale, à savoir :

Le dragon torture la fille du roi.

La transformation suit les mêmes chemins.

Le diable torture la fille du roi, etc.

La torture prend ici, le caractère d'une obsession, d'un vampirisme, ce que l'ethnographie explique d'une manière satisfaisante. Nous trouvons de nouveau un autre être méchant à la place du dragon et du diable.

Baba Yaga torture la maîtresse des preux.

La troisième forme fondamentale présente les menaces du mariage forcé.

Le dragon exige la fille du roi.

Ainsi s'ouvre une série de transformations :

L'ondin exige le fils du roi, etc.

Suivant l'aspect morphologique, la même forme donne la déclaration de guerre, sans la réclamation des enfants du roi (réduction). Le transfert des formes semblables sur les parents donne comme résultat :

La sœur-sorcière essaie de manger le fils du roi (son frère).

Ce dernier cas (Af. *93*) est particulièrement intéressant. Ici, on appelle la sœur du prince « un dragon ». Ainsi, ce cas nous offre un exemple classique d'assimilation interne. Il montre qu'il faut être très prudent dans l'étude des rapports familiaux à partir du conte. Le mariage du frère avec sa sœur et d'autres formes peuvent ne point être des survivances d'une coutume, mais apparaître comme le résultat de certaines transformations, comme le cas cité nous le montre clairement.

On pourrait objecter, à tout ce qui est exposé ici, qu'on peut mettre n'importe quoi dans une phrase qui a deux compléments. Mais ce n'est point vrai. Comment mettre, dans une forme semblable, le nœud du conte *le Froid, le soleil et le vent* et de tant d'autres? Deuxièmement, les cas considérés réalisent un élément de construction qui reste le même dans son rapport avec la composition entière. Ils provoquent des actions identiques, représentées cependant par des formes différentes : la demande de secours se présente comme une sortie de la maison, une rencontre avec le donateur, etc. Tout conte possédant l'élément « vol » ou « enlèvement » ne présente pas nécessairement cette construction; si la construction est absente, on ne peut pas confronter des moments semblables, parce qu'ils sont hétéronomes, ou bien il faut admettre qu'une partie du conte merveilleux s'est intégrée à un autre type de construction. Ainsi, nous revenons à la nécessité de comparer non pas suivant une ressemblance extérieure, mais suivant des parties constitutives identiques.

TRADUIT DU RUSSE PAR TZVETAN TODOROV

L'étude structurale et typologique du conte

Evguéni Mélétinski

Le livre de Vladimir Propp *Morphologie du conte* fut publié en 1928 [1]. Cette étude, sous plusieurs aspects, devançait de beaucoup les travaux de son temps; mais on ne perçut véritablement bien la portée de la découverte scientifique de Propp que lorsque furent introduites en linguistique et en ethnologie les méthodes d'analyse structurale. Actuellement, *Morphologie du conte* est un des livres les plus connus et appréciés dans le monde des études folkloriques. Il a été traduit en anglais (1958, 1968) [2] et en italien (1966) [3], on en a tiré des extraits en polonais (1968) [4], des traductions en allemand (en R.D.A.) et en roumain sont actuellement sous presse. Dans les années 20, l'intérêt que l'on portait aux problèmes des formes artistiques, folkloriques entre autres, était très grand; mais Propp est le seul à avoir approfondi l'étude de la forme du conte jusqu'à en dégager la structure. Il est important de noter que, pour Propp, la morphologie ne constituait justement pas un but en soi et qu'il ne tendait pas vers une description des procédés poétiques en eux-mêmes. Il voulait au contraire découvrir la spécificité du conte merveilleux en tant que genre, afin de trouver par la suite une explication historique à son uniformité. Le manuscrit présenté à la rédaction des « Problèmes de la poétique » (collection non périodique éditée par l'Institut national de l'histoire des arts) comprenait initialement un chapitre supplémentaire dans lequel l'auteur s'efforçait de donner cette explication historique. Ce chapitre ne fit pas partie du texte définitif, mais il fut développé ultérieurement dans une vaste recherche fondamentale, les *Racines historiques du conte merveilleux* (publié en 1946) [5].

En étudiant la spécificité du conte merveilleux, Propp partait du principe suivant lequel l'étude diachronique (historico-génétique) devait être précédée d'une description synchronique rigoureuse. Élaborant les principes d'une telle description, Propp se demanda comment il allait faire apparaître clairement les éléments constants (les invariants), éléments qui sont toujours présents, même lorsque le chercheur passe d'un sujet à un autre. Ce sont justement ces « invariants », découverts par Propp, et leur corrélation dans la composition du conte, qui constituent la structure du conte merveilleux.

Avant Propp régnaient des conceptions atomistes : le motif ou bien le sujet dans son ensemble étaient considérés comme des monades narratives indécomposables.

C'est à partir des motifs que procède l'académicien A. Veselovski [6], dont Propp parle dans son livre avec la plus grande estime. A. Veselovski considérait les sujets comme des combinaisons de motifs et il présentait leur corrélation d'un point de vue purement quantitatif; il expliquait le pourcentage élevé de motifs en répétition par la présence d'emprunts ou de migrations.

Plus tard, K. Spiess, Friedrich von der Leyen [7] et d'autres, ont parlé des motifs comme de facteurs de la répétition dans le conte. Antti Aarne, auteur du catalogue international de motifs folkloriques, ainsi que l'école (« historico-géographique ») finnoise dans son ensemble, font du sujet l'unité essentielle et naturelle du folklore. Le sujet apparaît comme une unité constante dans la monographie bien connue du savant d'Odessa, R. Volkov [8], consacrée à l'étude du conte.

Dès les premières pages de la *Morphologie du conte*, Propp, polémiquant sérieusement avec ses prédécesseurs, montre, d'une part, la divisibilité des motifs aussi bien que celle des sujets; d'autre part, l'absence de frontières précises et de critères bien fondés pour délimiter le sujet, si l'on veut aboutir à une distinction sûre entre les sujets indépendants et leurs variantes. Selon Propp, ni les sujets ni les motifs, en dépit de leur caractère répétitif, n'expliquent l'uniformité spécifique du conte merveilleux. Aussi paradoxal que cela paraisse à première vue, ils constituent des éléments changeants, variables du conte. A cela, il convient d'ajouter que l'assemblage lui-même des motifs à l'intérieur du sujet, ou plus exactement leur groupement, leur distribution, dépend d'une structure constante de composition, spécifique du conte *.

En même temps que chez Propp ou même un peu plus tôt, les problèmes de l'étude structurale et morphologique furent mis en relief dans le très important article de A. Nikiforov (écrit en 1926, publié en 1928) [10]. Les intéressantes observations qu'il y fait sont formulées sous la forme de plusieurs lois morphologiques : la loi de répétition des éléments dynamiques du conte en vue de ralentir ou de compliquer son déroulement général; la loi de l'axe compositionnel (un conte peut comporter un ou deux héros, ces deux héros peuvent être égaux ou non); et enfin, « la loi de la formulation catégorielle ou grammaticale de l'action ».

A. Nikiforov propose d'examiner les « actions narratives » et leur groupement, en suivant le modèle de formation des mots dans la langue. D'après ses observations, on peut distinguer « les actions narratives préfixales » (aux larges possibilités de substitution), « radicales » (peu susceptibles de variation), « suffixales » et « flexionnelles ». La thèse de A. Nikiforov, selon laquelle seule demeure constante la fonction du personnage et son rôle dynamique dans le conte, se rapproche beaucoup de la conception de Propp. Le personnage principal, selon A. Nikiforov, est porteur

* J. Bédier dans son ouvrage célèbre sur le fabliau [9] s'était déjà penché sur le problème de la distinction entre éléments variables et constants dans le conte, mais, comme le fait remarquer V. Propp, n'avait pas réussi à les séparer distinctement, ni à les décrire.

de la fonction biographique, tandis que « les personnages secondaires » portent des fonctions de complication de l'intrigue (*i. e.* une fonction d'aide ou d'obstacle au héros ou bien une fonction d'objet de ses sollicitations). Il est curieux de voir que le schéma proposé par A. Nikiforov anticipe mot pour mot sur le « modèle structural des actants » dans la *Sémantique structurale* de A. J. Greimas (1966).

Le groupement des fonctions du personnage principal et des personnages secondaires en une certaine quantité de combinaisons constitue, d'après A. Nikiforov, le ressort fondamental de la formation du sujet. Ces idées ainsi que d'autres sont très fécondes, mais malheureusement elles n'ont pas été développées en une recherche systématique de la syntagmatique narrative, comme l'a fait Propp. En outre, chez A. Nikiforov, les niveaux (celui du sujet, celui du style, etc.) ne sont pas suffisamment différenciés. Enfin, les principes structuraux eux-mêmes ne sont pas assez nettement opposés aux conceptions atomistes, alors que Propp a montré dans son ouvrage d'une manière convaincante que la spécificité du conte merveilleux ne résidait pas dans ses motifs (sinon tous les motifs du conte merveilleux, du moins un grand nombre de motifs semblables, se retrouvent aussi dans d'autres genres), mais dans quelques unités structurales autour desquelles se groupent les motifs. Propp a analysé le déroulement des événements à l'intérieur des contes merveilleux, tirés du recueil d'Afanassiev, et il a trouvé que ce déroulement coïncidait dans la plupart des cas, bien que les motifs y soient des plus variés.

Le savant a découvert que les *fonctions des personnages* sont les éléments constants et répétés du conte merveilleux (ces fonctions sont au nombre total de trente et une : **éloignement, interdiction et transgression, interrogation et information, tromperie et complicité, méfait (ou manque), médiation, début de l'action contraire, départ, première fonction du donateur et réaction du héros, réception de l'objet magique, déplace-**

ment dans l'espace, combat, marque du héros, victoire, réparation du manque, retour du héros, poursuite et secours, arrivée incognito, prétentions mensongères, tâche difficile et tâche accomplie, reconnaissance et découverte de la tromperie, transfiguration, punition, mariage). Toutes ces fonctions ne sont pas toujours présentes, mais leur nombre est limité et l'ordre dans lequel elles apparaissent au cours du déroulement de l'action, est toujours le même. Les *rôles* (au nombre de sept) que se voient attribuer les personnages concrets du conte, avec leurs attributs, demeurent eux aussi toujours les mêmes. Chacun des sept personnages (*i.e.* des rôles), et plus exactement l'**antagoniste (l'agresseur), le donateur, l'auxiliaire, la princesse ou son père, le mandateur, le héros, le faux héros,** possède sa sphère d'actions, *i.e.* une ou plusieurs fonctions. C'est ainsi que V. Propp a élaboré deux modèles structuraux : le premier, en détail (la succession temporelle des actions); le deuxième (les personnages), plus succinctement. De là, viennent aussi les deux définitions distinctes que donne Propp du conte merveilleux (« un récit construit selon la succession régulière des fonctions citées dans leurs différentes formes » et « des contes qui suivent un schéma à sept personnages »). La sphère des actions (*i.e.* la distribution des fonctions suivant les rôles) place le second modèle dans la dépendance du premier, qui est fondamental. C'est précisément le refus de Propp de faire une étude des motifs au profit de celle des fonctions, qui lui a permis de passer de l'atomisme au structuralisme.

La première et la plus importante opération, à laquelle Propp soumet le texte, c'est son fractionnement, sa segmentation en une série d'actions suivies. En conséquence de quoi « le contenu tout entier d'un conte peut être énoncé en de courtes phrases ressemblant à celles-ci : les parents partent dans la forêt, ils interdisent aux enfants d'aller dehors, le dragon enlève la jeune fille, etc. Tous les *prédicats* reflètent la structure du conte, tous les *sujets*, les *compléments* et les autres parties du discours définissent le sujet (p. 141) ». On sous-entend par là, la condensation du contenu en une série de phrases courtes; ensuite ces phrases prennent un sens général : on réduit chaque action concrète à une fonction déterminée dont le nom, sous forme d'un substantif (**éloignement, tromperie, combat,** etc.), désigne une action de manière abrégée. On peut, en utilisant la terminologie contemporaine, qualifier de syntagme narratif un fragment donné de texte contenant l'une ou l'autre action (et par conséquent sa fonction correspondante). Toutes les fonctions, qui se suivent chronologiquement, constituent une sorte de séquence syntagmatique linéaire. Propp considère un certain nombre de dérogations à son postulat, non comme une rupture de l'enchaînement narratif, mais plutôt comme l'introduction partielle d'une succession inversée. Toutes les fonctions ne sont pas obligatoirement présentes dans un conte, mais en principe, une fonction en entraîne (en implique) une autre. Dans quelques cas, où, selon l'expression de Propp, les fonctions « se réalisent d'une manière parfaitement identique » en raison « de l'assimilation d'une forme par une autre », on reconnaît une fonction uniquement d'après ses conséquences. Comme exemple d'assimilation de fonctions, Propp donne celui-ci : l'envoi initial du héros assimilé à la fonction de la tâche difficile, ainsi que des exemples d'épreuve du héros infligée et par l'agresseur et par le donateur. Propp insiste fortement pour que la première fonction du donateur (par exemple, le choix du cheval par le héros chez Baba Yaga) et la tâche difficile de l'agresseur (par exemple, le choix de la fiancée, fille de l'Ondin, parmi douze jeunes filles) ne soient pas confondues. Cette exigence, comme nous le verrons plus loin, est très importante, car l'opposition de ces deux fonctions (l'épreuve préliminaire, qui donne au héros l'objet magique, et l'épreuve fondamentale, qui conduit à la réparation du manque), est intimement liée à la spécificité du conte merveilleux en tant que genre. Propp, il est vrai, n'avance pas une telle thèse, mais son analyse conduit à cette idée.

Dans la perspective de l'approche structurale, la découverte par Propp du caractère binaire de la majorité des fonctions (**manque — réparation du manque, interdiction — transgression de l'interdiction, combat — victoire,** etc.) revêt une importance exceptionnelle. Rappelons que Propp s'efforçait de décrire la structure du conte merveilleux dans son ensemble. L'analyse opérée au plan du sujet (et en partie au plan du système des personnages) aboutissait à l'institution d'un certain schéma invariant, par rapport auquel les contes pris un à un apparaissaient comme une séquence de variantes. Cependant la *Morphologie du conte* implique aussi les moyens d'une analyse de types et de groupes distincts, à l'intérieur du conte merveilleux en général (*i. e.* dans le cadre de cet élément invariant). Propp a remarqué par exemple que deux couples de fonctions (*H-J* et *M-N*, *i.e.* : combat avec l'agresseur et victoire sur lui, tâche difficile et solution) ne se rencontrent presque jamais à l'intérieur d'un même conte, mais qu'ils occupent à peu près la même place dans la séquence des fonctions. Nous dirions maintenant que *H-J* et *M-N* se trouvent dans un rapport de distribution complémentaire. V. Propp considère effectivement que les contes aux fonctions *H-J* et *M-N* appartiennent à des formations différentes. De plus, il propose de distinguer les types de contes d'après les variétés de fonctions *A (méfait)* ou *a (manque)*, qui se trouvent obligatoirement dans tout conte. En liaison avec ce qui vient d'être dit, notons aussi l'importance de la remarque (faite dans un autre passage du livre) sur les deux formes prises par la situation initiale, qui inclut le quêteur et sa famille ou bien la victime et sa famille. Pour la différenciation des types de contes, il est utile de rappeler aussi le parallélisme des contes où le rôle de l'agresseur est pris soit par la femelle du dragon, soit par la marâtre. Ces remarques peuvent servir de support à une analyse des types de contes merveilleux.

La publication de la *Morphologie du conte* donna lieu à deux compte rendus positifs — celui de D. Zelenin [11] et de V. Peretz [12]. V. Peretz considérait les travaux de Propp comme le développement des idées de Gœthe, de Bédier et plus particulièrement de A. Veselovski; toutefois il soulignait l'originalité de l'analyse fonctionnelle proposée par le jeune savant et son caractère stimulant pour l'esprit. De ses remarques, les plus intéressantes sont les suivantes : la grammaire n'est pas le substrat de la langue mais son abstraction; et d'autre part, tirer de la description des fonctions du conte une « proto-forme » de la grammaire est une entreprise douteuse. L'article assez court de D. Zelenin est, en gros, limité à l'exposé des positions essentielles de Propp. Toutefois, D. Zelenin termine en exprimant sa certitude que cette méthode aura un grand avenir. Ces paroles se sont révélées prophétiques. Cependant, il s'est écoulé beaucoup de temps avant leur réalisation. Pour différentes raisons, au cours des années 30 et 40, l'intérêt porté aux questions de forme connut un grand déclin dans les études littéraires soviétiques.

Le livre de Propp qui ouvre de grandes perspectives dans l'analyse du conte et en général dans celle de l'art narratif, a précédé de beaucoup les recherches structurales et typologiques faites en Occident. Dans la monographie d'André Jolles *Formes simples* [13], qui sortit un an après la *Morphologie du conte*, le conte est encore considéré comme une monade indécomposable, comme la première « forme simple », et la spécificité générique des formes simples est tirée de représentations directement incluses dans la langue elle-même. Le conte, d'après Jolles, répond au niveau idéal du mode optatif. Corrélativement la légende est liée à l'impératif, le mythe, à la forme interrogative *.

* Une approche structurale et fonctionnelle du folklore et de l'ethnographie est proposée dans l'article de P. Bogatyrev et R. Jakobson

Le livre de Propp connut une nouvelle vie après la sortie en 1958, aux États-Unis, d'une édition en anglais, que les succès de la philologie et de l'anthropologie structurales avaient rendue nécessaire. Dans son introduction à l'édition américaine, S. Pirkova-Jakobson présente, tout à fait à tort, Propp comme un Formaliste russe des plus orthodoxes et des plus actifs. Elle compare le passage de Propp, dans la *Morphologie du conte*, d'une recherche diachronique à une recherche synchronique, aux positions de l'école historico-géographique, désignée sous le nom d'école finno-américaine (cette école, en particulier, en la personne du patriarche des études folkloriques américaines Stith Thompson, occupait une place prépondérante aux États-Unis jusqu'à une époque très récente). A ce propos rappelons que dans la *Morphologie du conte* l'auteur prend position plus contre l'école historico-géographique, que contre l'approche diachronique (la synchronie doit, d'après Propp, précéder la diachronie).

(1929) [14]. Dans son commentaire à l'édition américaine des contes russes (1945) [15], Jakobson fait remarquer la valeur des recherches morphologiques de Nikiforov et plus particulièrement de Propp, et surtout leur affinité théorique avec les travaux accomplis en linguistique structurale.

Beaucoup plus tard (en 1948), A. Stender-Petersen, très influencé par la science russe, proposa, alors qu'il analysait un *dit* (celui de la mort du héros causée par son propre cheval), de distinguer les éléments dynamiques invariables du sujet, des éléments variables labiles, mais son analyse implique un retour partiel des théories de Propp à celles de J. Bédier. Il considère à tort que les éléments dynamiques reviennent à la somme des éléments labiles [16].

D'autre part, il convient de rappeler la tentative d'analyse structurale du drame d'Étienne Souriau [17], qui distingue des fonctions (au nombre de six) correspondant aux forces désignées par les termes astrologiques et exprimées à travers les personnages. A ces fonctions il oppose de très nombreuses situations (au nombre de 210 441). La méthodologie d'É. Souriau rappelle celle de Propp, mais elle est moins nette dans son élaboration.

La traduction anglaise de la *Morphologie du conte* trouva un accueil très favorable dans les compte rendus de Melville Jacobs [18] et de Claude Lévi-Strauss [19]. La traduction en anglais du livre de Propp eut un très grand retentissement. L'ouvrage de Propp, qui avait déjà trente ans, fut accueilli comme une grande nouveauté et fut immédiatement utilisé comme modèle d'analyse structurale des textes folkloriques, puis d'autres textes narratifs. Son influence sur les travaux de sémantique structurale fut considérable.

A proprement parler, les recherches structurales et typologiques, dans le domaine du folklore, n'apparurent en Occident, en France et aux États-Unis, que dans les années 50, en liaison avec les succès de l'école ethnographique des « modèles culturels » et en particulier sous l'influence du brusque développement de la linguistique structurale et de la sémiotique. Paru en 1955, « L'analyse structurale du mythe », article original dû à la plume de l'éminent ethnographe structuraliste Claude Lévi-Strauss [20] eut un caractère de manifeste scientifique. Il est difficile de dire dans quelle mesure il connaissait déjà le livre russe de Propp. Non seulement Lévi-Strauss s'efforce d'appliquer au folklore les principes de la linguistique structurale, mais il considère le mythe comme un phénomène de langage, apparaissant à un niveau plus élevé que les phonèmes, les morphèmes et les sémantèmes. Les *mythèmes* sont de grandes unités constitutives, qu'il faut chercher au niveau de la phrase. Si l'on découpe le mythe en courtes propositions et si on les reporte une à une sur des fiches, des fonctions déterminées apparaissent et en même temps on s'aperçoit que les mythèmes ont un caractère de *relation* (chaque fonction est attribuée à un sujet déterminé). Il semblerait qu'ici précisément Lévi-Strauss se rapproche au maximum de V. Propp. Mais plus loin on découvre d'énormes différences, qui s'expliquent en partie, mais en partie seulement, par le fait que Lévi-Strauss travaille avant tout sur des mythes et Propp sur des contes. Il ne faut pas oublier, en effet, que les deux savants reconnaissent la ressemblance du mythe et du conte. Propp qualifie le conte merveilleux de « mythique » (dans la mesure où le conte, dans sa genèse, se fonde sur le mythe); Lévi-Strauss voit dans le conte un mythe légèrement « affaibli », il pose au départ que le mythe, contrairement aux autres phénomènes de langage, appartient d'emblée aux deux catégories saussuriennes, *langue* et *parole* : en tant que narration historique du passé, il est diachronique et irréversible dans le temps, et en tant qu'instrument d'explication du présent (et du futur), il est synchronique et réversible *. A cause de la complexité, et de la dualité du mythe, ses unités constituantes originales révèlent leur nature signifiante, non pas en tant que relations isolées, mais uniquement comme des *paquets*, comme des combinaisons de relations, à deux dimensions, diachronique et synchronique. Sur le plan méthodologique, ces paquets de relations apparaissent lorsque les différentes variantes du mythe s'écrivent les unes au-dessous des autres : sur l'horizontale, on obtient la succession temporelle des événements — épisodes mythiques; sur la verticale, les rapports se groupent en paquets de sorte que chaque colonne représente un paquet de relations dont le sens est indépendant de la succession des événements, à l'intérieur de chaque variante. La dimension horizontale est nécessaire pour une lecture du mythe, et la verticale pour sa compréhension; la comparaison des variantes d'un mythe aux variantes des autres mythes conduit à un système à plusieurs dimensions.

En relevant, conformément à cette méthode, les variantes du mythe d'Œdipe, Lévi-Strauss trace quatre colonnes. La première (Cadmos cherche Europe, Œdipe épouse Jocaste, Antigone enterre Polynice) exprime la **surestimation,** l'hyper-

* En passant on peut noter qu'au cours de ses intéressantes réflexions, Lévi-Strauss mène vainement l'intéressante analogie du mythe et des langues naturelles jusqu'à une complète ressemblance et même jusqu'à une identification. Toutefois le fond du problème ne s'en trouve pas modifié.

trophie des rapports de parenté; et la deuxième (les Spartes s'entre-tuent, Œdipe tue Laïos, Etéocle Polynice), leur **sous-estimation.** La troisième colonne (Cadmos tue le dragon, Œdipe immole le Sphinx) personnifie la négation de l'autochtonie, dans la mesure où il s'agit d'une victoire sur les monstres chtoniens, qui empêchent les hommes de naître de la terre et de vivre. La quatrième colonne (les noms des ancêtres d'Œdipe indiquent un défaut physique qui empêche de marcher droit) a une relation positive à l'égard de l'autochtonie, dans la mesure où les hommes, qui, dans la mythologie, sortaient de la terre, n'arrivaient pas toujours à marcher pendant les premiers temps. Le sens général du mythe d'Œdipe, Lévi-Strauss le voit dans l'impossibilité pour l'humanité, qui croit en l'autochtonie de l'homme (la naissance par la terre, comme les plantes), de reconnaître le fait que l'homme naît de l'homme et de la femme, qu'un naît de deux. La corrélation entre les quatre colonnes, selon Lévi-Strauss, c'est le moyen original de surmonter l'antinomie indiquée, sans l'avoir résolue, en éludant les problèmes par substitution. Lévi-Strauss s'est efforcé, comme il le dit lui-même, de lire le mythe d'Œdipe à « l'américaine », en s'orientant sur les particularités des mythes plus archaïques des Indiens américains Pueblo. Analysant les mythes de la tribu Zuni, Lévi-Strauss tente de montrer que le mythe tranche le dilemme vie-mort et que ce choix détermine sa structure. Mais Lévi-Strauss considère avant tout le mythe comme un instrument logique pour surmonter les antinomies (en tenant compte des particularités de la pensée primitive). La pensée mythique, comme il le dit, va de la détermination de deux termes contradictoires à une médiation progressive. Le problème n'est pas vraiment résolu, mais il est levé dans la mesure où un couple de pôles extrêmes est remplacé par une opposition moins lointaine. L'opposition vie-mort est transformée en une opposition règne végétal-règne animal, qui elle-même se transforme en opposition nourriture végétale-nourriture animale. Cette dernière opposition est levée lorsque le médiateur lui-même — le héros culturel mythique — est pensé sous l'aspect d'un animal, se nourrissant de charognes (coyotte, corbeau des Indiens du Nord-Ouest), et se tient par là même au milieu, entre les rapaces et les herbivores. La hiérarchie des éléments fondamentaux du conte Zuni, d'après Lévi-Strauss, correspond au mouvement de la vie vers la mort, et inversement, sur la trajectoire structurale déjà décrite. A ce même faisceau logique est lié le processus mythique qui consiste à surmonter les antinomies entre la représentation de la continuité autochtone du genre humain (semblable à la croissance des plantes) et le changement de fait des générations, en tant que cycle des morts et des naissances. C'est de là que vient chez Lévi-Strauss l'interprétation du mythe grec d'Œdipe.

Ne voyant pas de différence de principe entre le mythe et le conte, Lévi-Strauss est enclin à faire des héros du conte, par exemple, du personnage de l'orpheline chez les Indiens ou de Cendrillon dans le conte européen, des médiateurs. A son avis, la médiation est liée à une certaine dualité des personnages mythiques (et aussi des personnages de contes — cf. son article sur le livre de Root au sujet du cycle merveilleux de Cendrillon [21]), et plus spécialement des personnages mythologiques de voyous-tricksters *. Lévi-Strauss propose d'exprimer la structure du mythe par un modèle de processus médiateur à l'aide de la formule suivante :

$$F_x(a) : F_y(b) \simeq F_x(b) : F_{a-1}(y),$$

où *a* et *b* sont deux termes (acteur, personnage) dont le premier *(a)* est lié à une fonction purement négative *(x)*, et le second *(b)* à une fonction positive *(y)*, mais susceptible de prendre aussi la fonction négative *(x)*, en devenant à ce

* Mauvais plaisant. *(N.d.T.)*

moment-là le médiateur de *(x)* et *(y)*. Les deux parties de la formule présentent deux situations, qui possèdent une certaine équivalence : en effet dans la seconde partie de la formule (et corrélativement dans la seconde moitié du processus mythique ou du sujet), un terme est remplacé par son opposé et on obtient alors une inversion entre la valeur des fonctions et les termes des deux éléments. Le fait que le dernier terme soit précisément F_{a-1} *(y)* indique qu'il ne s'agit pas uniquement de l'annulation de l'état initial mais d'une acquisition supplémentaire, d'un nouvel état qui est le résultat d'une sorte de développement en spirale.

Dans un article assez court, consacré au folklore des Winnebago, Lévi-Strauss donne une analyse structurale comparée (toujours selon sa méthode) de quatre sujets traitant du destin extraordinaire des héros.

1. L'histoire des adolescents, morts de la main des ennemis pour la gloire de la tribu.

2. L'histoire d'un homme qui fit revenir sa femme du monde des esprits après les avoir vaincus.

3. L'histoire de la victoire remportée par les membres morts de la société rituelle des chamans sur les esprits, ce qui donna aux premiers le droit à la réincarnation.

4. L'histoire d'un orphelin qui par sa victoire sur les esprits ressuscita la fille du chef, amoureuse de lui.

Les différences entre ces quatre sujets peuvent s'analyser suivant les rubriques : « offrande de la victime » : pour autrui (2), pour le groupe (1), pour soi (3); la mort en tant que : agresseur non humain (4), agresseur humain (2), tentateur (1), compagnon (4); « action accomplie » : contre le groupe (4), en dehors du groupe (2), pour le groupe (1), à l'intérieur du groupe (3). Ensuite les oppositions sont classées de la manière suivante : **nature-culture; vie-mort; « sur-mort » des esprits — « sous-vie » des héros** (qui ont offert le restant de leur vie à leur groupe); **vie ordinaire-vie extraordinaire** (la dernière opposition a dans le mythe (4) un caractère négatif, inversé).

L'étude du mythe d'Asdiwal [22] chez les Tsimchian n'est pas moins originale que celle-ci.

Il y a aussi d'intéressantes analyses des mythes dans les grandes monographies théoriques de Lévi-Strauss, consacrées aux problèmes de la pensée primitive [23] et à la mythologie [24]. Les conceptions de Lévi-Strauss dans ce domaine sont très profondes et très intéressantes. Il lutte contre l'idée de faiblesse traditionnellement attachée à la pensée primitive, contre le caractère purement intuitif et concret qu'on lui prête, ainsi que sa prétendue incapacité à la généralisation. Soulignant l'intellectualisme original de la pensée primitive, analysant son caractère spécifique, Lévi-Strauss a démontré brillamment que les appellations totémiques des sociétés primitives sont employées dans une construction de classifications complexes, comparables au matériau utilisé dans un système de signes. Il donne une analyse intéressante de quelques oppositions sémantiques (**le cru et le cuit**, etc.) qui sont essentielles pour comprendre les représentations mythologiques et le comportement rituel des Indiens d'Amérique du Sud. Une connaissance des travaux fondamentaux de Lévi-Strauss permet de comprendre la spécificité de son approche du mythe, la force et les faiblesses de cette approche. Il considère le mythe comme un instrument de la « logique » primitive et c'est pourquoi, en dépit de saines et subtiles considérations sur les méthodes d'analyse structurale du mythe, ses études concrètes représentent une analyse de la structure de la pensée mythique et non pas du récit mythique.

En principe, Lévi-Strauss envisage l'aspect narratif (suivant la coordonnée horizontale), mais en fait, il concentre toute son attention sur les « faisceaux de relations » et leur signification symbolique et logique. Propp, dans sa recherche de la spécificité générique du conte merveilleux, examine avant tout le récit, analyse le développement chronologique et, par conséquent, la syntagmatique, afin d'éclairer la signification de chaque syntagme à l'intérieur d'un sujet donné. C'est pourquoi son modèle structural est linéaire. Ce n'est qu'à l'étape suivante de sa recherche (reflétée dans les *Racines historiques du conte merveilleux*), que les fonctions reçoivent une interprétation ethnographique (sur le plan génétique).

Lévi-Strauss s'intéresse avant tout à la « logique » mythique, c'est pourquoi il part du mythe, ne relie les fonctions que verticalement, s'efforçant ainsi de tirer un paradigme d'une confrontation des variantes. Le modèle structural de Lévi-Strauss n'est pas linéaire. Pour Lévi-Strauss, la distinction historique entre le mythe et le conte n'est pas pertinente, elle ne possède pas un caractère de principe. Sa formule de médiation a un certain rapport avec l'analyse du sujet, dans la mesure où elle s'efforce de saisir le « retournement » des situations dans la conclusion et le caractère « en spirale » du développement. Mais cette particularité du sujet est saisie d'une manière plus concrète par Propp : non seulement le héros répare le manque (pour cela, lui-même ou ses auxiliaires magiques sont forcés d'agir « négativement » par rapport à l'agresseur, cf. la dualité du terme *b* de Lévi-Strauss), mais il construit une nouvelle situation et s'approprie des valeurs magiques supplémentaires *.

L'article de Lévi-Strauss sur la *Morphologie du conte* comprend un jugement général très favorable de l'œuvre de Propp ainsi qu'une série de remarques critiques et de propositions constructives. On ne sera pas surpris par les critiques, si l'on pense à ce qui a été dit plus haut des différences d'approche de ces deux grands savants, qui cherchent les solutions d'un problème selon deux démarches inverses. Lévi-Strauss considère sa discussion avec Propp comme celle

* Les travaux de C. Lévi-Strauss ont eu une grande influence dans le domaine du folklore et de l'ethnographie et ont suscité une série d'imitations, et aussi d'innombrables discussions [25].

d'un « structuraliste » avec un « formaliste ». Il lui semble que le savant russe coupe la forme de son contenu et le conte du mythe, néglige le contexte ethnographique, s'efforce de construire une grammaire sans lexique, oubliant que le folklore, pris comme phénomène spécifique, différent des autres phénomènes de langage, est comme le sont les « mots de mots », à la fois lexique, syntaxe, etc. : ce qui explique la tendance de Propp à réduire tous les contes à un seul. Lévi-Strauss propose donc d'abord de découvrir derrière la diversité des fonctions une plus grande constance, présentant certaines fonctions comme le résultat de la transformation des autres (c'est-à-dire : réunir les séries initiale et finale des fonctions, **combat** et **tâche difficile, les agresseurs** et **l'usurpateur,** etc.); puis de remplacer la séquence des fonctions par un schéma d'opérations du type de l'algèbre de Boole (groupe de transformations d'un petit nombre d'éléments). Dans les personnages du conte, il propose de voir des médiateurs reliant des oppositions du type **masculin-féminin, haut-bas,** etc.

Quand Lévi-Strauss déclare qu'il est possible d'interpréter les diverses fonctions comme résultant de la transformation d'une même essence, il formule une idée intéressante. Cependant il vaut mieux procéder à un tel examen après une analyse morphologique sommaire et non à la place de celle-ci. Il est difficile d'établir toute la variété des liens entre fonctions avant de dégager les fonctions elles-mêmes; ce dernier processus doit être précédé d'une division du récit en syntagmes, qui se suivent en une séquence linéaire temporelle. Dans le cas contraire, l'établissement des liens entre fonctions, leur regroupement en faisceaux, le déchiffrement de la valeur symbolique de ces faisceaux, et la formulation des paradigmes, tout cela comprendra inévitablement une forte dose d'arbitraire, n'excèdera pas la simple hypothèse, si ingénieuse et même parfois si juste soit-elle.

Propp considérait son analyse syntagmatique comme une

introduction à l'histoire du conte et à l'étude « de cette structure logique absolument particulière, ce qui préparait l'étude du conte en tant que mythe » (cf. p. 7 de la première édition), c'est-à-dire justement ce à quoi nous invite Lévi-Strauss. L'analyse de la structure syntagmatique n'est pas seulement une première étape indispensable vers une étude de la structure générale du conte, elle sert directement le but que se propose Propp : déterminer la spécificité du conte, décrire et expliquer son uniformité de structure. C'est pourquoi réduire tous les contes merveilleux à un seul n'est pas une faute commise par Propp, mais la condition nécessaire pour atteindre le but fixé. Lui reprocher une négligence à l'égard du contexte ethnographique est injuste et ne peut s'expliquer que par l'ignorance qu'avait Lévi-Strauss des *Racines historiques du conte merveilleux*. La remarque de Lévi-Strauss sur l'absence de contexte, mais « non de passé historique », appelle une objection parce qu'il perd de vue l'historicité de ce contexte, c'est-à-dire la distinction historique de principe entre le mythe et le conte, conçus comme deux degrés de l'histoire de la narration, ayant entre eux une relation spécifique de type « ancêtre-descendant ». Lévi-Strauss reconnaît lui-même que, dans le conte, les oppositions et la transposition du thème, la possibilité de choix et la liberté de substitution, sont affaiblies. Pourtant il ne s'agit pas d'un simple affaiblissement, mais du résultat de l'évolution de l'imaginaire; en effet, le merveilleux, dans le conte, déjà très conventionnel, se trouve coupé d'une ethnographie concrète, de croyances et de prescriptions rituelles, qui, elles, sont nettement délimitées par chaque culture (aussi bien sur un plan ethnique que sur un plan historique). Comme nous le verrons plus loin, non seulement les personnages du conte, mais aussi leurs règles de conduite sont, beaucoup plus souvent que dans le mythe, très conventionnels, et prennent le caractère de règles du jeu. Quant aux nouveaux critères moraux et esthétiques du conte, ils sont déjà qualitativement différents des modèles ethnographiques monosémiques qui rendent compte du comportement ou de l'interprétation du monde environnant. De cette manière, il n'existe aucun fondement aux reproches de formalisme que l'on a pu faire à Propp. Propp a lui-même répondu à Lévi-Strauss dans la postface à la traduction italienne de son livre [26]. Il a expliqué que la *Morphologie du conte* est la première partie, mais une partie intégrante, de ses études comparatives et historiques sur le conte merveilleux, que l'absence d'une terminologie unifiée, ainsi que des omissions et des erreurs dans la traduction anglaise, ont involontairement nui à l'interprétation correcte d'un certain nombre de ses positions. En outre, il a montré avec justesse que ce n'est pas le mythe qui l'intéressait particulièrement, mais le conte merveilleux, ainsi que l'analyse du sujet, de la composition, du genre (par opposition à Lévi-Strauss), et qu'une telle analyse est impensable lorsqu'on s'abstrait totalement du développement chronologique du récit.

Cela n'enlève absolument pas, il va sans dire, leur sens aux problèmes soulevés par Lévi-Strauss. La recherche de Propp donne justement la base indispensable à une analyse structurale du folklore narratif. Après sa parution en Occident, aucune étude sur les modèles structuraux du folklore ne pouvait ignorer l'ouvrage classique de Propp et manquer de le prendre comme base de travail.

Dans la recherche française, où le structuralisme est particulièrement répandu, c'est le cycle de travaux de A. J. Greimas qui doit retenir avant tout l'attention. Par son article « La description de la signification et la mythologie comparée » (1963) [27], il tente d'éclairer les recherches de Georges Dumézil en mythologie comparée, en se servant exclusivement de la méthode de Lévi-Strauss. Il considère que les mythèmes, en dépit de l'apparence extérieure du récit, sont liés par des nœuds paradigmatiques et que la formule exemplaire du mythe est la suivante :

$$\frac{A}{\text{non } A} \simeq \frac{B}{\text{non } B}$$

(deux oppositions liées par une corrélation globale).

Examinant une série de thèmes mythiques (contrat social, le bien et le mal, la démesure, etc.) dans différentes mythologies, Greimas dégage quelques oppositions sémantiques qui jouent le rôle de traits distinctifs **(bienfaisant-nuisible, esprit-matière, paix-guerre, intégral-universel)** et présente certaines conceptions mythologiques comme la transformation d'autres conceptions.

Dans ses articles, « Le conte populaire russe. Analyse fonctionnelle » (1965) [28], « Éléments pour une théorie de l'interprétation du récit mythique » (1966) [29], ainsi que dans les parties correspondantes de sa *Sémantique structurale* (1966) [30], Greimas utilise la traduction anglaise du livre de Propp, même pour l'étude de quelques aspects de la sémantique linguistique. Il s'efforce de synthétiser la méthodologie de Propp et celle de Lévi-Strauss, c'est-à-dire l'étude syntagmatique et paradigmatique, au profit d'un traitement des schémas de Propp à l'aide des moyens que lui apportent la logique et la sémantique contemporaines.

Dans son analyse du conte, Greimas prend pour base Propp, en le complétant et en le « corrigeant » par la théorie de Lévi-Strauss; dans son analyse du mythe, au contraire, il part de Lévi-Strauss, en le complétant par la théorie de Propp. Le modèle structural des personnages élaboré par Greimas, en s'appuyant sur une confrontation des schémas de Propp et de Souriau, prend l'aspect suivant :

Destinateur — [objet] → destinataire
↑
Adjuvant → [sujet] ← opposant

Dans le **destinateur,** on retrouve le **mandateur** et le **père de la princesse,** de Propp; dans l'**adjuvant** — **l'auxiliaire magi-**

que et le **donateur** : le **destinataire** du conte est comme confondu avec le **héros,** qui en même temps, s'avère être aussi le **sujet. L'objet** est la **princesse.** Greimas considère, en outre, **l'adjuvant** et **l'opposant** comme des personnages secondaires, liés aux circonstances, simple projection de la volonté d'action du sujet lui-même. A l'opposition **destinateur-destinataire,** toujours selon Greimas, correspond la modalité du *savoir;* à l'opposition **adjuvant-opposant,** celle du *pouvoir,* et enfin, au **sujet-objet** correspond la modalité du *vouloir.* Le désir du héros d'atteindre l'objet se réalise au niveau des fonctions dans la catégorie de la **quête** (quest).

En ce qui concerne les fonctions syntagmatiques, Greimas commence par les réduire fortement en quantité (au lieu de trente et une, il ne lui en reste que vingt), pour les grouper par couples (utilisant la binarité des fonctions indiquée par Propp). Chaque couple est pensé comme lié à la fois par implication (une fonction provoque l'apparition de la suivante dans l'ordre syntagmatique, *S → non S*), et par disjonction *(S vs non S)* *, comme une sorte de rapport paradigmatique, indépendant du déroulement du sujet et de la logique syntagmatique linéaire. A son tour, Greimas essaie de présenter les fonctions couplées (désignées par des majuscules), sous l'aspect d'une corrélation sémantique de deux couples — négatif et positif :

$$\frac{s}{non\ s}\ vs\ \frac{\bar{s}}{\overline{non\ s}},\ \text{ou}\ S\ vs\ \bar{S}$$

Greimas rattache syntagmatiquement la série négative des doubles fonctions à la partie initiale du conte **(accumulation de malheurs-aliénation)** et la série positive à la fin du conte (leur réparation et la récompense du héros). Le nœud et le dénouement qui encadrent ces deux séries sont traités comme une sorte de **rupture de contrat** (qui mène aux malheurs),

* *vs* = *versus* (opposé à).

puis une **réparation du contrat.** Au milieu du conte, apparaît une série d'épreuves, chaque épreuve commençant à son tour par **l'établissement du contrat** (en vue de l'épreuve) et comportant aussi une lutte contre un adversaire et les conséquences de la réussite du héros. Greimas établit une correspondance entre la structure de l'épreuve et le modèle structural des actants : à la dimension de la communication **(destinateur-destinataire)** correspond le **contrat,** à l'axe **adjuvant-opposant** correspond le **combat,** et enfin à l'**obtention de l'objet désiré** correspond la **conséquence** (le **résultat) de l'épreuve.** Dans la première épreuve (la qualification du héros pour les épreuves décisives) le **destinateur** joue le rôle de l'**opposant;** dans la seconde épreuve (la principale) et la troisième (glorifiante), on observe une correspondance exacte entre les fonctions et les actants. Les autres fonctions se groupent sur les mêmes axes **(transmission du message,** de **la force,** de **l'objet désiré).** Enfin, précisant le schéma des déplacements du héros, Greimas, à la place des **départs** et des **arrivées,** note la **présence** ou l'**absence** du héros, se fondant sur le fait que l'absence a une signification mythologique.

Conformément aux principes indiqués ci-dessus, Greimas transforme de la manière suivante le schéma de Propp : $\bar{p}\ \bar{A}\ \bar{C}_1\ \bar{C}_2\ \bar{C}_3\ p\ A_1\ \bar{p}_1\ (A_2 + F_2 + non\ c_2)\ d\ \overline{non\ p_1}\ (F_1 + c_1 + non\ c_3)\ non\ p_1\ dF_1\ p_1\ (A_3 + F_3 + non\ c_1)\ C_2\ C_3\ A\ (non\ c_3)$, dans lequel A = **contrat (mandement-acceptation);** F = **lutte (affrontement-victoire);** C = **communication (émission-réception);** p = **présence;** d = **déplacement rapide.**

La **rupture du contrat** (dans le nœud) : $\bar{A}$, est une fonction binaire (**interdiction-transgression,** $\bar{a}$ *vs* $\overline{non\ a}$), qui est en corrélation avec **l'établissement du contrat** A **(mandement-acceptation,** *a vs non a*). Le rétablissement final du contrat dans le dénouement est le mariage (le **destinateur** transmet au **destinataire-sujet,** l'objet désiré de sa quête). A_1 est la **médiation — début de la réaction;** A_2 est la **première fonction**

du donateur — réaction du héros; A_3 la **remise de la tâche au héros** dans la dernière épreuve. La série négative initiale $\overline{C_1}$ $\overline{C_2}$ $\overline{C_3}$ correspond aux fonctions suivantes de Propp : **interrogation-information, tromperie-complicité,** et **méfait-réparation du manque,** et se répartit selon trois axes : **communication,** c'est-à-dire **question-réponse** (1), **force** (2; il s'agit, soi-disant, d'une perte de l'énergie du héros); et l'**objet du désir** (3; la **réparation du manque** est l'obtention de la princesse).

La série positive C_1 C_2 C_3 : **marque-reconnaissance** est en corrélation avec **interrogation-information** comme moyen de communication *(*C_1 *vs* $\overline{C_1}$*)*. **Découverte-transfiguration** s'oppose à **tromperie-complicité** comme révélation de la force du héros *(*C_2 *vs* $\overline{C_2}$*)*. En outre, la réception de l'objet magique s'oppose à la perte de l'énergie du héros exprimée par la fonction de **complicité** *(non* c_2 *vs* $\overline{non\ c_2}$*)*. Au **méfait** correspond, dans la série positive, le **châtiment de l'agresseur,** le **manque** est surmonté non seulement par sa **réparation,** mais aussi par le **mariage**, qui compense le manque du héros *(*C_3 *vs* $\overline{C_3}$*)*.

Greimas insiste sur le fait que toutes les conséquences des épreuves (la réception de l'objet magique *non* C_2, la réparation du manque *non* C_3 et la reconnaissance *non* C_1) ainsi que les épreuves elles-mêmes visent à surmonter les résultats nuisibles de l'aliénation. Il considère que le principal résultat de cette réduction des fonctions est la distinction des structures paradigmatiques. D'autre part, l'apparition d'une possibilité de double analyse — sémique et sémantique — l'amène à postuler l'existence de deux niveaux de signification. Ne se limitant pas à ces découvertes, Greimas essaie (au moyen de l'analyse structurale, à la fois syntagmatique et paradigmatique, en utilisant la méthode des corrélations et la théorie de la médiation propres à Lévi-Strauss) de pénétrer l'essence du conte merveilleux en tant que totalité, dans son sens général. Diachroniquement (syntagmatiquement) la série initiale $\overline{AC}$ correspond à la finale CA : dans un monde sans **loi-contrat** A, les valeurs de C sont inversées; le rétablissement des valeurs ouvre la voie à un rétablissement de la loi. Dans un ordre achronique, la corrélation : $\overline{A} : A \simeq \overline{C} : C$ est possible; elle signifie que l'absence et la présence du contrat social ont entre elles le même rapport que l'absence ou la présence des valeurs. D'après Greimas, la partie droite de la formule exprime une sphère individuelle d'échange des valeurs, l'alternative entre l'homme « aliéné » et l'homme en possession de l'ensemble des valeurs. La partie de gauche exprime non seulement une organisation contractuelle de la société, mais postule également la présence d'une liberté individuelle, qui s'affirme dans la transgression de l'interdiction. Ainsi semble donc s'établir une double corrélation entre la liberté de la personnalité et l'aliénation, le refus d'une liberté de la personnalité et l'institution d'un ordre. Le rétablissement d'un ordre est indispensable à la réintégration des valeurs.

L'**épreuve-lutte** apparaît selon Greimas, comme un lien syntagmatiquement intermédiaire entre $\overline{A}\ \overline{C}$ et $C\ A$, et, de plus, comme un médiateur, capable de transformer la structure

$$\frac{\bar{a}}{\text{non } a} \simeq \frac{\bar{c}}{\text{non } c} \text{ en structure } \frac{a}{\text{non } a} \simeq \frac{c}{\text{non } c}.$$

L'épreuve sert à réaliser une opération de négation des membres négatifs et leur remplacement par des membres positifs. Elle s'avère donc l'expression fonctionnelle, dynamique et anthropomorphique d'une structure signifiante complexe, comportant un négatif et un positif. Le caractère médiateur de F s'exprime aussi dans l'absence d'un couple fonctionnel se rapportant à lui. Les actions du héros dans le déroulement des épreuves sont libres; elles ont un caractère de choix et d'irréversibilité — traits déterminant l'activité historique de l'homme —; à cela correspond l'absence de lien implicatif entre *A* et *F*, ainsi que leur liaison à travers la conséquence seule.

Ainsi se révèle le rôle médiateur du conte dans son ensemble. Ce rôle résout les contradictions entre la structure et les événements, entre la continuité et l'histoire, entre la société et l'individu.

Dans son analyse du mythe (sur les exemples des Indiens Bororo, tirés du livre de Lévi-Strauss *le Cru et le Cuit*), Greimas tente d'utiliser son interprétation de l'analyse proppienne du conte pour trouver la paradigmatique et la syntagmatique du mythe. Il part de la présence obligatoire d'un négatif dans la première partie du conte et d'un positif dans la seconde (la dichotomie dans la durée temporelle du récit entre **avant** et **après**).

Dans la première moitié du récit, la partie introductive précède les thèmes fondamentaux, tandis que dans la seconde, la fin se trouve en corrélation avec ces mêmes thèmes. Mais introduction et conclusion demeurent en dehors du corpus thématique fondamental. Greimas divise les fonctions narratives en trois catégories : contractuelles, performantielles (*i.e.* les épreuves) et disjonctionnelles (*i.e.* les départs et les retours). En outre, Greimas distingue deux modes narratifs : « déceptif » et « véridique ».

Suivant l'exemple de Propp, il compare des fragments de récit, plus ou moins indépendants, aux fonctions et à la distribution des rôles entre personnages à l'intérieur d'un même épisode. Cela lui donne la possibilité de suivre le mécanisme de mutation des rôles pour un même personnage, ce qui est très important pour comprendre le sens général du sujet. Ainsi, par exemple, dans l'analyse d'un mythe bororo, le fils, qui avait pratiqué l'inceste et attiré par là même la colère de son père, se révèle finalement être le héros positif et recueille la sympathie en se vengeant des persécutions subies.

Greimas traite ce changement comme une substitution des fonctions « contractuelles » (le maintien du « contrat », sa rupture, l'apparition d'un nouveau « contrat », c'est-à-dire d'une nouvelle phase dans le « jeu des accords et des refus »); et comme un échange des rôles entre le père et le fils à la suite d'une double transformation : le père, de **destinateur** et **sujet**, devient **destinataire** et **traître**; et inversement pour le fils.

Le principal problème théorique du savant est d'élucider les rapports et les influences réciproques entre une isotopie discursive et une isotopie structurale, c'est-à-dire la confrontation d'ensembles diachroniques narratifs et de transformations du contenu profond. Pour découvrir ces unités de contenu, on cherche un lexique mythologique et une série de codes culturels et ethnographiques (naturel, alimentaire, sexuel, etc.). Entre les codes s'établissent à leur tour des corrélations complexes. Dans la caractérisation des héros, on découvre alors un intervalle, qui correspond à leur rôle médiateur entre les pôles mythologiques, et finalement, entre la vie et la mort (d'après Lévi-Strauss). Il n'est d'ailleurs pas possible de s'attarder davantage sur cet aspect de l'analyse de Greimas, dans le cadre d'une étude consacrée à la structure du conte.

Les recherches de Greimas méritent une attention toute particulière. Il convient surtout d'approuver sa tentative d'établir des rapports paradigmatiques entre fonctions syntagmatiques; il lui revient le mérite d'avoir proposé plusieurs groupes et types de fonctions, d'avoir coordonné l'analyse de la syntagmatique à une redistribution dynamique des rôles parmi les personnages, et au mouvement des valeurs narratives. Il a réussi à déterminer correctement le rôle essentiel des épreuves dans le conte en tant que moyens permettant la solution des rapports conflictuels (par la transformation d'une situation négative en situation positive). Cependant, Greimas ne parvient à cet approfondissement logique de la théorie de Propp et à l'harmonie logique elle-même qu'au prix d'une série de réajustements évidents, teintés d'une certaine scolastique. Cela peut s'expliquer par le fait que Greimas s'est coupé des textes folkloriques concrets; il se sert des fonctions de Propp comme de données premières, sans jeter le moindre regard sur la matière interprétée. Par exemple, peut-on coupler la **réception de l'objet magique** à la **complicité du héros** et **de l'agresseur?** La **complicité** est une réaction naturelle à une **tromperie** et correspond aux règles de conduite du héros, non aux actes d'attribution des valeurs, à l'intérieur du conte. Si, à partir de deux fonctions couplées, on construit des « proportions sémantiques », **tromperie-complicité** se trouve être la variante négative de **prescription-acceptation,** puisque dans les deux cas, il s'agit de l'impossibilité pour le héros de refuser l'exécution d'une demande. La mise en rapport de **tromperie-complicité** et de **dénonciation-transfiguration** est tout aussi artificielle. Il est vrai que **tromperie-complicité** se trouve par rapport à **interrogation-information** dans une relation d'opposition du type **force-communication** (il serait plus exact de dire : **action-verbe**). C'est pourquoi la « proportion » sémantique peut naturellement se construire de la manière suivante :

$$\textit{agresseur-héros}\quad \frac{\text{enquête-information}}{\text{tromperie-complicité}} \simeq \frac{\text{question-réponse}}{\text{prescription-exécution}}\quad \textit{donateur-héros}$$

Cette « proportion », sur le plan de la composition, correspond à la première partie du conte et reflète l'opposition entre les actions qui mènent au méfait (le manque), et les actions dont le résultat permet de commencer à réagir contre ce méfait.

Toutefois entre les fonctions distinctes de la série initiale et de la série finale, il n'existe pas de corrélation concrète, mais seulement un contraste général entre une atmosphère de malheur au début et de bonheur à la fin. De plus, ces deux séries peuvent pratiquement être absentes dans leur quasi-totalité, dans la mesure où le conte commence parfois d'emblée par un **méfait** ou un **manque** (ce n'est pas par hasard que Propp a distingué quelques fonctions spécifiques de la partie préliminaire du conte) et se termine parfois par l'épreuve fondamentale. Une épreuve complémentaire et ses fonctions correspondantes (du genre de la **dénonciation de l'agresseur,** de la **transfiguration,** du **châtiment de l'antagoniste)** constituent une seconde séquence facultative à l'intérieur du conte merveilleux. C'est dire que les conceptions de Greimas, se fondant en grande partie sur des éléments non obligatoires du conte, ne peuvent pas prétendre à un caractère fondamental. Pour Greimas, l'opposition entre le **mariage** et la **transgression de l'interdiction** est très importante -- il la traite comme une **transgression** et un **rétablissement du contrat.** Mais la transgression de l'interdiction représente de nouveau une fonction non obligatoire qui appartient à la partie préliminaire, et l'on peut, bien sûr, traiter l'intrusion de l'adversaire comme étant en soi la rupture d'une certaine harmonie universelle, mais non la rupture d'un contrat social. Dans les contes qui relatent la recherche d'une fiancée et d'objets magiques, il n'y a pas de rupture de l'harmonie universelle. C'est dans les seuls contes dont le héros est un preux, où il sauve la communauté de l'intrusion démoniaque de l'antagoniste, qu'on peut, quoique de loin, considérer le mariage comme la récompense accordée au héros pour le rétablissement de l'harmonie universelle (mais non du contrat). Mais ces contes sur les preux conservent des traces très nettes du mythe, caractérisé par l'intérêt porté aux proportions cosmiques et aux destins collectifs. Les autres contes merveilleux se concentrent davantage sur le destin individuel, sur les compensations à apporter aux victimes innocentes et aux défavorisés sociaux, etc. Leur signification collective n'apparaît qu'à travers la compassion, la sympathie qui est donnée au héros, sur lequel il est si facile de se projeter. Ici l'on voit que Greimas (de même que Lévi-Strauss) a sous-estimé les différences qualitatives spécifiques entre le mythe et le conte. Cette sous-estimation est évidente lorsque Greimas considère que l'on peut appliquer aux mythes un schéma qui est fondé lui-même sur l'analyse de la morphologie spécifique du conte merveilleux. Ni la catégorie d'épreuve dans son ensemble, ni la première épreuve « qualifiante » ne sont caractéristiques des mythes; elles ne conservent dans le mythe aucune pertinence. C'est pourquoi les recherches de Greimas, malgré leur grande valeur méthodologique, exigent des correctifs très sérieux.

Si Greimas reporte sur le mythe les conclusions de Propp, qui concernaient le conte merveilleux, Claude Bremond, lui, s'efforce de tirer de l'analyse de Propp des règles générales sur le déroulement de tout sujet narratif [31]. En outre, à la différence de Greimas, Bremond se concentre non pas sur le contexte mythologique du conte, mais sur la logique narrative elle-même, non pas sur des oppositions paradigmatiques, mais sur la syntaxe des conduites humaines. Il pense que la fonction (qu'il situe au même niveau que Propp) est effectivement « un atome narratif », et que le récit est formé par le groupement de ces atomes.

Bremond considère comme séquence élémentaire la triade tirée de trois fonctions, correspondant aux trois phases indispensables à tout processus. La première ouvre la possibilité même du processus sous la forme d'une conduite correspondante ou d'événements prévisibles; la seconde réalise cette possibilité et la troisième termine le processus, aboutissant ainsi aux résultats de l'événement correspondant (de la conduite). Cependant, à la différence de Propp, Bremond considère que chaque phase n'entraîne pas derrière elle, dans un ordre obligatoire, la venue de la phase suivante; à chaque fois, s'ouvre le choix entre l'actualisation d'une certaine possibilité, d'un but, et l'absence d'une telle actualisation. Au premier plan apparaissent certaines alternatives et un choix fait par le héros et l'auteur. Les séquences élémentaires se groupent en séquences complexes. A ce moment-là on peut trouver quelques configurations que Bremond choisit conventionnellement de désigner par « bout à bout », « enclave », « accolement ». Les événements sont répartis selon la dichotomie **améliorations - dégradations.**

Bremond analyse toute une série de séquences de ce type et les dénomme : **tâche, contrat, faute, piège,** etc. Il montre, par exemple, une séquence possible de fonctions, qui réalisent une **amélioration** (cf. la **réparation du manque** chez Propp) : pour aboutir à une amélioration il est indispensable de surmonter un certain nombre d'obstacles; pour cela des moyens correspondants sont nécessaires. C'est ainsi que surgit une tâche déterminée, qui est souvent confiée à un **allié** (cf. **auxiliaire, donateur**), lequel s'oppose à l'**adversaire** (cf. **agresseur**). Les relations du héros et de son allié portent un caractère de **contrat** (on peut parfois les assimiler aux relations du créancier et du débiteur; cf. les fonctions contractuelles de Greimas). La mise hors d'état de nuire de l'adversaire peut être ou pacifique **(négociation)** ou hostile **(agression).** La négociation peut avoir un caractère de **séduction** ou d'**intimidation;** l'agression se transforme souvent en **tromperie** et renferme une **dissimulation** indispensable pour que l'adversaire tombe dans le piège, etc.

Chaque personnage peut être porteur d'une suite d'actions qui lui sont spécifiques, mais puisque d'habitude deux personnages participent à l'action, l'action a donc deux aspects, opposés pour les deux acteurs (la **tromperie** de l'un est en même temps la **duperie** de l'autre; la **solution de la tâche** par l'un, suppose en même temps la **faute** de l'autre, etc.). Les fonctions elles-mêmes peuvent prendre des aspects différents, par exemple la récompense peut être à la fois rétribution et vengeance. Selon ce principe, les séries **amélioration** et **dégradation** se trouvent être en rapport de distribution complémentaire :

Amélioration	*Dégradation*
Service d'un allié-créancier	Sacrifice consenti au profit d'un allié-débiteur
Service d'un allié-débiteur	Acquittement d'obligation envers un allié-créancier
Agression infligée	Dégradation par agression subie
Succès d'un piège	Erreur fautive
Vengeance	Châtiment

Un examen bilatéral de chaque action, une analyse si attentive des alternatives permettant le déroulement du récit, s'avèrent très productifs. Mais l'analyse de Bremond est trop abstraite (et en cela appauvrie), car sa démarche est générale et non pas issue de l'analyse d'un genre précis (comme chez Propp). Sous ce rapport on peut dire que R. Barthes, T. Todorov et G. Genette vont encore plus loin (leurs articles se trouvent dans le même recueil) [32].

L'édition américaine de la *Morphologie du conte* a été un puissant stimulant pour l'étude structurale et typologique du conte aux États-Unis. Mais le terrain avait été préparé par l'action de linguistes-structuralistes, comme R. Jakobson et Th. A. Sebeok [33], qui s'étaient aussi intéressés aux questions de folklore, ainsi que par les représentants de l'école des modèles culturels en ethnographie. C'est à ces derniers que se rattachait Melville Jacobs, l'auteur d'une intéressante monographie sur les clichés stylistiques et sur l'organisation dramatique du récit dans les mythes et les contes, interprétés dans le contexte des modèles culturels des Indiens d'Amérique du Nord [34]. Dans son compte rendu de l'édition américaine de la *Morphologie du conte*, il considère les recherches de Propp comme la plus grande acquisition méthodologique d'avant 1940; il s'y prononce en faveur d'une élaboration d'unités structurales complémentaires (sur le plan du style, des rapports sociaux, du système des valeurs), qui utiliserait la technique analytique maintenant bien au point du structuralisme; il préconise aussi une description du processus de formation lui-même ainsi que de son mécanisme causal.

On trouve dans les articles de R. Armstrong « Une analyse du contenu en folklore [35] », et de J. Fischer « Séquence et structure dans les contes [36] », « Un conte de Ponapée sur Œdipe, une analyse structurale et socio-psychologique [37] », des tentatives de synthèse de la méthode fonctionnelle et syntagmatique et d'une recherche des types de comportement social et de systèmes de valeurs.

Armstrong, ayant choisi comme exemple les contes de *tricksters*, propose de découper le texte du conte en actions successives et de déterminer leurs fonctions (c'est-à-dire de faire exactement comme Propp); ensuite il propose de dégager les unités syntagmatiques pertinentes, dans la mesure où elles indiqueront un rapport entre le groupe ethnique et ses valeurs sociales, où elles détermineront une structure sémantique et un caractère de jugement esthétique, etc. Dans cette intention Armstrong propose un programme de répartition des actions selon des catégories sémantiques précises : **récompense — châtiment, résistance — agression, permission — interdiction, bien — services, réception — perte des biens, collection — dispersion des informations, conduite efficace, acceptation des obligations — refus de les prendre.** A l'intérieur de ce cadre, les actions sont divisées en actions positives, neutres et négatives (par exemple $\bar{O}$ — **trouver,** O — **conserver,** *O* — **perdre** etc.). Une analyse comparée doit permettre de découvrir des rapports différents dans des cultures différentes.

Fischer, lui aussi, compare des variantes tribales, et découvre des déviations dans leurs structures. Ainsi il ressort que, dans les contes micronésiens de l'île Trook, prévaut une série d'épisodes à répétition (avec de légères variations), tandis qu'à Ponapée il s'agit d'une substitution d'épisodes à dénouement opposé. Cela s'explique par la spécificité de l'organisation sociale dans ces diverses tribus. Étudiant la structure du conte micronésien sur l'inceste, Fischer confronte quatre grilles sémantiques : une segmentation 1° temporelle; 2° spatiale (qui s'avère plus large que la précédente); 3° une division des personnages en deux partis : un parti favorable et un parti hostile au héros; 4° la succession des événements du point de vue de la solution des conflits fondamentaux. Dans l'interprétation du système des épisodes, on sent chez Fischer l'influence à la fois de Lévi-Strauss et de la psychanalyse (sous une forme très édulcorée), ainsi que la méthodologie générale de l'école des modèles culturels.

Les travaux de E. Köngäs et de P. Maranda, en particulier leur analyse critique de la célèbre formule de Lévi-Strauss, dans les « Modèles structuraux dans le folklore [38] », présentent un grand intérêt du point de vue de l'élaboration d'une méthodologie structurale, dans le domaine du folklore. Il s'agit ici des limites d'application de la formule du processus médiateur $F_x (a) : Fy (b) :: F_x (b) : F_{a-1} (y)$, que ces auteurs, après l'avoir analysée, remplacent par une autre formule parallèle et plus simple : *QS* : *QR* : : *FS* : *FR*, dans laquelle *QS* la quasi-solution et *QR* le quasi-résultat expriment la situation de départ et ses conséquences directes; *FS*, la solution finale (tournant lié aux actions du médiateur); et *FR*, le résultat final.

Köngäs et Maranda en déduisent que la formule de Lévi-Strauss peut s'appliquer non seulement aux mythes, mais à d'autres textes folkloriques très variés. Mais d'un autre côté, le champ d'application de la formule est tout de même limité, dans la mesure où le médiateur peut parfois ne pas exister du tout (modèle I), ou bien rencontrer un échec (modèle II), ou bien, même en cas de réussite, il arrive que la collision initiale soit parfois simplement annulée (modèle III), et non pas inversée, comme l'exige la formule de Lévi-Strauss (modèle IV). Köngäs et Maranda montrent que les modèles III et IV sont diamétralement opposés aux modèles I et II du fait qu'une structure, ici à trois niveaux et nécessitant un médiateur, inclut en elle-même non seulement une corrélation de rapports, mais une corrélation de corrélateurs. Pour illustrer leur théorie, les auteurs donnent des exemples de mythes, d'anecdotes, de légendes ainsi que de chants lyriques, de formules magiques, de proverbes. Malheureusement la seule chose qui manque, ce sont les contes merveilleux. Köngäs et Maranda considèrent comme méthode fondamentale pour identifier une structure, une exploration des oppositions initiales et du dénouement final. Dans le genre narratif, la première collision se réduit, d'après eux, au cours du récit lui-même; dans les genres lyriques, elle ne se réduit pas du tout et dans le rituel, elle trouve une solution grâce à la participation du **destinateur** et du **destinataire.** La médiation, totalement absente des genres lyriques se trouve, dans le narratif, à l'intérieur même du sujet, et dans le rituel à l'extérieur du sujet (à l'aide d'une action extérieure).

Dans leurs autres œuvres, Köngäs et Maranda [39] ont démontré la prédominance du modèle IV dans le folklore européen, et celle des modèles I, II et III, dans le folklore des sociétés archaïques. Ces résultats très intéressants indiquent (peut-être sans que leurs auteurs l'aient voulu) les limites historiques de la structure complexe IV, répondant à la formule de Lévi-Strauss.

L'ouvrage le plus significatif consacré directement à l'analyse de la structure du conte, est la monographie d'Alan Dundes *la Morphologie des contes populaires chez les Indiens nord-américains* (1964). Une thèse et une série d'articles [40] avaient précédé la sortie de ce livre. Si les époux Maranda s'étaient efforcés de délimiter l'application de la formule de Lévi-Strauss, de la simplifier et de la préciser, Dundes, quant à lui, adopte vis-à-vis de Lévi-Strauss une attitude très critique. Il accuse Lévi-Strauss d'avoir essayé d'introduire dans la structure morphologique, d'une part, les personnages (par exemple les tricksters-médiateurs; il en fait aussi le reproche à Maranda), et d'autre part, des éléments linguistiques. Dundes souligne le fait que le mythe peut être absolument traduit d'une langue naturelle à une autre (ce que Fischer lui aussi avait indiqué), que le mythe peut être énoncé non seulement dans des langues verbales, mais dans d'autres (peinture, mime, etc.) et qu'il n'est pas indispensable d'appliquer mot à mot les méthodes de la linguistique structurale à l'étude du folklore. En outre, Dundes critique la prééminence excessive accordée par Lévi-Strauss aux modèles de parenté et sa manière d'analyser la structure, non pas des mythes concrets, mais des **rapports entre** variantes et mythes.

L'attitude hypercritique de Dundes à l'égard de Lévi-Strauss n'est pas tout à fait juste, mais elle reflète l'imprécision et l'indétermination qui jusqu'à maintenant se sont toujours révélées lors des tentatives d'analyse paradigmatique, — malgré la profondeur incontestable et la richesse des idées fondamentales de Lévi-Strauss. Dundes, nous semble-t-il, comprend correctement le caractère qualitatif d'une distinction entre mythe et conte (l'opposition : **collectif — individuel**; cf. une attitude analogue chez l'auteur du présent article [41]). C'est là, et non pas dans la structure même, que réside la distinction essentielle entre mythe et conte (dans le mythe, les manques sont cosmiques). Dundes est attiré par l'exceptionnelle clarté et l'authenticité de l'analyse syntagmatique de Propp et il se définit consciemment comme son continuateur direct. Il complète Propp, dans une très faible mesure, en introduisant les idées de K. Pike sur le comportement verbal et non verbal. C'est à Pike qu'il emprunte sa terminologie : l'opposition d'un découpage *étique*, c'est-à-dire classificateur, et *émique*, c'est-à-dire structural; l'emploi du terme *motifème*, dans le sens d'unité émique à la place de la *fonction* de Propp. Théodore Stern, dans son compte rendu sur la monographie de Dundes [42], le qualifie d'épigone de Propp (et par conséquent, dans le même esprit que Lévi-Strauss ou Melville Jacobs, se plaint de la sous-estimation du contexte culturel, de l'abstraction et du peu d'intérêt pour les personnages, que l'on trouve chez Dundes).

A la suite de Propp, Dundes considère le couple : **manque** *(L)* — **réparation du manque** *(LL)* comme une chaîne de motifèmes nucléaires (selon son expression). Il existe en effet des contes chez les Indiens d'Amérique, qui, à la différence des contes européens, se réduisent à une structure simple de ce type. Cependant, même là, entre le manque et sa réparation s'intercalent d'autres fonctions binaires, qui nous sont bien connues d'après le livre de Propp : **interdiction — transgression** *(int/viol)*, **tromperie — complicité involontaire** *(Dec/Dcpt)* et **tâche difficile — solution** *(T/TA)*. En outre, Dundes introduit deux autres fonctions : la **conséquence de la transgression** *(Conséq)* et l'**évitement du malheur** *(AE)*. Remarquons que cette introduction nouvelle n'est pas absolument nécessaire, étant donné que ces deux fonctions, dans la majorité des cas, peuvent être considérées comme **manque** et **réparation du manque.** Dundes met en relief et analyse plusieurs séquences types de fonctions, et il groupe les contes en conséquence. D'autre part, il montre que certains contes indiens très complexes par leur composition ne sont en fait que la combinaison de séries plus simples. Il présente quelques séries, du genre :

L-LL
Viol-Conséq
L-T-TA-LL
L-Dec-Dcpt-LL
Int-Viol-L-LL
Int-Viol-Conséq-AE
L-LL-Int-Viol-Conséq
L-T-TA-LL-Int-Viol-Conséq-AE, etc.

Les motifèmes *T/TA*, *Int/Viol*, *Dec/Dcpt* sont en principe alternatifs dans les contes et les mythes chez les Indiens d'Amérique. *Int/Viol* et *T/TA* sont considérés par Dundes comme des formes de prescription données au héros et distinctes selon leur caractéristique distributionnelle : les tâches difficiles se situent toujours entre le **manque** et sa **réparation**. tandis que la **transgression de l'interdiction** dans la plupart des cas précède le **manque** ou bien suit sa réparation. La comparaison que fait Dundes entre contes et croyances populaires présente aussi un certain intérêt, par exemple il compare la séquence *Int-Viol-Conséq-AE* au système : **condition — résultat — réaction.**

Tout en utilisant la même méthodologie que Propp, Dundes arrive, toutefois, à d'autres schémas, beaucoup plus simples. Cela s'explique, apparemment, par le caractère archaïque du folklore des Indiens d'Amérique du Nord. Dundes ne différencie pas le conte merveilleux des autres variétés du conte, ni du mythe, ce qui reflète de nouveau les particularités du matériau sur lequel il travaille, son syncrétisme de genre. La comparaison entre les schémas de Propp et de Dundes devient donc très utile pour résoudre des problèmes soulevés par la poétique historique.

Il existe aussi dans la recherche australienne, très liée à la recherche américaine, des travaux intéressants sur l'étude structurale des mythes et des contes. Si on laisse de côté quelques essais de paradigmatisation des sujets à la lumière des modèles culturels [43], il est indispensable de rappeler la série d'articles de E. Stanner, publiée dans la revue *Oceania*, sous le titre commun de « Sur la religion des aborigènes [44] ». Dans cette étude sémiotique très détaillée sur la culture de la tribu australienne des Mourinbat, on trouve une analyse comparée très précise de la syntagmatique des mythes et des rituels — « textes » verbaux, picturaux et de pantomime. La démonstration convaincante que nous donne Stanner d'une identité de principe entre la structure des mythes et celle des rites (en incluant les mythes qui n'ont pas d'équivalent rituel, et les rites non accompagnés par des mythes), lui permet de dégager aussi quelques rapports paradigmatiques importants dans le langage symbolique des Mourinbat. Certaines des observations de Stanner sont étonnamment proches des conclusions de Propp dans les *Racines historiques du conte merveilleux*, que Stanner ne connaissait apparemment pas (le rapprochement thématique et structural des mythes avec les coutumes d'initiation). Il est malheureusement impossible de développer ici ce thème.

Des recherches productives sur le folklore narratif furent entreprises par une série de savants roumains, essentiellement par M. Pop, ainsi que par A. Vrabie, G. Ereteska, N. Rochianu. Pop, dans son important article « Aspects actuels des recherches sur la structure des contes [45] », prenant comme exemple un conte roumain, démontre la relation entre la séquence syntagmatique des fonctions et la logique générale du sujet. Pour ce conte précis, elle est représentée par le schéma suivant :

I. Manque
II. Tromperie
III. Épreuve
IV. Violence
IV. Liquidation de la violence
III. Liquidation de l'épreuve
II. Liquidation de la tromperie
I. Liquidation du manque.

Pop démontre d'une façon convaincante le rôle du parallélisme et de l'antithèse, au niveau du sujet. Il s'interroge aussi sur la structure de la séquence élémentaire (se référant au passage à Bremond), et étudie son caractère ternaire. Dans un autre article (sur les formules du conte [46]), il analyse la structure sur un plan stylistique. La thèse de N. Rochianu est elle aussi consacrée à l'étude des formules du conte.

Quant à Ch. Vrabie [47], il propose une analyse intéressante des variantes compositionnelles.

Des travaux de typologie structurale paraissent aussi dans d'autres pays. Le savant tchèque B. Beneš applique le schéma morphologique de Propp à l'analyse de la bylitcha [48]. Une tentative originale pour dégager la structure du conte anecdotique apparaît dans l'article du folkloriste allemand H. Bausinger [49]. (Il est curieux de noter que dans sa monographie théorique *les Formes du conte populaire*, la morphologie du folklore est traitée, par contre, dans l'esprit de Jolles.)

Depuis quelques années se manifeste en Union soviétique un regain d'intérêt pour la *Morphologie du conte*, et pour les problèmes qu'elle soulève. En 1965, à une session scientifique organisée en l'honneur du soixante-dixième anniversaire de Propp, l'académicien V. Jirmunski et le membre-correspondant de l'Académie des sciences de l'U.R.S.S., P. Berkov, ont hautement loué ce livre dans leurs exposés; un exposé spécial a été consacré à la *Morphologie du conte* par l'auteur du présent article. Mais la renaissance de l'intérêt porté à ce livre chez nous, comme à l'étranger, a été déterminée avant tout par le développement de la linguistique structurale et de la sémiotique. Le nom de Propp en tant qu'auteur de la *Morphologie du conte* (ainsi que des *Racines historiques du conte merveilleux*) fut constamment cité (souvent à côté de celui de Lévi-Strauss) à tous les symposiums de sémiotique et dans les travaux sur les systèmes modelants secondaires. Cependant si on laisse de côté les innombrables travaux de sémiotique générale sur la mythologie (V. Ivanov, V. Toporov, G. Segal, A. Piatigorski, J. Lotman, B. Ogibenin, etc.) et l'étude des sujets littéraires (B. Egorov, I. Chtcheglov), les recherches structurales des genres folkloriques en dehors du conte (théâtre populaire — P. Bogatyrev, ballades — V. Toporov, chants épiques — S. Nekliudov et I. Smirnov, formules magiques — I. Tchernov et M. Arapov, proverbes — G. Permiakov), on constate que le nombre d'articles et de communications, qui concernent directement la morphologie du conte, demeure pour l'instant encore très peu élevé.

L'étude de D. Segal « Essai de description structurale du mythe [50] », est une analyse de la structure du mythe d'après trois versions d'un seul et même sujet, celui du héros rejeté, puis triomphant, chez les Indiens du Nord-Ouest. Utilisant en principe les méthodes de Lévi-Strauss et établissant une comparaison syntaxique et paradigmatique des fragments du mythe (en se fondant sur la catégorie de valeur), D. Segal dégage des niveaux différents de signification mythologique et en déduit la coexistence, à l'intérieur des textes étudiés, du conte sur les héros rejetés et d'un mythe étiologique.

V. Ivanov et V. Toporov [51] se tournent directement vers le schéma de Propp, et l'utilisent pour la transcription et l'analyse de différents textes narratifs. Ils proposent une ordonnance rationnelle des symboles à l'aide de la logique contemporaine. Il en découle que la fonction est à chaque fois interprétée comme le rapport entre les différents personnages ou objets du conte.

Ces auteurs allient une analyse fonctionnelle, dans l'esprit de Propp à une recherche des oppositions sémantiques élémentaires, qui jouent un rôle important dans les mythes. Ils proposent un certain nombre de symboles pour la transcription de ces mythes.

S. Serebriany s'efforce dans son exposé [52] d'apporter quelques correctifs à la formule de Propp, en partant d'une interprétation, selon lui, plus formalisée. Il propose comme lien la fonction *V*, comme motivation la fonction *K*, la fonction *T* n'étant qu'un moment concomitant aux différentes fonctions. S. Serebriany considère que le conte tout entier peut être divisé en trois moments fondamentaux, 1° le méfait initial, qui crée le nœud *(ADH-M Pr OL)*, 2° les actions du héros en réponse au méfait *(EN-J)* et

3° le dénouement heureux, le rétablissement de l'ordre des choses *(K Rs Q Ex U W°)*; entre ces trois moments s'insèrent des déplacements. Selon lui, le conte est constitué par le déroulement de ce schéma ternaire.

En conclusion, nous nous permettrons d'exprimer rapidement quelques considérations sur la possibilité d'une interprétation complémentaire de la morphologie du conte merveilleux, en nous appuyant sur les fondements principiels établis par Propp dans son livre [53].

Les liens complémentaires entre les fonctions déterminées par Propp, et leur nature unique — syntagmatique et en partie sémantique —, apparaissent lors d'une analyse faite *au niveau des grandes unités syntagmatiques*. Ces unités syntagmatiques sont par exemple les différents aspects des épreuves et des valeurs du conte, que le héros acquiert à la fin de ses épreuves. Le rythme des pertes et des gains unit le conte merveilleux au mythe et aux autres formes de folklore narratif. Dans les mythes, ce sont les « actions culturelles » et cosmogoniques des démiurges qui jouent un rôle clé analogue aux épreuves (par leur distribution); dans les contes animaliers, ce sont les astuces des bouffons zoomorphes *(tricksters)*; dans le conte-nouvelle, ce sont des catégories d'épreuves particulières, menant à la solution d'une collision individuelle dramatisée. Une double opposition, entre épreuve préliminaire et fondamentale, est spécifique du conte merveilleux de type classique; cette opposition s'exprime premièrement d'après le résultat (dans le premier cas il n'y a qu'un objet magique indispensable au passage de l'épreuve fondamentale; dans le second cas, il y a atteinte du but principal), deuxièmement, d'après le caractère de l'épreuve elle-même (conduite correcte — exploit héroïque).

Dans le folklore syncrétique archaïque, cette opposition

est soit absente, soit non pertinente, tandis que dans le conte merveilleux classique elle est incluse en la structure sémantique même et ne peut en être détachée.

A côté de l'épreuve préliminaire (ε) et fondamentale (E), on trouve souvent dans le conte merveilleux (mais ce n'est pas obligatoire) une fonction (E') d'identification du héros. En outre, les actions de l'antagoniste ou du héros lui-même (transgression de l'interdiction, « complicité involontaire » à « la tromperie »), qui conduisent au méfait ou au manque, peuvent être interprétées conventionnellement comme une sorte d'épreuve désignée par le signe contraire $(\bar{E})$. Si nous appelons $\bar{l}$ la perte ou le manque, λ l'objet magique reçu du donateur après l'épreuve préliminaire (l'objet magique, l'auxiliaire, le conseil), l la réparation du manque à la suite de l'épreuve fondamentale, on obtient la formule suivante :

$$\bar{E}\bar{l} \ldots \varepsilon\lambda \ldots El \ldots E'l', \text{ où } E = f(\lambda), \text{ et } E' = f(l).$$

Le conte merveilleux se présente donc, à un niveau plus abstrait, comme une structure hiérarchisée de blocs binaires, dans laquelle le dernier bloc (membre couplé) porte obligatoirement le signe positif.

La structure moins stricte des contes syncrétiques primitifs apparaît alors comme une sorte de métastructure, par rapport au conte merveilleux classique.

Les fonctions de Propp se groupent facilement d'après les blocs binaires dont nous venons de parler (ces grandes unités syntagmatiques). Les éléments dynamiques (et unificateurs) de l'épreuve fondamentale peuvent avoir aussi bien une distribution identique que distincte; on peut prendre comme illustration du premier cas : **combat — victoire** et **tâche — solution** (que nous désignerons par A_1B_1 et A_2B_2), fonctions qui s'avèrent allomorphes de l'épreuve fondamentale (les variantes de contes sur les preux et des contes de type classique); comme exemple du second cas, le **déplacement mira-**

culeux jusqu'au but *(ab)* et la **fuite magique** $(\overline{ab})$, dont l'un **précède** et l'autre **suit** le combat. Corrélativement, les prétentions de l'usurpateur et la reconnaissance du véritable héros [ou sa variante négative : **fuite (déguisement) du héros — recherche du coupable**] constituent un complexe d'épreuves supplémentaires. Entre les fonctions énumérées, des rapports plurivalents sont possibles (cf. la remarque de Propp lui-même sur le syncrétisme des fonctions). Ainsi, par exemple, la **fuite du héros « modeste »**, fonction qui fait partie du système de l'épreuve complémentaire, peut être en même temps considérée comme la variante inversée de **la fuite magique.**

On a déjà noté plus haut la distinction principielle entre les épreuves préliminaire et fondamentale et la division correspondante en **conduites correctes** et **exploits.** Le donateur vérifie la **correction de la conduite** du héros (sa bonté, son discernement, sa politesse, et le plus souvent, simplement, sa connaissance des **règles du jeu**), il lui fournit l'objet magique, qui va garantir le succès de l'épreuve fondamentale. Les forces magiques contribuent activement à la réalisation de l'exploit, parfois même elles agissent à la place du héros, mais à travers la conduite correcte apparaît toujours la bonne volonté du héros (et la mauvaise volonté du faux héros).

Les règles de conduite, la structure du comportement dans le conte, constituent un système sémantique achevé, dans lequel les fonctions révèlent des rapports logiques complémentaires indépendants de leurs liens syntagmatiques. Remarquons qu'une conduite conforme aux règles est non seulement la garantie du succès dans l'épreuve préliminaire, mais qu'elle provoque aussi le malheur, dans la mesure où chaque stimulus implique une réaction déterminée : le héros est forcé d'accepter le défi, de répondre à la question, d'exécuter la demande, même si cela vient non pas d'un donateur neutre ou bienveillant, mais d'un agresseur franchement hostile et perfide. Le formalisme de ce système de conduite est confirmé par l'obligation inévitable de transgresser l'interdiction (forme inverse de l'incitation à l'action).

Désignons les fonctions binaires qui se rapportent aux règles de conduite par les lettres grecques $\alpha\beta$ pour les distinguer des lettres latines *AB*, *ab*, qui, elles, se rapportent aux exploits. La forme négative (l'épreuve infligée non par le donateur mais par l'agresseur) sera indiquée par un signe de négation placé au-dessus de la lettre; délimitons à l'aide des index *m* et *i* l'action matérielle et l'information verbale, alors nous obtenons :

$\alpha_1\beta_1{}^m$ - prescription - mise en application	$\overline{\alpha_1\beta_1{}^m}$ - tromperie - complicité
$\alpha_1\beta_1{}^i$ - question - réponse	$\overline{\alpha_1\beta_1{}^i}$ - enquête - information
$\alpha_2\beta_2$ - défi - accord	
$\alpha_3\beta_3$ - proposition de choix - choix correct	
$\bar{\alpha}\beta$ - interdiction - transgression de l'interdiction	

La structure du comportement du héros prend l'aspect $\alpha\beta$ (et par conséquent — *AB*) ou bien $\bar{\alpha}\beta$ (le second élément qui correspond à la réaction, au comportement du héros, doit être positif). Le comportement du faux héros prend l'aspect $\alpha\bar{\beta}$ (et ensuite $A\bar{B}$). Le héros et le faux héros s'opposent — d'après le second élément *(β)*; selon le premier élément *(α)*, on peut distinguer l'épreuve préliminaire *(αβ)* et l'épreuve « négative », qui conduit au malheur $(\bar{\alpha}\beta, \overline{\alpha\beta})$.

Propp, en donnant son schéma invariant syntagmatique des fonctions, avait déjà remarqué qu'un modèle de distribution des personnages selon leur rôle y était lié structuralement. Il s'était aussi fixé comme tâche d'étudier les attributs des personnages. On peut introduire dans l'étude de ces derniers un certain nombre de rapports paradigmatiques, ayant aussi un caractère binaire. Ceci est valable par exemple pour le schéma des attributs du héros et du faux héros. On en conclut, entre autre, qu'au héros pourvu de qualités magiques correspondent de faux héros pourvus eux aussi de qualités magiques (Vyrvidouo, par exemple), et qu'à d'autres héros correspondent des usurpateurs d'un statut spirituel, familial, social opposé (l'opposition **jeune — vieux,** etc.). On peut considérer les héros « qui ne promettent pas grand-chose » comme des variantes négatives (que le conte, à la différence de l'épopée, apprécie beaucoup) des héros de noble apparence.

Les rapports du héros et de l'agresseur-antagoniste sont généralement construits sur une opposition : **à soi — à autrui,** qui se projette sur des plans divers : **la maison — la forêt** (enfant — Baba Yaga), **notre royaume — un autre royaume** (le gaillard — le dragon), **sa propre famille — une famille d'adoption** (belle-fille — marâtre). A chaque agresseur correspond un type d'agression : la marâtre chasse sa belle-fille pour se débarrasser d'elle; la sorcière attire les enfants pour les manger; le dragon enlève la princesse pour en faire sa concubine, etc. Ces exemples relèvent d'une analyse purement sémantique, basée sur l'articulation des oppositions, qui fondent les représentations propres au conte et le modèle du monde correspondant à celles-ci.

Propp avait déjà envisagé lui-même la possibilité de dégager un certain nombre d'allomorphes de son méta-sujet : il avait indiqué le caractère alternatif des contes comprenant les fonctions *H-J* et *M-N* (*i.e.* A_1B_1 et A_2B_2) et *A* et *a* (c'est-à-dire W — avec méfait ou sans méfait, d'après notre symbolique). En partant de ces alternatives on peut, par exemple, délimiter nettement un certain nombre de types de sujet, ayant entre eux une parenté; le groupe 300-303 selon le système *AT* (Aarne-Thompson) du groupe 550-551 (dans le premier cas $W\bar{I}$ et A_1B_1 dans le second $\bar{I}$ et A_2B_2); on peut distinguer le groupe 311, 312, 327 etc. du groupe 480, 510, 511 (A_1B_1-A_2B_2). Cependant d'autres critères seront plus utiles pour différencier les principaux groupes de sujets, par exemple :

L'opposition O *vs* $\bar{O}$. On désigne par O la présence, indépendamment du héros, d'un objet merveilleux, qui est à l'origine du combat. O *vs* $\bar{O}$ — détermination d'une direction du méfait et de la quête *(quest)*; O_1 — une femme (exceptionnellement un homme), en gros un partenaire possible dans le mariage; O_2 — l'objet magique. L'opposition O *vs* $\bar{O}$ permet de distinguer les contes où le héros est un sauveur, un quêteur, de ceux où il est au contraire une victime, un proscrit.

L'opposition S *vs* $\bar{S}$. Le symbole S indique que l'activité héroïque sert des intérêts communs, tandis que $\bar{S}$, sert les intérêts du roi, du père, d'une communauté dans son ensemble (comme dans l'épopée héroïque ou le mythe). S *vs* $\bar{S}$ permet de distinguer les contes de caractère héroïque et en partie mythologique (où le héros est souvent d'une force et d'une origine merveilleuses; où, au cours des épreuves, prédomine une lutte héroïque contre un adversaire mythique, etc.), et les contes typiquement merveilleux.

L'opposition F *vs* $\bar{F}$. Le symbole F indique le caractère familial de la collision fondamentale. F permet de distinguer les contes sur des héros poursuivis par une marâtre, des frères aînés, etc.

L'opposition M *vs* $\bar{M}$ différencie le caractère mythique ou non mythique de l'épreuve fondamentale, et distingue les contes dans lesquels le héros est confronté à un monde hostile et démoniaque, très proche de la mythologie.

Les types fondamentaux de sujet : $\bar{O}S$, OS, $O\bar{S}$ se divisent ensuite en sous-types : $\bar{O}S$ sur F et $\bar{F}$, OS et $O\bar{S}$ sur O_1 etO_2; puis tous ces sous-types ont les variantes M et $\bar{M}$. C'est ainsi que l'on aboutit aux types de sujet fondamentaux suivants :

1.1. $O_1\overline{SF}M$ Contes héroïques du type lutte contre le dragon (300-303 selon le système *AT*);
1.2. $O_2\overline{SF}M$ Contes héroïques du type quête (550-551);
2.1. $\bar{O}S\bar{F}M$ Contes archaïques du type « les enfants chez l'ogre » (311, 312, 314, 327).
2.2. $\bar{O}SFM$ Contes sur ceux qui sont persécutés par leur famille et livrés au pouvoir des démons sylvestres (480, 709);
2.3. $\bar{O}SF\bar{M}$ Contes sur ceux qui sont persécutés par leur famille sans éléments mythiques (510, 511);
3.1. $O_1S\bar{F}M$ Contes sur les épouses (maris) magiques (400, 425, etc.);
3.2. $O_2\overline{SFM}$ Contes sur les objets magiques (560, 563, 566, 569, 736);
4. $O_1\overline{SFM}$ Contes sur les épreuves menant au mariage (530, 570, 575, 573, 580, 610, 621, 675);
5.1. $O_1\overline{SFM}$ 408, 653;
5.2. $O_2\overline{SFM}$ 665.

Un chemin est ainsi tracé pour une formalisation des types de sujets, et pour une classification plus stricte et rationnelle des sujets, dans le conte.

Un retour à l'étude des motifs doit constituer l'étape suivante; mais c'est désormais à partir des positions atteintes grâce à l'analyse structurale qu'elle doit se faire, et sans oublier que la répartition structurale des motifs dans le sujet découle pratiquement de la formule indiquée ci-dessus. Si l'on considère que cette formule constitue en elle-même un mécanisme spécifique pour opérer une synthèse des contes, le motif, lui, est l'unité cardinale de l'analyse.

Ainsi, on peut dire que la *Morphologie du conte* a ouvert une voie toute nouvelle dans l'étude du folklore narratif. En dépit des quarante ans qui se sont écoulés depuis la première édition de ce livre, la *Morphologie du conte* n'en demeure pas moins l'ouvrage le plus fondamental du genre, que le temps n'a en rien terni.

TRADUIT DU RUSSE PAR CLAUDE KAHN

Notes

1. V. Ja. Propp, *Morfologija skazki*, coll. Voprosy poetiki, n° 12, Gosudarstvennyj institut istorii iskusstva, Leningrad, 1928.

2. Vl. Propp, *Morphology of the Folktale*, Ed. with an Introduction by Svatava Pirkova-Jakobson, translated by Laurence Scott (= Indiana University Research Center in Anthropology, Folklore and Linguistics, Publ. 10), Bloomington, 1958. Réimprimé dans les éditions suivantes : *International Journal of American Linguistics*, vol. 24, n° 4, part 3; *Bibliographical and Special Series of the American Folklore Society*, vol. 9. Cf. la nouvelle traduction anglaise : V. Propp, *Morphology of the Folktale*, Second Edition, revised and edited with a preface by Louis A. Wagner, New introduction by Alan Dundes, University of Texas Press, Austin-London, 1968.

3. Vl. Ja. Propp, *Morfologia della fiaba*, con un intervento di Claude Lévi-Strauss e una replica dell' autore, a cura di Gian Luigi Bravo, Nuova biblioteca scientifica Einaudi, Torino, 1966.

4. W. Propp, *Morfologia bajki* (= *Pamietnik literacki*, rocz. 59, zeszyt 4), Wroclaw-Warszawa-Krakow, 1968, p. 203-243 (traduction abrégée de Saint Balbus).

5. V. Ja. Propp, *Istoricheskie korni volshebnoj skazki*, Leningrad, 1946.

6. A. N. Veselovski, *Istoricheskaja poetika*, sous la réd. de V. M. Zhirmounski, Institut literatury AN SSSR, Leningrad, 1940. Cf. la première édition : A. N. Veselovski, *Sobranie sochinenij*, ser. 1, t. II, vyp. 1, Saint-Pétersbourg, 1913.

7. K. Spiess, *Das deutsche Voklsmärchen*, Leipzig-Berlin, 1924; F. von der Leyen, *Das Märchen*, 3 Ausg., Leipzig, 1925.

8. R. M. Volkov, *Skazka*, razyskanija po sjuzhetoslozheniju narodnoj skazki; t. I, Skazka velikorusskaja, ukrainskaja, belorusskaja, Odessa, Gosizdat Ukrainy, 1924.

9. J. Bédier, *Les Fabliaux*, Paris, 1893.

10. A. I. Nikiforov, « K voprosu o morfologicheskom izuchenii narodnoj skazki », *Sbornik statej v chest' akademika A. I. Sobolevskogo*, Leningrad, 1928, p. 172-178.

11. Le compte rendu de D. K. Zelenin est publié dans la revue *Slavische Rundschau*, Berlin-Leipzig-Prague, 1929, nº 4, p. 286-287.

12. V. N. Perec, « Nova metoda vivchati kazki », *Etnografichnij visnik*, nº 9, Kiev,1930, p. 187-195.

13. A. Jolles, *Einfache Formen*, Halle (Salle), 1929 (2. Ausg. 1956). Traduction française : *Formes simples*, Paris, Seuil (coll. *Poétique*) 1972.

14. P. Bogatyrev, R. Jakobson, « Die Folklore als besondere Form des Sehaffens », *Verzameling van opstellen door ond leerlingen*, en befriende vakgenoten opgedragen aan mgr. prof. dr. Jos. Schrijnen, Nijmegen, Utrecht, 1929, p. 900-913. Traduction française : R. Jakobson, *Questions de poétique*, Paris, Seuil (coll. *Poétique*), 1973.

15. R. Jakobson, « On Russian Folktales », in : *Russian Fairy Tales*, New York, 1945 (cf. le même in : *Selected Writings*, IV, La Haye, 1966, p. 90-91).

16. A. Stender-Petersen, « The Byzantine Prototype to the Varangian Story of the Hero's Death through his Horse », *Varangica*, Aarhus, 1953, p. 181-184.

17. E. Souriau, *les Deux Cent Mille Situations dramatiques*, Paris, 1950.

18. Le compte rendu de Melville Jacobs est publié dans la revue *Journal of American Folklore*, vol. 72, n° 284, April-June 1959, p. 195-196.

19. C. Lévi-Strauss, « La structure et la forme, réflexions sur un ouvrage de Vladimir Propp », *Cahiers de l'Institut de science économique appliquée*, série M., n° 7, mars 1960, p. 1-36. Reproduit dans : *International Journal of Slavic Poetics and Linguistics*, vol. III, La Haye, 1960, p. 122-149 (sous le titre : « L'analyse morphologique des contes russes »). Une traduction italienne est publiée en appendice à l'édition italienne de la *Morphologie du conte* de V. Ja. Propp (cf. Vl. Ja. Propp, *Morfologia della fiaba*, p. 165-199).

20. C. Lévi-Strauss, « The Structural Study of Myth », *Journal of American Folklore*, vol. 68, n° 270, X-XII, p. 428-444. Reproduit dans le recueil *Myth. A Symposium*, Bloomington, 1958, p. 50-66. Cf. la version française, avec quelques additions, dans le livre *Anthropologie structurale*, Paris, 1958, p. 227-255 (« La structure des mythes »).

21. C. Lévi-Strauss, « Die Kunst Symbole zu deuten », *Diogenes*, 5, Bd. 2, 1954, p. 684-688.

22. C. Lévi-Strauss, « Four Winnebago Myths », in *Culture in History*. Essays in Honor of P. Radin, ed. by S. Diamond, New York, 1960, p. 351-362; C. Lévi-Strauss, « La geste d'Asdiwal », *Annuaire de l'École pratique des Hautes Études*, Section des sciences religieuses, 1958-1959, p. 3-43.

23. C. Lévi-Strauss, *La Pensée sauvage*, Paris, 1962.

24. C. Lévi-Strauss, *Les Mythologiques*, 1-3, Paris, 1964-1968 (le quatrième et dernier volume est paru depuis, en 1971).

25. Cf. en particulier le recueil d'articles *The Structural Study of Myth and Totemism*, ed. by Edmund Leach, London, 1967; cf. E. Leach, « Lévi-Strauss in the Garden of Eden », *Transactions of the New York Academy of Science*, série 2, vol. 23, n° 4, 1961.

26. V. Propp, *Morfologia della fiaba*, p. 201-229 (« Struttura e storia nello studio delle favola »).

27. A. J. Greimas, « La description de la signification et la mythologie comparée », *L'Homme*, t. III, n° 3, Paris, 1963, p. 51-66. — Repris dans le livre *Du sens*, Paris, 1970, p. 117-134, sous le titre « La mythologie comparée ».

28. A. J. Greimas, « Le conte populaire russe. Analyse fonctionnelle », *International Journal of Slavic Poetics and Linguistics*, 9, 1965, p. 152-175. Reproduit dans le livre *Sémantique structurale* (cf. *infra*, note 30).

29. A. J. Greimas, « Éléments pour une théorie de l'interprétation du récit mythique », *Communications*, 8 (= *L'analyse structurale du récit*), Paris, 1966, p. 28-59. Reproduit dans le livre *Du sens*, Paris, 1970, p. 185-230.

30. A. J. Greimas, *Sémantique structurale*, Recherche de méthode, Paris, 1966.

31. Cf. les travaux de Claude Bremond : « Le message narratif », *Communications*, 4, 1964, p. 4-32; « La logique des possibles narratifs », *Communications*, 8, 1966, p. 60-71; « Kombinacje syntaktyczne miedzy funkcjami a sekwencjami narracyjnymi », *Pamietnik literacki*, rocznik 59, zeszyt 4, p. 285-291 (traduit en polonais à partir du manuscrit français, intitulé « Combinaisons syntaxiques entre fonctions et séquences narratives », présenté à la Conférence sémiotique internationale, à Kazimierz, Pologne, 1966); et maintenant en volume : *Logique du récit*, Paris, Seuil (coll. *Poétique*), 1973.

32. Cf. *Communications*, 8, 1966; cf. Géza de Rohan-Csermak, « Structuralisme et folklore », IV *International Congress for Folk-Narrative Research in Athens*, Athènes, 1965, p. 399-407.

33. Th. A. Sebeok, « Toward a Statistical Contingency Method in Folklore Research », *Studies in Folklore* (Indiana University Publications, Folklore Series), n° 9, Bloomington, 1957, p. 130-140; Th. A. Sebeok, F. J. Ingemann, « Structural and Content Analysis in Folklore Research », *Studies in Cheremis : The Supernatural* (Viking-Fund Publications in Anthropology), n° 22, New York, 1956, p. 261-268.

34. Cf. les travaux de Melville Jacobs : *The Content and Style of an Oral Literature*, Clackamas Chinook Myths and Tales, University of Chicago Press, 1959; « Thoughts on Mythology for Comprehension of an Oral Literature », in : *Men and Cultures*, Philadelphia, 1960, p. 123-129; la préface du recueil *The Anthropologist Looks at Myth*, compiled by Melville Jacobs, University of Texas Press, Austin-London, 1956.

35. R. P. Armstrong, « Content Analysis in Folkloristics », in : *Trends in Content Analysis*, Urbana, 1959, p. 151-170.

36. J. L. Fischer, « Sequence and Structure in Folktales », in : *Men and Cultures*, p. 442-446.

37. J. L. Fischer, « A Ponapean Œdipus Tale », in : *The Anthropologist Looks at Myth*, p. 109-124.

38. E. K. Köngäs, P. Maranda, « Structural Models in Folklore », *Midwest Folklore*, vol. XII, 1962, p. 133-192.

39. E. Maranda, « What does a Myth Tell about Society », *Radcliffe Institute Seminars*, Cambridge, 1966; P. Maranda, « Computers in the Bush : Tools for the Automatic Analysis of Myth », *Proceedings of the Annual Meetings of tne American Ethnological Society*, Philadalphia, 1966.

40. Cf. les travaux d'Alan Dundes : *The Morphology of North American Indian Folktales* (FF Communications, vol. 81, n° 195), Helsinki, 1964; « The Binary Structure of « Unsuccessful Repetition » in Lithuanian Folktales », *Western Folklore*, 21, 1962, p. 165-174; « From Etic to Emic Units in the Structural Study of Folktales », *Journal of American Folklore*, vol. 75, 1962, p. 95-105.

41. E. M. Meletinski, *Proiskhozhdenie geroicheskogo eposa*, Moscou-1963, p. 24; E. M. Meletinski, « *Edda* » *i rannie formi eposa*, Moscou, 1968, p. 160-168.

42. Le compte rendu de Stern sur le livre de Dundes (cf. note 40) est publié dans la revue *American Anthropologist*, vol. 68, n° 3, 1966, p. 781-782. Cf. aussi une analyse des idées de Dundes dans l'article de B. Nathhorst, « Genre, Form and Structure in Oral Tradition », *Temenos*, vol. III, Helsinki, 1968, p. 128-135.

43. C. H. Berndt, « The Ghost Husband and the Individual in New Guinea Myth », in : *The Anthropologist Looks at Myth*, p. 244-277.

44. W. E. H. Stanner, « On Aboriginal Religion », *Oceania*, vol. 30-33, 1960-1963 (publication à part dans la série « The Oceania Monographs », n° 11, 1966). Sur Stanner cf. l'article de B. L. Ogibenin, « K voprosu o znachenii v jazyke i nekotorykh drugikh modelirujushchikh sistemakh », in : *Trudy po znakovym sistemam*, II, Tartu, 1965, p. 49-59.

45. M. Pop, « Aspects actuels des recherches sur la structure des contes », *Fabula*, Bd. 9, H. 1-3, Berlin, 1967, p. 70-77. Cf. aussi : M. Pop, « Der formelhafte Charakter der Folksdichtung », *Deutsches Jahrbuch ür Volkskunde*, 14, 1968, p. 1-15.

46. M. Pop, « Die Function der Anfangs- und Schlussformeln in rumänischen Märchen », in : *Volksüberlieferung*, Göttingen, 1968, p. 321-326.

47. Ch. Vrabie, « Sur la technique de la narration dans le conte roumain », *IV International Congress for Folk-Narrative Research in Athens*, p. 606-615; N. Rochianu, *Tradicionnye formuly skazki*, Moscou, 1967 (résumé de la thèse de doctorat),

48. B. Beněš, « Lidové Vypràveni na moravskych kopaicich (Pokuso morfologickou analyzu povérečnych povidek podle systému V. Proppa)», *Slovacko Narodopisny sbornik pro moravskoslovenské pomezi*, Praha, 1966-1967, p. 41-71.

49. Cf. les travaux de Hermann Bausinger : « Bemerkungen zum Schwank und seinen Formtypen », *Fabula*, Bd. 9, H. 1, Berlin, 1967, p. 118-136; *Formen der Volkspoesie*, Berlin, 1968.

50. D. M. Segal, « Opyt strukturnogo opisanija mifa », *Trudy po znakovym sistemam*, II, p. 150-158; une version élargie du même travail est publiée dans *Poetika II*, Varsovie, 1966, p. 15-44 (« O svjazi semantiki teksta s ego formal'noj strikturoj »).

51. Cf. les travaux de Vjach. Vs. Ivanov et V. N. Toporov, « K rekonstrukcii praslavjanskogo teksta », *Slavjanskoe jazykoznanie*, V Mezhdunarodnyj s'ezd slavistov. Doklady sovetskoj delegacii, Moscou, 1963, p. 88-158; *Slavjanskie jazykovye modelirujushchie semioticheskie sistemy*, Moscou, 1965, et autres ouvrages.

52. S. D. Serebrjanny, « Interpretacija formuly V. Ja. Proppa », *Tezisy dokladov vo Vtoroj letnej shkole po vtorichnym modelirujushchim sistemam*, Tartu, 1966, p. 92.

53. E. M. Meletinski, « O strukturno-morfologicheskom analize skazki », *Tezisy dokladov vo Vtoroj letnej shkole po vtorichnym modelirujushchim sistemam*, p. 37; E. M. Meletinski, S. Ju. Nekliudov, E. S. Nobik, D. M. Segal, « K postrojeniju modeli volshebnoj skazki », *Tezisy dokladov v Tretjej letnej shkole po vtorichnym modelirujuschchim sistemam*, Tartu, 1968, p. 165-177. Un long article de ces auteurs « Problemy strukturnogo opisanija volshebnoj skazki », est publié dans le quatrième volume de *Trudy po znakovym sistemam*, Tartu, 1969, p. 86-135.

Table

Morphologie du conte

Les transformations du conte merveilleux

L'étude structurale et typologique du conte

RÉALISATION : IMPRIMERIE HÉRISSEY, À ÉVREUX
IMPRESSION : NORMANDIE ROTO IMPRESSION S.A.S. À LONRAI
DÉPÔT LÉGAL : JANVIER 2015. N° 122650-4 (1905113)
Imprimé en France